家電製品協会 認定資格シリーズ

家電製品 アドバイザー 資格

CSと関連法規

2024 年版

一般財団法人 家電製品協会 編

NHK出版

まえがき

　国内では、感染症対策の緩和とともにインバウンド需要も復調に転じ、社会は急速に勢いを取り戻しつつあります。その一方で、今夏は記録的な猛暑が続き、線状降水帯の発生による豪雨災害が各地で相次ぎました。世界に目を転じてみても、山火事、大洪水、干ばつ、大型ハリケーンの襲来など、地球温暖化の影響は、地球環境の変化に直結して未曽有の災害を引き起こしています。さらには、長期化するウクライナ情勢も解決の糸口は未だ見いだせていません。

　このような混沌とした時代にあっても、我が国では、IoT・AI、ロボット、ビッグデータ、5Gなどの革新的な技術が日進月歩の進化を遂げ、社会全体におけるDX化を加速させています。そしてこれらの技術は家電製品にも搭載され、そのなかの多くが、IoTが意味する「つながる」ことにより新たな価値を生み出し、さらにはAIやビッグデータ、5Gなどの活用で、より人に寄り添い、利便性の高いサービスをスピーディーに提供する製品へと、さらなる進化を続けています。また、環境面では、2050年カーボンニュートラルの実現に向けて、家電業界でもさまざまな取り組みが行われています。その一例として、トップランナー制度では、新製品のエネルギー消費効率の向上を製造事業者に促すとともに、その達成度合いを統一省エネラベル等に表示することで、消費者が製品を選ぶ際の省エネ性能の比較にも役立てられています。家電製品は今や私たちの生活にとってなくてはならないものとなりました。私たちは家電関連ビジネスに携わる一員として、商品知識の習得にとどまらず、上述の技術の進化や家電業界を取り巻く環境の変化をタイムリーに捉えて消費者に分かりやすく伝え、先導していくことが使命であり、これを継続していくことが、将来的なビジネスの発展に通ずるのではないでしょうか。

　「家電製品アドバイザー」は、知識面で『今、知っておくべきこと』を追求する資格です。その知識は、「①原理・基本構造などの普遍的な基礎知識」、「②普遍化しつつある新知識」、「③注目すべき新知識」という3層構造として捉えています。本書は家電製品の販売や設置、あるいは顧客からの相談業務等に従事される方々などの実践力向上を目指し、より効率的・効果的に学習していただけるように、「CS（顧客満足）」では、お客様対応の必修スキルである言葉づかいや接客マナーに加え、さらにデジタル時代のCS、高齢社会におけるCS、訪日外国人のお客様へのCSなど、現代社会において注目されるシチュエーションごとに最新知識を解説しています。また、「関連法規」では、家電販売に関わる基本的な法規やルールに、注目すべき新たな法改正および動向なども加えて、体系的かつ簡潔に編集しています。ぜひご精読いただき、資格取得の一助にされるとともに、現場での実践にお役立ていただければ幸いです。

　なお、本書の発行時期（2023年12月）においての、最新の技術・製品情報、および法規の情報を盛り込むように努めましたが、ご存知のとおり、変化のスピードはすさまじいものがあります。日頃よりメーカー、関連省庁、または弊会から発信いたしますさらなる情報などを自ら収集され、学習、実践されますようお願いします。

2023年12月
一般財団法人　家電製品協会

家電製品アドバイザー資格

CSと関連法規　2024年版

執筆委員・編集委員・監修

【執筆委員】

ソニーマーケティング株式会社　　　　　　　　　河内　幸紀

ソニーマーケティング株式会社　　　　　　　　　鯨井　　勝

東芝ライフスタイル株式会社　　　　　　　　　　関　　昌央

パナソニック株式会社　　　　　　　　　　　　　小池　　敦

株式会社三菱電機ライフネットワーク　　　　　　渡辺　正一

【編集委員】

一般財団法人　家電製品協会　　　　　　　　　　山本　健史

【監修】

一般財団法人　家電製品協会　　　　　　　　　　西崎　義信

［目次］

（注）「QRコード」は、株式会社デンソーウェーブの登録商標です。

1章 CS総論

　今やインターネットで検索すれば、大概の情報を入手できる便利な時代になりました。一方で、さまざまな情報が氾濫し、本当に必要な情報や真実を抽出することに腐心することもしばしばです。また、SNS（ソーシャル・ネットワーキング・サービス）などでコミュニケーションを簡単に済ませてしまうような時代において、人と人とのコミュニケーションはさらに重要性を増し、企業活動においても差異化※戦略上の重要な要素となっています。この章では、CS活動のあり方を正しく理解していただくために、「経営の視点でのCS（マクロの視点）」と「店舗・従業員の視点でのCS（ミクロの視点）」の2つの視点で解説しています。

　※差異化：本テキストでは「差別化」は使用しません。「差別化」ということば自体は差別用語ではないが、「差別」という語から誰もが連想するのは、「不平等な扱いをする」という意味であり、誤解を生じるためです。

1.1 「CS（顧客満足）」って何だろう？

1. 「お客様第一」というかけ声から「CS活動」へと変化

　Customer Satisfaction の頭文字をとった「CS（顧客満足）」という言葉が社会的に定着しています。日本でこの言葉や概念が使われ始めたのは、1980年代の終わりごろです。それ以前にも「お客様第一」といった言葉はありましたが、それを実現するための具体的な指標や行動は標準化されず、精神論で終わっているケースがほとんどでした。これに対し、現在普及しているCS活動は、具体的な指標を設定して具体的な行動（アクション）を標準化することで、売上げなどの経営目標の達成を目指す、という経営ツールとしての性質を有しており、ビジネスにおいて不可欠のものとなっています。経営ツールとしての推進例については後述しますが、「現代的CSのポイント」として、まず、次の①〜④を理解してください。

　①CSとは、単なるかけ声ではなく、具体的な「指標」と「標準化された行動基準」を備えた経営ツールである。

　②お客様の欲求の対象は、商品などの価格だけではない。多様化する個別ニーズを的確に捉え、「お薦めした商品の満足度」、「購入・使用後のフォローの満足度」、「不具合発生時などの対応に対する満足度」など、トータルな観点での満足度の最大化が重要である。

　③お客様の多くがインターネットにより各種情報を取得できる高度情報社会にあって、販売担当者はより高い専門性の発揮が求められている。そして、視覚的に認識しやすい価格に偏重しがちなお客様の志向に対し、各商品がもつ本来機能（付加価値）を的確に説明し、お客様の潜在的ニーズ（より安全・快適で、より楽しく、より経済的な家電ライフを実現したい）に気付きを与えることが大切である。そのことが信頼関係を構築し、お客様をリピーター化することにつながる（価格だけの関係は、より安価な商品を提供する競争相手が出現するとすぐに崩壊してしまう）。

④ますます高齢化が進む社会にあって、パソコンやスマートフォンなどのICT※機器に接する機会が少なかった世代に、現行の最先端商品を理解し、使いこなしていただくためには、より高度なお客様目線、商品知識および説明スキルが必要となる。

※ ICT：情報（Information）通信（Communication）に関する技術（Technology）の一般的総称「情報通信技術」 Information and Communication Technology

インターネットを通じて、誰もが同じように、多くの情報やデータを入手できる時代になりました。そのインターネットの能力をうまく活用した販売やサービスを推進することは重要なことです。一方、インターネットの簡便さだけを利用した販売手法なども台頭しています。これは、お客様の商品に関する知識の有無にかかわらず、販売者が担うべき商品説明などのサービスを放棄し、あたかも「価格がすべて」といった誤った認識をお客様に与えかねません。確かに、価格はお客様が商品購入を判断される重要な要素のひとつですが、価格に偏重するあまり、それぞれの家電が持っているさまざまな価値を享受する機会を喪失させていることを強く認識する必要があります。お客様が自分の欲していることをすべて語っていただけているとは限りません。販売担当者から話を聞いて、はじめて潜在している欲求に気付くことも多いのです。今、そこまで踏み込んだCS活動が強く求められており、まさにCSの差が企業（店舗）の業績の差となる時代だといっても過言ではありません。

1.2　CSの視点とお客様からの評価

CS（顧客満足）を得るためには、お客様の顕在的・潜在的な満足度をトータルな観点で最大化する必要があることは前項で述べました。それでは、トータルな観点とはどのようなものかについて考えてみましょう。その視点（CSの指標）は事業の種類やポジション、あるいは社会環境などによって変わる性質がありますが、ここでは、家電製品を購入されるお客様の一般的な視点で考えてみます。

1. 家電製品購入における多様なCSの視点

図1-1から分かるとおり、お客様が家電製品を購入する際の欲求は多岐にわたっています。
①基本性能
②ポテンシャル（生活を豊かにしてくれる付加価値がある）

③価格（コストパフォーマンスが適正であり、想定予算内である）

④操作性・デザイン（使いやすい設計、色・形が好みである）

⑤品質・安全性（故障が少なく長持ちする、安全配慮がされている）

⑥省エネ性

⑦環境性（環境に配慮した素材が使用されている）

⑧購入の利便性・迅速性・確実性（購入の手続きが簡便で、配達が早く、設置・接続が確実である）

⑨アフターサービス（故障したときもきちんとケアしてくれる）

⑩購入先の信頼性（販売元の企業やスタッフの専門性や人間性が信頼できる）

　以上のように、お客様自身が意識しているかどうかは別として、多様な欲求が存在していることが普通です。つまり、売り手の企業やその従業員は、多角的な観点で評価されているということを認識しなければなりません。

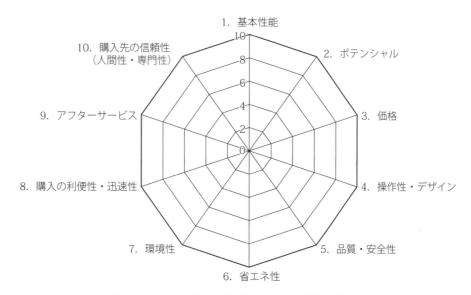

図 1-1　お客様が家電製品を購入する際の欲求

2.　お客様による CS 評価

　お客様のニーズ（欲求）が人によって異なることはいうまでもありません。図1-2で示すAさんのニーズの場合、値段が高くても高性能で、高品質の製品を求めています。このようなお客様に対して、図1-3のような低価格（値引き）を提案しても満足してもらえません。

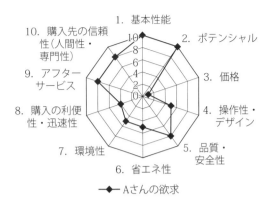

図1-2　お客様のCS評価1

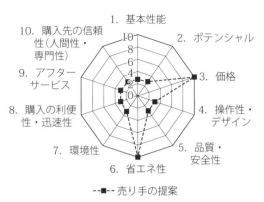

図1-3　お客様のCS評価2

　図1-4で示すBさんのニーズの場合は、とにかく購入価格や使用時の経済性を優先するタイプであり、この場合、図1-5のような高機能製品をお薦めしてもなかなか商談がまとまらない事態になりそうです。

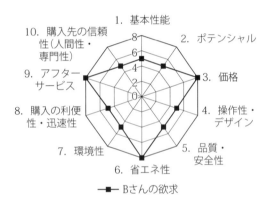

図1-4　お客様によるCS評価3

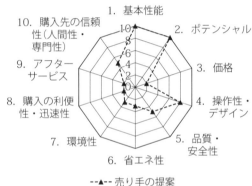

図1-5　お客様によるCS評価4

1.3　経営におけるCSの位置づけと実務への展開

1.　CS経営の実際

　現在、CSは「顧客第一」という方針ばかりでなく、その方針を具体化する施策・アクションプランが多くの企業に浸透しています。そのひとつに「バランスト・スコアカード（BSC）」があります。これは、「財務の視点」、「顧客の視点」、「業務プロセスの視点」および「学習と成長の視点」という4つの視点で企業業績を評価し、短期的な業績達成と事業のプロセスなど長期的な視点とのバランスをとることで、持続可能な事業経営を目指すものです。企業経営の短期的な目標は、売上げやそこから得られる利益である場合が多いですが、売上げを上げたいからといって、毎日「売上げを伸ばせ！」という指示だけ出しても効果は出ませんし、商品を廉価で販売して一時の売上げを図っても継続的な成果は得られません。やはり、売上げを継続的に伸ばすためには、その条件（課題）を体系的に整理（因果関係を明確にする）し、ひとつずつ課題を達成していかなければなりません。

　図1-6のとおり、売上げや利益（財務の視点）を上げるために、最初に明確にしなければ
ならないことは、「①顧客の視点」です。「お客様がどんな状態になれば自社の商品を購入して
いただけるのか」を明確にすることです。次に「お客様をそのような状態にするために自分た
ちの仕事や提供するサービスなどをどのようにすればよいのか（②業務プロセスの視点）」、例
えば、お客様の多くが商品の短納期化を求めているなら、仕事のプロセスを改善して配達まで
の日数を短縮することが課題となります。そして最後に「業務プロセスを完遂するために、自
分たちはどのように意識や知識を革新し、成長しなければならないか（③学習と成長の視点）」
を課題とします。前述の短納期を実現するためには、その作業に関わる人材がもっと熟練化す
ることが必要かもしれませんし、ICTを駆使するなら、これらを使いこなす能力であるICT
リテラシーを習得することが課題になるということです。

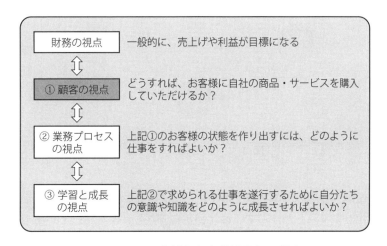

図1-6　CSを軸とした業績評価の視点

　業績を評価する際、売上げという結果だけでなく、顧客の視点から掘り下げた上記の①～③
の課題達成状況も評価することで、社内の組織や従業員にCSの考え方や施策を徹底している
のです。このように①～③のフェイズごとに課題を設定し、その達成状況を評価するための
「管理項目」と「目標値」を明確にする必要があります。
　その課題達成手法のひとつに「Plan-Do-Check-Actサイクル（PDCAサイクル）」があり
ます（図1-7参照）。PDCAサイクルとは、Plan（計画）・Do（実行）・Check（評価）・Act
（改善）を繰り返すことによって、業務を継続的に改善していく手法のことです。PDCAのそ
れぞれについて説明すると、
　①Plan（計画）とは、目標を設定し、業務計画を作成すること。
　　　まず、解決したい問題や利用したい機会を見つけて理解を深め、そして、目標における
　　情報を収集し、解決策を考え、計画を立てていきます。
　②Do（実行）とは、Planで立てた計画を実際にやってみること。
　　　問題を解決するための方法を見つけたら、少しずつ試してみる。試す際にはその方法が
　　有効だったか無効だったかも記録しておくとそれが次で使えます。この際の注意点として
　　は、Planで立てた計画を実行するときには、最初から計画を完全に実行するのではなく、
　　あくまでテストをしながら少しずつ実践することが大切です。

③ Check（評価）とは、計画に沿って実行できていたのかを評価すること。

　　ここで試してみた解決策の結果を Plan のときの予想と比較して分析し、解決策が有効かどうかを評価します。

④ Act（改善）とは、実施結果を検討し、業務の改善を行うこと。

　　Plan で計画し、Do でテストをした結果を Check で評価し、最後の Act で改善します。なお、PDCA はサイクルゆえ終わりがなく、最後の Act が終了して改善した時点を、また新たなベースラインとして、よりよい解決策を探し続けることが肝要です。

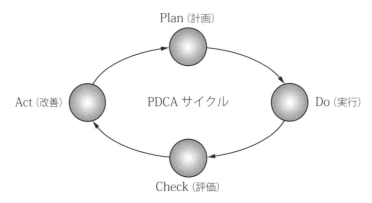

図 1-7　PDCA サイクル

　実際には、各企業（各店舗）の特質や競争上のポジションなどによって、これらの視点は異なりますし、変化します。したがって、お客様が自分たちに何を求めているのか、という視点を常に念頭において仕事をすることが CS の原点といえるのです。

2.　CSの目的は事業の継続と持続的成長

　前述のバランスト・スコアカードの例からも分かるとおり、CS は目先の売上げを上げるためだけのものではありません。顧客の視点に合わせて、仕事のしかたや組織機能などを変化させていくことで、事業の継続と持続的成長を図ろうというものです。つまり、「お客様との関係を継続・進化させていく（リピーター化する）」ことが何よりも重要な課題となります。もちろん、他の企業（店舗）との競争関係を意識しながら、常にお客様のニーズに応え続けることが基本になりますが、お客様の性質として、一度でも致命的なミスを犯してしまうと、その挽回は極めて困難だということに注意しなければなりません。ここで注意が必要な致命的なミスとは、「信頼を損なう言動」です。プロとしての礼儀・マナーができていない（企業の姿勢が疑われます）、プロとしての専門性に欠けている（安心して商品などを購入できない）さらには約束を守らないことがあった（人間として信用できない）など、社会人として、また企業人としての基本が最も厳しく問われるということをしっかりと肝に銘じておかなければなりません。

3.　CS活動の成果が経営の好循環を生み出す

　事業経営者あるいは店舗の管理者という立場では、CS 活動の短期的な成果を目指すのではなく、継続的な CS 活動による経営品質の向上を目指す必要があります。このような観点では、

前述のバランスト・スコアカードなどにより活動成果を組織全体で共有し、成果が出た場合は、従業員に対して何らかのインセンティブを付与することなど、従業員の地道な努力を継続させるマネジメントに工夫が必要です。次の「サービス・プロフィット・チェーン」を参考にしてください。

4.　サービス・プロフィット・チェーン

　従業員満足（ES※）がサービス水準を高め、それが顧客満足（CS）を高めることにつながり、最終的に企業利益を高めるとされており、その高めた利益により従業員満足（ES）をさらに向上させることで、よりよい循環の構図が出来上がるという因果関係を示したフレームワークをいいます。

　※ ES：Employee Satisfaction

1.4　CS向上のために各店・従業員が実践すべき基本事項

1.　「誠実さ」がCS活動のベース

　お客様の要求に対して、できる限り対応することは、CSを向上させるうえで重要な姿勢ですが、どんなサービスでも労力や資材を費やして行う限り有価（コストがかかっている）であることは間違いありません。その有価のサービスを無償とするかどうかは、法規などで決められている場合を除いて、各企業（店舗）のポリシーです。大事なことは、そのポリシーや具体的な料金体系を、あらかじめお客様に分かりやすく明示しておくことです。そのことはあとあとの誤解を生じさせないための誠実さが表れる部分です。例えば、「冷蔵庫を配達してくれたが、梱包のまま玄関へ置いて帰ってしまった」などの苦情が散見されますので、あらかじめ、明示しておくことが重要でしょう。お客様は商品の価格だけでなく、最終的には、商品の機能、配送・設置の迅速性、アフターサービスの条件など、トータルな観点（コストパフォーマンス）で商品やサービスの購入を決定されます。特に、高額で機器のセットアップなどが必要な商品ほど、その傾向が強くなりますので注意が必要です。お客様のそういった購入決定メカニズムを踏まえ、ニーズ（欲求）は人によって異なるため、それぞれのお客様に合った提案をすることが、CSにかなった行動であるといえます。

2.　「接客マナーと適切な言葉づかい」はプロとしての基本的なビジネススキル

　いくら誠意をもっていても、お客様にそのことを伝えるスキルが身についていなければプロとはいえません。逆に誠意をもっているのに、態度に表せないためにお客様の反感をかってしまったという事例もあるでしょう。そのような意味でも、お客様に対する自らの誠意を伝えるための「接客マナーと適切な言葉づかい」は、最も基本的かつ必須のビジネススキルといえます。

　「そんなことは勉強しなくても分かっている」などと高をくくるのではなく、素直な気持ちで基本に立ち返ることが大切です。敬語などの使い方は予想以上に難しいものです。「自己の内部に保有していること」と「お客様に伝えること」はビジネススキルの両輪といえます。常に両輪が回るように整備しておきましょう。

図1-8　接客マナーと適切な言葉づかい
（知識とコミュニケーション力については4章4.2節参照）

3.　「専門的な知識の発揮度」はプロとして差が出る最大の評価項目

　お客様が商品やサービスを購入しようと企業（店舗）を訪れる際、購入の意思が強ければ強いほど、購入したいと考えている商品などに関する専門的なアドバイスを要求されます。したがって、対応する担当者が、その商品に関する「性能・機能、操作性、品質、価格、安全でエコな使い方」などを的確に説明できる商品知識を保有していることが重要なCSのポイントとなります。

　お客様の商品選択は、複数メーカーの同タイプ商品との比較が伴うので、各商品の特徴などを理解しておくことが必要です。例えば、省エネ訴求型の商品などについては、現在お客様が使用している商品とお薦めする商品の消費電力の違いを電気料金などに換算して具体的数値で説明できることは、信頼を得るうえで大事なポイントです。しかし、それなりの知識はあるのに、コミュニケーション力が低い、もしくは不十分である販売店や販売担当者が多いようです。まず、お客様が何を求めているのか、何を問題点としているのか等々、相手の言いたいことをきちんと話してもらえる話法と、それを聞いたうえで、その1つひとつに的確に応えていこうという姿勢が、コミュニケーション力発揮の第一条件となるのです。

4.　知識を武器として生かすコミュニケーション力（スキル）

　知識は豊富なのに、お客様とのコミュニケーションが苦手なためにせっかくの知識が生かされないということであれば、実にもったいない話です。知識とコミュニケーション力はかけ算の関係と考え、知識と同時にコミュニケーション力というスキルにも磨きをかける必要があります。具体的には、お客様のニーズを聞き取る「傾聴力」、聞き取った話のエッセンスを整理し提案にまとめる「企画力」、その提案をお客様に分かりやすく説明する「プレゼンテーション力」などです。これらのスキルを高めるためには訓練が必要です。スポーツの上達に基本動作の反復練習が必要なのと同じです。基本的動作を模擬的に訓練し、実際のお客様への応対（On the Job Training）で磨きをかけていくという訓練を意図的にかつ計画的に実践する努力が必要です。

5.　組織としてのCS向上の仕組みづくりを

　前述のバランスト・スコアカードを実践してみると、企業（店舗）として徹底させるためには、仕入れから販売活動、配送・設置、その後のフォローなどすべての事業活動においてCS向上に取り組む必要があることが分かります。まさにマーケティング活動そのものです。

　例えば、販売担当者がお客様のニーズを把握して、うまく商品を提案して、大型商品の販売が決定したとします。その際、配送や設置・接続などの日時を約束しますが、実際に配送・設置の担当は異なる部門の担当者が行う場合が多く、販売の際のお客様との約束をもれなく伝達できるシステムと管理が不可欠です。お客様からの細かい要望事項までをも的確に実行できれば、お客様からの信頼を得ることができ、そのお客様にリピーターとなっていただける可能性が高まります。もちろん、約束を実行できなかった場合は、全く逆の結果になってしまいます。ほかにも、在庫の問題や入荷状況などの変更があれば、販売担当者に通知され、配送・設置の担当者との連絡、連携が的確に行われるなど、企業（店舗）全体でCS向上を目指す仕組み（システム）をつくり上げることが必要となります。

マーケティングとはお客様の期待を明確化し、
その充足を目指して関連組織を統制して行く活動（機能）をいう。

図1-9　店トータルとしてのCS向上の仕組みづくり

6.　購入から使用開始までの流れを事前に伝える

　例えば、商品を販売する際に、「倉庫にしまったままの廃家電製品を引き取ってもらいたい」という希望を聞きながら、その料金などについて説明しないまま、配送・設置を終え、いざ廃家電製品を引き取る際に、「有料です。○○円です」と伝えたところ、「購入の際には有料だなんて言わなかったじゃないか」というケース。これはお客様からのクレームのひとつのパターンです。お客様にとっては、それまで何も言われなかったのに、急に料金を請求されることになれば不信感を覚えます。購入から使用開始までの流れをお客様に説明し、費用が発生する可能性のある場合は、その対象や見込みの金額を事前に伝えておくことが大切です。

　店内表示している場合でも、販売時にお客様に明確に伝えておくことが、あとあとのトラブルや不満を未然に防ぐことになります。家電リサイクル法対象商品については、リサイクル料金と収集・運搬料金が必要ということは浸透しましたが、対象外商品やその他リサイクル対象品（小型家電、パソコン、電池など）についても、定められたルールに基づいた対応をし、費

用が発生する場合は明確に引取り条件を示す必要があります。また、配送したままで、梱包も解かずに帰ってしまったとか、設置・接続をしてくれなかった、というトラブルもあります。店によって対応ルールは異なりますが、配送、設置・接続は別料金であるのに、そのことを商談時や商談終了後も伝えず、確認もしないで伝票処理をしたり、配送だけの指示としてしまったことにより生じたトラブルは、お客様の不信・不満の原因となります。これもコミュニケーション不足といえますが、それ以前の、企業（店舗）としての方針や対応システムなどの基本的な問題ともいえそうです。

この章でのポイント !!

CSとは、単なるかけ声ではなく、具体的な「指標」と「標準化された行動基準」を備えた経営ツールです。お客様の多様化したニーズを捉え、価格だけでなく「満足度の最大化」が重要です。経営からみた CS の目的は、企業の継続と持続的成長であり、具体的な旋策・アクションプランとして、「バランスト・スコアカード（BSC）」の 4 つの視点の評価・分析による持続可能な事業経営を目指し、PDCA サイクルの一環として推進することが挙げられます。CS 向上のためには、従業員のスキルが重要であり、誠意・接客マナー・専門知識とコミュニケーション力により「この人から買いたい」といわれるような、人の魅力が大きな差異化ポイントとなります。

キーポイントは

- お客様の多様化したニーズを捉え、「満足度の最大化」を目指す
- 経営における CS の位置づけ
- 従業員スキルの向上により、人の魅力が大きな差異化ポイント

キーワードは

- お客様の多様化したニーズ
- バランスト・スコアカード（BSC）
- PDCA サイクル
- 「この人から買いたい」

2章 現代社会のCS

2.1 デジタル時代のCS

1. 人の魅力が大きな差異化ポイントになる時代

　私たちの周りでは、デジタル技術が社会に浸透し、多様なツールを用いた情報収集やマーケティング活動がごく普通に行われています。販売側はインターネットでさまざまな情報を提供し、さらにはビッグデータなどユーザーの巨大なデータ群を分析することで、消費者のニーズをつかもうとしています。消費者もインターネットを活用して、事前に商品の評判や使い勝手の情報などを知ることができ、その場ですぐに商品を購入することもできます。

　近年、一般化してきたオムニチャネル（後述）といわれるマーケティング手法では、消費者はインターネットか実店舗かを問わず、あらゆるチャネルで商品やサービスを購入できるようになっています。

　しかしながら、お客様はデジタル上で情報収集を行っても、必ずしもそれだけで購買を決定するとは限りません。販売店を訪問したり、口コミを確認したり、さらにはメーカーや販売店に電話で問い合わせたりとさまざまな行動をとります。

　このようなデジタル社会の利便性の中でも、販売店で実際の商品に触れ、販売員から直接話を聞くことが購買意思決定のうえで重要な位置づけとなっています。

　来店後、お客様が店頭で購入するか、お客様が帰ってからインターネットで注文するかは、販売員がお客様と直接触れ合い、お客様の真のニーズを問い、お客様に提案できる能力により異なります。

　「この人から買いたい」といわれるような販売員となること、これがデジタル時代においても、お客様のニーズに適合する商品を提案してくれる販売員のスキル（誠意、専門性）が大きな差異化ポイントとなっています。

　お客様とのそのような関係は、まさに「究極のワン・トゥ・ワンマーケティング」といえるでしょう。ワン・トゥ・ワンマーケティングについては4章で説明します。

2. 情報収集手段の変革

　一昔前は、新聞などの紙媒体が最大の情報収集手段でしたが、インターネットの普及により情報収集手段も変化しています。今では電車の中で新聞を広げている人はあまり見かけなくなった反面、スマートフォンを見ている人が多くなりました。特に10代、20代、30代の若い世代ではインターネットがテレビをしのぎ最大の情報収集メディアとなっています。従来の情報発信の手段にとらわれることなく、デジタルツールを活用した幅広い情報発信が求められます。

2022年〈平日1日〉	平均利用時間（単位：分）				
	テレビ（リアルタイム）視聴	テレビ（録画）	ネット利用	新聞閲読	ラジオ聴取
全年代	135.5	18.2	175.2	6.0	8.1
10代	46.0	6.9	195.0	0.9	0.8
20代	72.9	14.8	264.8	0.4	2.1
30代	104.4	14.6	202.9	1.2	4.1
40代	124.1	17.2	176.1	4.1	5.5
50代	160.7	18.6	143.5	7.8	14.0
60代	244.2	30.5	103.2	17.7	16.7

2022年〈休日1日〉	平均利用時間（単位：分）				
	テレビ（リアルタイム）視聴	テレビ（録画）	ネット利用	新聞閲読	ラジオ聴取
全年代	182.9	30.2	187.3	5.6	5.5
10代	69.3	17.4	285.0	1.0	2.8
20代	89.6	25.1	330.3	0.5	1.0
30代	152.5	25.9	199.9	0.8	6.9
40代	191.0	29.7	157.5	4.6	4.8
50代	220.5	33.0	134.9	7.6	5.6
60代	291.4	42.2	105.4	15.0	10.1

出典：総務省情報通信政策研究所「令和4年度（2022年度）情報通信メディアの利用時間と情報行動に関する調査」

図2-1　主なメディアの平均利用時間

3.　インターネット販売への対応

　総務省による令和5年版（2023年版）情報通信白書によると、2022年のインターネット利用率（個人）は84.9％となっています。端末別の利用率は、「スマートフォン」の71.2％が最も高く、「パソコン」の48.5％を22.6ポイント上回っています。また、個人の年齢階層別インターネット利用率は、13歳～59歳までの各階層で9割を超えています。このようにインターネットはスマートフォンなどの普及に伴い、多くの世代で生活の一部として定着しています。

　このようなデジタル社会の中で急速に伸びているのが電子商取引（EC）、いわゆるインターネット販売です。令和4年度（2022年度）経済産業省の電子商取引に関する市場調査によれば、2022年の日本国内のBtoC-EC（消費者向け電子商取引）の市場規模は約22.7兆円（前年約20.7兆円）と拡大しています（**図2-2**参照）。2022年の国内BtoC-EC市場規模の増加に大きく寄与したのがサービス系分野です。サービス系分野のBtoC-EC市場規模は、約6.1兆円（前年約4.6兆円）と前年比約32.4％の大幅増加となりました。消費者の外出需要の高まりとともに、旅行サービス、飲食サービス、チケット販売の市場規模が拡大したことが主な要因となっています。とは言え、2019年のサービス系BtoC-EC市場規模は約7.2兆円であり、新型コロナウイルス感染症拡大前の水準までの回復には至っていません。

　また、「生活家電、AV機器、PC・周辺機器等の分類」は引き続き伸長しており、2022年の市場規模は約2.6兆円で、EC化率※は約42.0％（物販系分類平均約9.1％）となりました（**表2-1**参照）。

　※ EC化率：電話、FAX、Eメール、相対（対面）等も含めたすべての商取引金額（商取引市場規模）に対する電子商取引（EC）市場規模の割合

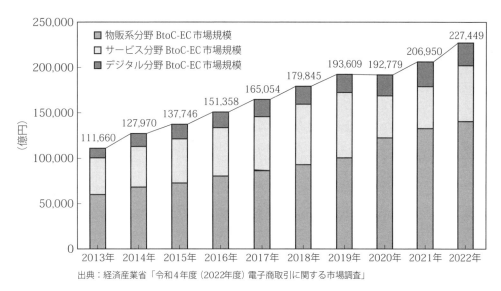

出典：経済産業省「令和4年度（2022年度）電子商取引に関する市場調査」

図 2-2　BtoC-EC 市場規模の経年推移

表 2-1　物販系分野の BtoC-EC 市場規模

分類		2021年		2022年	
		市場規模 （億円） ※下段：昨年比	EC化率	市場規模 （億円） ※下段：昨年比	EC化率
①	食品、飲料、酒類	25,199 （14.10%増）	3.77%	27,505 （9.15%増）	4.16%
②	生活家電、AV機器、PC・周辺機器等	24,584 （4.66%増）	38.13%	25,528 （3.84%増）	42.01%
③	書籍、映像、音楽ソフト	17,518 （7.88%増）	46.20%	18,222 （4.02%増）	52.16%
④	化粧品、医薬品	8,552 （9.82%増）	7.52%	9,191 （7.48%増）	8.24%
⑤	生活雑貨、家具、インテリア	22,752 （6.71%増）	28.25%	23,541 （3.47%増）	29.59%
⑥	衣類・服装雑貨等	24,279 （9.35%増）	21.15%	25,499 （5.02%増）	21.56%
⑦	自動車、二輪車、パーツ等	3,016 （8.33%増）	3.86%	3,183 （5.55%増）	3.98%
⑧	その他	6,964 （8.42%増）	1.96%	7,327 （5.22%増）	1.89%
	合計	132,865 （8.61%増）	8.78%	139,997 （5.37%増）	9.13%

出典：経済産業省「令和4年度（2022年度）電子商取引に関する市場調査」

　インターネット販売には売価訴求型、品揃え訴求型、配送利便性訴求型、ニッチ商品訴求型など、さまざまなタイプがあり、インターネット販売専門業者は、それぞれの特徴を生かして、しれつな合理化競争を繰り広げています。しかし、前述の1章でも説明しましたが、CS活動の本質は、目先の利益だけを追求するものではなく「安定した継続経営による安心感（信頼感）」を発揮することであり、一事を追求するために合理性ばかりを追求する販売から真のCSは生まれません。

　一方、インターネット販売を販売網が行き届かない特定の地域のための補完的な販売手段として活用するなど、総合的なCS向上を目的とした活用は、今後とも強化すべきでしょう。また、お客様との間で、インターネットをベースとしたインタラクティブな（双方向の）関係を構築できる場合は、効率的な情報収集や情報発信が可能であり、より密接なワン・トゥ・ワンマーケティングが実践できるチャンスです。そのためにも、お客様のメールアドレスを教えていただくことやSNSなどの登録、自店ホームページやブログの開設、同意していただいたお客様へのメールマガジンの発信など、デジタルツールを利用した情報発信を積極的に行うことが理想的です。

　また、店頭での商品提案においても、タブレット端末などを活用することで、動画やアニメーションなどのさまざまな表現ができ、数や表現に限度のある紙カタログに比べ、多彩で直感的な説明が可能になります。今後ますます進歩するデジタルツールを使いこなし、より訴求力のある説明をする工夫が必要になっています。

4.　デジタル時代の購入（販売）形態

（1）ショールーミング

　商品の購入を検討する際に実店舗で現物を確かめ、その店舗では商品は買わず、オンラインストアで購入するという購入形態をショールーミングといいます。ショールーミングとは、インターネットの普及によって通販サイトや価格比較サイト、オークションサイトなどが充実し、商品をより安く購入する方法や経路がインターネットで手軽に検索可能になったことにより、近場にある実店舗は商品を実際に見て確かめるだけのショールームと化していることからネーミングされました。スマートフォンを利用してその場で価格をチェックし、その場で注文まで行う場合も少なくなく、実店舗運営の脅威とされてきましたが、現在ではオムニチャネル（後述）といった販売形態への進化が加速してきています。

（2）ウェブルーミング

　ウェブルーミングとは、インターネット上のオンラインストアなどで商品の詳しい情報を事前に調べ、オンラインストアでは購入せず、商品は実店舗で買い求める、という購入形態です。ショールーミングの実店舗で商品の現物を確かめてオンラインストアで購入するという購入行動に対し、ウェブルーミングは逆転した現象といえます。ウェブルーミングの流れが登場した背景は、実店舗とオンラインストアの価格差が少なくなり、O2O（オー・ツー・オー）（後述）やオムニチャネルといった流通の仕組みが整うにつれて、オンラインとオフラインの境目が狭まってきたことで、実店舗がもつ信頼感や安心感といった部分が改めて評価されているといったことが挙げられます。実店舗ではこれに対応するために、オンラインストアに劣らない高度な商品知識が求められます。また、口コミなどのインターネット上の商品情報には誤った情報も含まれていることから、正しい情報を把握して、お客様に提供することも重要です。

　オンラインストア上のレビューの中に、使ってもいない商品をおすすめするよう、生成AIに「レビューを書いて」と指示してつくらせた可能性のある不審な文章が相次いで出現していることも話題となりました。

（3）オムニチャネル

　従来、インターネット販売と実店舗販売は相対するとの考えが主流でしたが、実店舗やインターネット販売をはじめとするあらゆる販売チャネルや流通チャネルを統合することによって、

どの販売チャネルからも同じように商品を購入したり、アフターサービスを受けたりできるなどの環境を実現するオムニチャネルが注目されています。オムニチャネルの「オムニ (omni)」とは「すべての」「あらゆる」という意味をもち、複数の販路を組み合わせているもののそれぞれが独立したサービスを提供するマルチチャネルと異なり、すべての販路を「同質の利便性」で統合することで、どのチャネルを利用したとしても顧客1人ひとりに対して一貫性のあるサービスを提供するものです。

　オムニチャネルは、実店舗、オンラインモールなどの通販サイト、自社サイト、テレビ通販、カタログ通販、ダイレクトメール、SNSなどのあらゆる顧客接点をシームレスに連携させ、いつでもどこでも同じように利用できる環境を構築することで、お客様にとってより便利で利用しやすいサービスを実現します。例えば商品をインターネットで注文して店舗で受け取ったり、店舗で在庫がなかった商品をほかの店舗で受け取ったり、またインターネットでも実店舗でも同じ会員IDでポイントの利用や購入履歴の確認ができるなどといったサービスが挙げられます。

　また、実店舗の販売員がインターネットを通して全国の顧客に対して、商品の訴求や接客をするオムニチャネル店員も出現しています。インターネット販売の個人実績を可視化することで、それぞれの販売員の発奮材料となり、企業としても実店舗とインターネット販売の垣根を越えて販売員の販売力が生かせる仕組みを構築できます。

　インターネットやモバイル端末の普及により、消費者は24時間いつでも、どこからでも買い物することが可能になりました。お客様を最も買いやすい場所に誘引し、最も買いやすい方法で購入してもらうというように、全体のサービスレベルを上げることで、他社に対して競争優位性を高めることができます。

5.　デジタル時代のマーケティング手法

(1) O2O (オー・ツー・オー：Online to Offline)

　オンライン（インターネット上）の情報とオフライン（実店舗）を結び付け、販売やマーケティングに生かす取り組みをO2Oといいます。例としては、実店舗で利用することができるクーポンをオンラインで配布したり、オンラインで店舗や商品の情報を丁寧に提供したりすることで来店を促すなど、さまざまな取り組みが行われています。O2O拡大の背景には、スマートフォンの普及に伴い、消費者がオンラインを利用する機会が増え、アプリやSNS、QRコードなどO2Oマーケティングに活用できる技術がより一般化したことがあります。

(2) OMO (オー・エム・オー：Online Merges with Offline)

　オンラインとオフラインの連携が進み、すでに両者の境目がなくなってきている状況から、「O2O」の考え方がその発展形である「OMO」という概念にシフトしつつあります。O2Oでは、オフラインをベースとしてビジネスを組み立てることから、「オフラインに誘導するためのツール」としてオンラインを活用していることに対して、今後はオンラインとオフラインを融合させるOMOという観点が重要になってきます。

　例えば、実店舗で買い物をする場合、入店時に顔認証で個人が特定され、購買履歴や登録された趣味嗜好情報などから、お薦めの商品情報がスマートフォンなどに提供されます。また、目当ての商品を見つけたときには、その商品に設置されているQRコードをスマートフォンで読み込むと、その場で商品の詳細やレビューを閲覧することができます。実際に商品を購入す

る際は、店舗で購入するほか、商品情報からリンクしたオンラインストアで購入することもできます。オンライン上で売り上げを伸ばした店舗が、消費者に実物を見てもらう、または体験してもらうために実店舗を出店するケースも増えてきています。

　このようにO2Oは「企業目線」でのマーケティング概念であることに対して、OMOは「顧客目線」、「顧客体験重視」でのマーケティング概念であり、消費者がオンラインとオフラインの境界を意識することのない「シームレスな購買体験」の提供を目指しています。

　さらに企業側からの視点では、QRコードから読み取ったこと、商品詳細を見たこと、レビューを確認したことなどがデータ化され個別の情報に紐づけられます。他にもスマートフォンを通してセールの情報を確認したり、店舗に訪れキャッシュレスで決済を行ったり、そのときにクーポンを使用したかなど、お客様の行動をオンライン上にデータ化することでマーケティングに役立てることができます。

(3) D to C（ダイレクト・トゥ・コンシューマー：Direct to Consumer）

　D to Cとは「Direct to Consumer」の略であり、メーカーが自社の商材をECサイト上で直接消費者向けに販売するモデルです。D to Cは、厳密に言うと自社ECサイトでの販売のみを対象とするケース以外に、ECモールに出店した直営店等での販売も含めて定義されるケースがあります。もともとD to Cはアパレルや化粧品の分野で先行していると言われていましたが、最近では食品メーカーや日用品メーカー等の参入も見られ、裾野が広がっています。他方、物販分野のB to C-EC市場規模における大手ECプラットフォームが占める比率は、2021年には上位3社で約7割と推定されます。定量的な観点から捉えれば、メーカーが自社ECサイトで直販するD to Cが本格的に成長するのはこれからです。

(4) サブスクリプションサービス

　サブスクリプションサービスとは、定額の利用料金を消費者から定期的に徴収し、サービスを提供するビジネスモデルです。2021年のB to C-ECではサブスクリプション型のサービスの採用が広範囲にわたって見られ、認知度の高まりとともに定着しはじめています。

　元々インターネット上でのサブスクリプションは、主に食品の定期宅配便、有料動画配信、有料音楽配信などから始まりましたが、ここにきてバリエーションが増えています。具体的には化粧品、ファッション、家具、車があります。化粧品については、単に商品を消費者に送付するのではなく、プロのビューティアドバイザーが選んだコスメや消費者個人にあった商品がセレクトされるといったサービスが見られます。またファッションも同様に、消費者個人の登録情報に基づいて適した商品をスタイリストがコーディネートするといったサービスや、一定期間利用するとそのまま所有できるといったサービスもあります。化粧品とファッションに共通するのは「買ってみないと分からない」つまり情報の非対称性がある経験財という点です。多様な商品を楽しむといった利点に加え、いろいろな商品を試してみて自身にフィットする商品を見つけることができる方法としても、サブスクリプションは有効と考えられます。

　自社ECの場合、サイトを自社管理する手間がありますが、簡易的なプラットフォームシステムも多くあり、ハードルが低下しています。

　サブスクリプションサービスは、消費者から見ると初期費用を抑えられるため利用を開始しやすい、モノを所有する必要がなく置き場所や管理が不要、定額料金であることによる「お得感」が得られる等のさまざまなメリットが挙げられます。他方、独立行政法人 国民生活センターによると、サブスクリプションサービスに関する消費者からの相談事例では、サブスクリ

プションがどのような契約か正しく理解できておらず、契約内容や契約先の事業者を誤って認識しており、解約方法が分からず解約手続きができないといったケースもあり、近年相談件数は増加傾向であると指摘されています。そうした背景もあり、このようなトラブルを防ぐ目的も含めた改正特定商取引法が2022年6月に施行されました。このような法整備を通じて、消費者と事業者間のトラブルを減少させ、市場が健全に発展していくことが期待されています。

6. キャッシュレス決済の動向

　キャッシュレス決済とは、物理的な現金（紙幣や硬貨）を使わずに支払や送金取り引きを行うことです。現在、キャッシュレス決済で利用されているのはクレジットカード、電子マネー、デビットカード、スマートフォンやタブレットを使ったQRコード決済などがあります。現在、世界的にキャッシュレス化の動きが進展していますが、日本では欧米やアジアのキャッシュレス先進国と比べて、キャッシュレス決済の利用率は高くありません。

　日本でキャッシュレス決済が普及しにくいのは、治安の良さを背景とする現金を所持することの危険性の低さや、利用者側のセキュリティ面の不安、また店舗側では端末の導入や手数料などのコスト負担増などが考えられます。

　2021年のキャッシュレス決済比率の国際比較において、日本のキャッシュレス決済比率は32.5%（図2-3参照）となっています。欧米諸国と比べると依然として低い水準にあるものの、近年は、電子マネーやQRコード決済の普及など、さまざまなキャッシュレス決済手段が多様化し利用者の利便性が増したことにより普及が進んでいます。

　キャッシュレス決済を導入することで、店舗側にはレジでの支払いがスピーディーになる、レジ締め作業の時間短縮といった業務効率化のメリットや、店内や輸送時における現金の紛失や盗難を防ぐといった安全面でのメリットが期待できます。利用者にとっても、お釣りの小銭が減る、レジでの待ち時間が減る、現金の紛失や盗難のリスクが減るといったメリットが考えられます。さらに訪日外国人にとっては、わざわざ日本の通貨（円）を持ち歩く必要がなく、自国でキャッシュレス決済をするのと同様に買い物ができるといったことなど、事業者側、利用者側の双方に多くのメリットが見込まれます。また、キャッシュレス決済により得られたデー

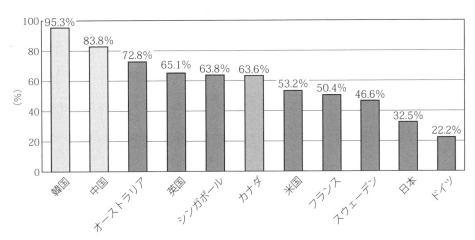

出典：一般社団法人 キャッシュレス推進協議会　キャッシュレス・ロードマップ2023

図2-3　世界主要国におけるキャッシュレス決済比率（2021年）

タは、キャッシュレス取り引きに直接関与していない企業などにも、データを用いた新たなビジネス機会の創出をもたらすなど、経済全体の活性化にもつながることが期待されています。

　経産省の「キャッシュレス・ビジョン」によると「未来投資戦略2017」で設定した10年後にキャッシュレス決済比率40%の目標を前倒しして、大阪・関西万博（2025年）までにこの目標を実現し、将来的には世界最高水準の80%を目指していくこととして決済のキャッシュレス化を推進しています。

▌2.2　高齢社会におけるCS

　毎年さまざまな商品が市場に投入され、「おもしろい」、「便利になった」という声が聞かれる反面、「使い方が分からない」、「うまく使えない」という人も増えています。ますます高齢化が進む社会を迎える中、とりわけ、高齢者のお客様にそういった新たな商品に対する戸惑いの声が増えることが予想されます。各種の不便さに関する調査では、「文字が小さい」、「ボタ

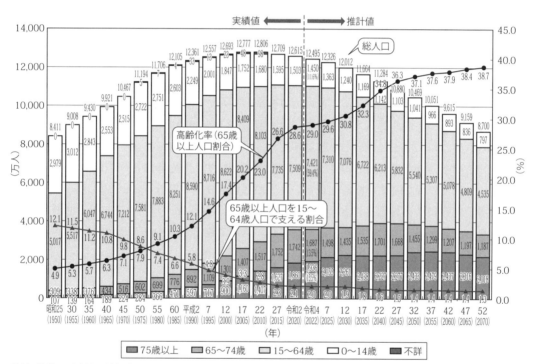

資料：棒グラフと実線の高齢化率については、2020年までは総務省「国勢調査」（2015年及び2020年は不詳補完値による。）、2022年は総務省「人口推計」（令和4年10月1日現在（確定値））、2025年以降は国立社会保障・人口問題研究所「日本の将来推計人口（令和5年推計）」の出生中位・死亡中位仮定による推計結果

（注1）　2015年及び2020年の年齢階級別人口は不詳補完値によるため、年齢不詳は存在しない。2022年の年齢階級別人口は、総務省統計局「令和2年国勢調査」（不詳補完値）の人口に基づいて算出されていることから、年齢不詳は存在しない。2025年以降の年齢階級別人口は、総務省統計局「令和2年国勢調査　参考表：不詳補完結果」による年齢不詳をあん分した人口に基づいて算出されていることから、年齢不詳は存在しない。なお、1950年～2010年の高齢化率の算出には分母から年齢不詳を除いている。ただし、1950年及び1955年において割合を算出する際には、（注2）における沖縄県の一部の人口を不詳には含めないものとする。

（注2）　沖縄県の昭和25年70歳以上の外国人136人（男55人、女81人）及び昭和30年70歳以上23,328人（男8,090人、女15,238人）は65～74歳、75歳以上の人口から除き、不詳に含めている。

（注3）　将来人口推計とは、基準時点までに得られた人口学的データに基づき、それまでの傾向、趨勢を将来に向けて投影するものである。基準時点以降の構造的な変化等により、推計以降に得られる実績や新たな将来推計との間には乖離が生じうるものであり、将来推計人口はこのような実績等を踏まえて定期的に見直すこととしている。

（注4）　四捨五入の関係で、足し合わせても100.0%にならない場合がある。

出典：内閣府「令和5年版（2023年版）高齢社会白書」

図2-4　高齢化の推移と将来推計

ンが押せたのかどうか分からない」、「操作が複雑で使いこなせない」、「取扱説明書が分かりにくい」、「買い替えると操作方法が分からなくなる」、「メーカーごとに操作方法が異なる」などの問題点が指摘されています。家電業界は、高齢者を含む万人に使いやすい商品づくりを目指すと同時に、販売や修理サービスなどの段階においても、使い勝手の良い商品をお薦めするだけでなく、購入いただいた商品を十分に使いこなしてもらうためのフォローが、従来にも増して強く求められています。

1. 進展する超高齢社会

　65歳以上の高齢者人口の総人口に占める割合を高齢化率といいます。一般的に高齢化率が7％を超えると「高齢化社会」、14％超で「高齢社会」、同じく21％超で「超高齢社会」と呼ばれています。既に日本は世界でも類を見ない超高齢社会に突入しています。内閣府の令和5年版（2023年版）高齢社会白書によれば、令和4年（2022年）10月1日現在の日本の総人口は1億2,495万人となっています。65歳以上の高齢者人口は、3,624万人となり、高齢化

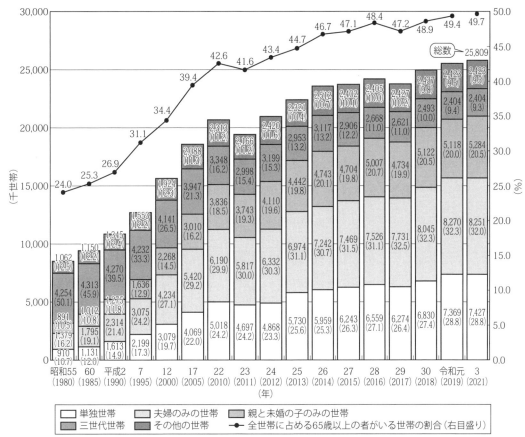

資料：昭和60年以前の数値は厚生省「厚生行政基礎調査」、昭和61年以降の数値は厚生労働省「国民生活基礎調査」による
（注1）平成7年の数値は兵庫県を除いたもの、平成23年の数値は岩手県、宮城県及び福島県を除いたもの、平成24年の数値は福島県を除いたもの、平成28年の数値は熊本県を除いたものである。
（注2）（　）内の数字は、65歳以上の者のいる世帯総数に占める割合（％）
（注3）四捨五入のため合計は必ずしも一致しない。
（注4）令和2年は調査中止
出典：内閣府「令和5年版（2023年版）高齢社会白書」

**図2-5　高齢者（65歳以上の者）のいる世帯数および構成割合（世帯構造別）と
全世帯に占める65歳以上の者がいる世帯の割合**

率は29.0％となりました。高齢化率は今後も上昇し、令和19年（2037年）には、国民の約3人に1人が65歳以上の高齢者となる社会が到来すると推計されています。

　日本は1970年に高齢化率が7％を超え「高齢化社会」になりました。その後1994年に14％を突破し、2007年には21％を突破し「超高齢社会」に突入しました。また、世帯数の視点で見ると令和3年（2021年）現在の高齢者のいる世帯数は2,580万9千世帯と、全世帯（5,191万4千世帯）の49.7％を占めるまでになりました。

2.　高齢者に対するCS

　一般的に高齢者の身体的特徴のひとつとして、視聴覚機能の低下があります。近くの文字や小さな文字・表示が見えにくくなる、色が見分けにくくなる、暗くなると緑や青緑、青の区別が難しくなるなどの視覚機能の低下や、聴覚でも音が聞き分けにくくなる、特に高音域の音が聞こえにくくなるなどの症状が現れます。そのほかにも、一般的に以下のような身体的変化により、さまざまな困難が生じると考えられます。販売やサービスなどの段階では、そういった高齢者の身体的変化を十分に理解し、商品選択や使い方について配慮する必要があります。

　体力の低下
- 高所に設置されている電球などの交換や、換気扇やエアコンの掃除などができない
- 大型家電製品の移動が難しくなる（力仕事が困難になる）など

　理解力や記憶力の低下
- 購入した商品の細かい操作方法が難しくて分からない
- インターネットやスマートフォンを使えない
- テレビやパソコン、レコーダー、ゲーム機などの接続ができないなど

　なお、インターネットの利用率については、総務省による令和5年版（2023年版）情報通信白書によると、13歳から59歳までの年齢階層で9割を超えているのに対し、高齢者になるほど利用率が低くなっています（**図2-6**参照）。

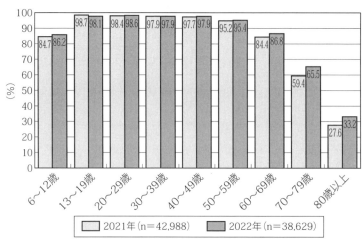

出典：総務省「令和5年版（2023年版）情報通信白書」
　　　（総務省「通信利用動向調査」）

図2-6　年齢階層別インターネット利用率

　一方で、「インターネットを使いたい」、「スマートフォンを使いこなしたい」など、新しいことに意欲的な高齢者も増えていますので、高齢者を弱者として画一的に捉えることは禁物です。

　今後、インターネットを日常的に活用することで、自らの活動領域を広げていく高齢者が増えていくことから、SNS による広報活動はもちろんのこと、インターネットショッピングについても、高齢者は対象外などという既成概念をもたずに取り組む必要があります。

3. 高齢者に対する CS 向上のポイント

（1）サービスの即時対応

　高齢者からのサービスコールには、緊急の対応を要することがあります。独力で応急処置的な対応がとれない可能性が高いからです。そのようなケースを想定し、依頼内容をよく確認のうえ、迅速な対応を心がけましょう。

（2）商品提案の工夫

　商品のもつ機能、扱い方、楽しみ方、メンテナンス方法などを分かりやすく説明する工夫が重要です。商品の機能や特徴などを分かりやすくまとめたチラシや POP、プライスカードなどを作成して活用することが望まれます。また、QR コードを利用して、お客様のスマートフォンに取扱説明書や使い方を画像や動画で表示するなどの方法も有効です。

　お客様に対して商品やサービスに関する説明をする際は、年代を問わず極力専門用語を避け、お客様の理解度に合わせて説明することが販売担当者の基本であり、高齢者に対しては、特に留意すべき事項といえます。

（3）長期的な継続性

　販売店は高齢者の頼もしいホームドクターとして、商品説明から、販売、配送、据付工事、アフターメンテナンス、修理までの各種サービスをまとめて提供する「ワンストップサービス」が求められています。今後の高齢社会を考えると、家電のことであればすべて任せられる、ワンストップサービスが重要課題のひとつといえます。

　ワンストップサービスは、1 つの企業が一連のサービスなどを統合して提供することで、お客様の利便性を高めるだけでなく、提供する企業（店舗）側にもお客様を囲い込むことができるというメリットが生まれます。

4. 変わりゆく高齢者像

　高齢者に対する CS を向上するには、高齢者は弱者なので、何かしてあげるという単純な認識では成功は難しくなります。多くの健康な高齢者は加齢による身体的な衰えはあるものの、経済的に自立し、人生を楽しむひとりの生活者です。インターネットショッピングなど新しいサービスの利用率も増えています。高齢者だからという区分けをせず、そのニーズに注意深く耳を傾け、必要な商品・サービスを、他社や他店が簡単にまねのできないオリジナリティをもって提供するという当たり前のマーケティングが不可欠です。高齢化社会はこれからが本番であり、今後も拡大するマーケットと認識し、積極的な提案と工夫を試みる必要があります。

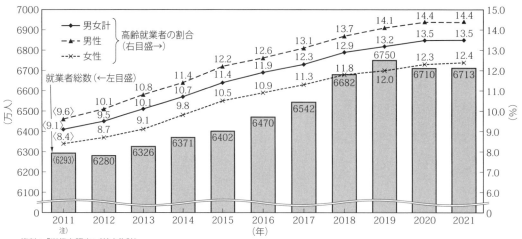

資料：「労働力調査」（基本集計）
注）2011年は、東日本大震災に伴う補完推計値
出典：総務省報道資料　統計トピックス No.132「統計からみた我が国の高齢者」

図2-7　就業者総数に占める高齢者の割合の推移

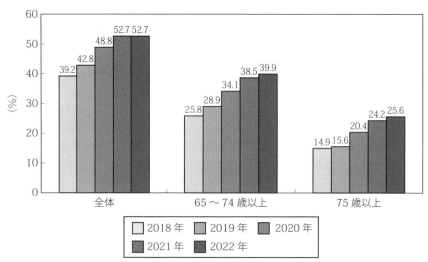

（備考）総務省「家計消費状況調査」（二人以上の世帯）により算出。
出典：消費者庁　令和5年版（2023年版）消費者白書

図2-8　ネットショッピング利用世帯の割合の推移（世帯主年齢層別）

（1）高齢者市場の特徴

　介護を必要とせず、趣味にまい進したり新しいことに意欲的に取り組んだりと、旺盛な意欲をもつ「アクティブシニア」と呼ばれる高齢者も存在しており、アクティブシニア層に対する取り組みも重要な課題となっています。また、高齢者は加齢により生活が変化し、求めるサービスも変化するため、これらの変化に合わせた「次のサービス」を効果的に提供していくことが重要です。こうしたサービスが、現在から将来にわたり切れ目なく提供できることが求められます。一方で、高齢者向けサービスに対して抵抗を感じる方もいるため、高齢者への配慮には細心の注意が必要です。

(2) 高齢者市場へのアプローチ方法

　高齢者市場にアプローチするための方法としては、高齢者側から見て、多様なサービスなどが必要です。企業（店舗）が高齢者ごとに異なるさまざまなニーズに対して、適切で多様な商品やサービスを提供することが求められます。企業（店舗）によって、こうした商品やサービスが高齢者個々の健康状態やライフスタイルの変化に合わせて、連続的かつシームレスにワンストップで提供されることが重要です。

(3) 高齢者の ICT 利活用

　総務省の「家計消費状況調査」で、二人以上の世帯におけるインターネットを利用して財やサービスの注文をした世帯の割合（以下「ネットショッピングの利用率」という。）について、世帯主の年齢別の推移をみると、2018 年から 2022 年までの 5 年間で、全体では 39.2％から 52.7％に、65 歳から 74 歳までは 25.8％から 39.9％に、75 歳以上は 14.9％から 25.6％にそれぞれ増加しました。また、2018 年以降の経年変化をみると、新型コロナウイルス感染症の感染拡大が始まった 2020 年に他の年と比べて大きくネットショッピングの利用率が上昇しました。高齢者が世帯主の世帯では、2021 年以降も利用率は上昇を続けています（図 2-8 参照）。

　ICT 利活用が広まるにつれ、高齢者の ICT に対する考え方や利用状況に変化が見られます。これまで、高齢者は ICT の利用経験が乏しいことが多く、SNS についても、若年層に比べ高齢者の利用が進んでいない状況でした。しかし今後は ICT の利用経験が豊富な高齢者が増加することに伴い、SNS などの利用も多く見込まれます。したがって高齢者向けのビジネスにおいても、ICT を利用した販売促進活動や広報活動は重要な事項になると考えられます。

5. バリアフリー

　バリアフリー（barrier free）とは、高齢者や障がい者などが支障なく自立した日常生活・社会生活を送れるように、物理的、社会的、制度的、心理的な障壁や情報面での障壁を除去するという考え方です。あるいはそれらが実現した生活環境のことをいいます。

　日本では 1970 年代半ばから福祉的な取り組みとして進められ、段差をなくした道路やエレベーターつきの駅ホーム、車椅子でも使いやすい公共施設や乗り物、風呂や廊下に手すりを付けたり、戸口を広くするといった工夫をした住宅などが普及するようになりました。これらは現在「高齢者や障がい者等の移動等の円滑化の促進に関する法律（バリアフリー法）」により規定されています。

6. ユニバーサルデザイン

　文化・言語・国籍の違いや年齢・性別・能力の差異、障がいの有無などにかかわらず、できる限り幅広い人々に適応すべきであるとして、施設や製品、情報などの設計を「誰もが能力を意識しないで使えるように、最初からすべての人にとって使いやすいようにデザインする」という考え方で生まれたのがユニバーサルデザインです。

　ユニバーサルデザイン 7 原則
　　①誰でも使える（公平な利用）
　　②自由度が高く柔軟に使える（利用における柔軟性）
　　③使い方が簡単で分かりやすい（単純でかつ直感的な使用性）
　　④必要な情報がすぐに分かる（認識できる情報）

⑤ちょっとした操作ミスがあっても、意図せぬ動作や、事故などにつながりにくい（エラーに対する許容）

⑥負担が少なく快適で疲れにくい（労力の軽減）

⑦使用時の適当な大きさと広さ（接近や利用のためのサイズとスペース）

　一般財団法人 家電製品協会では、ホームページにおいてユニバーサルデザインに関する配慮項目をまとめており、またメーカー各社のユニバーサルデザイン配慮家電機種の紹介をしています。

ユニバーサルデザイン配慮項目と配慮点の例

①操作が理解しやすい（基本機能をスタート・停止させる操作部は他と色調・大きさ・形状などを変えている）

②表示と表現が分かりやすい（主要な操作ボタンの文字や図記号は識別しやすい大きさ・配色・コントラストなどになっている（JISなどに準拠））

③楽な姿勢と動作で負担なく使える（体型・体力に係わりなく使いやすい）

④動きやすいなど使用に配慮している（人の移動を阻害する出っ張りや突起物がない、または収納できる）

⑤誤操作防止など安全に、安心して使える（不用意な操作を避けたい操作部は他の操作部と離している）

⑥手入れがしやすいなど長く使える（手入れや消耗品の交換時期を音や光などで知らせる、セルフクリーニングなどメンテナンスが楽にできる）

　販売店の担当者はこれらの商品の特徴を理解し、お客様の希望、ニーズに適格に応えられるようにしたいものです。詳しくは一般財団法人 家電製品協会ホームページ（https://www.aeha.or.jp/ud/）を参照ください。

7.　バリアフリーからユニバーサルデザインへ

　バリアフリーの考え方が、主に障がい者や高齢者を対象に障壁（バリア）を取り除くことを目的としていることに対して、ユニバーサルデザインは個人差や年齢、性別、国籍の違いなどにかかわらず、すべての人たちができるだけ使いやすいようにすることを目指しているという違いがあります。ユニバーサルデザインの考え方は、バリアフリーな社会をもたらすものといえます。

高齢化社会における製品安全に関する課題

　経済産業省は、高齢者特有の製品事故や高齢者の製品安全に関する現状認識などを分析し、「高齢化社会における製品安全に関する課題調査報告」を取りまとめました。

　この報告書では、高齢者（70歳以上）を中・壮年者（40歳〜69歳）と比較したところ、高齢者は家電製品を長い期間使用する傾向がみられることや、製品の取扱説明書を「全く読まない」割合が高いことなどが挙げられています。

　物を長く大事に使うことを美徳と考え、耐久消費財を壊れるまで使い続けるといった消費者の心理において、特に高齢者の場合、「使い方を覚え直すのは面倒」などの理由も手

伝い、使い慣れたモノをより長期間使い続ける傾向が見られます。このような状況の中、高齢者世帯では経年劣化などの製品事故により、火災や重篤な人身事故など、より重大な被害を招きやすいことに留意すべきです。

販売店などでは、特に高齢者が商品を購入される際には、使い方に関する丁寧な説明と併せて、古い製品の使用状況を確認することなども望まれます。

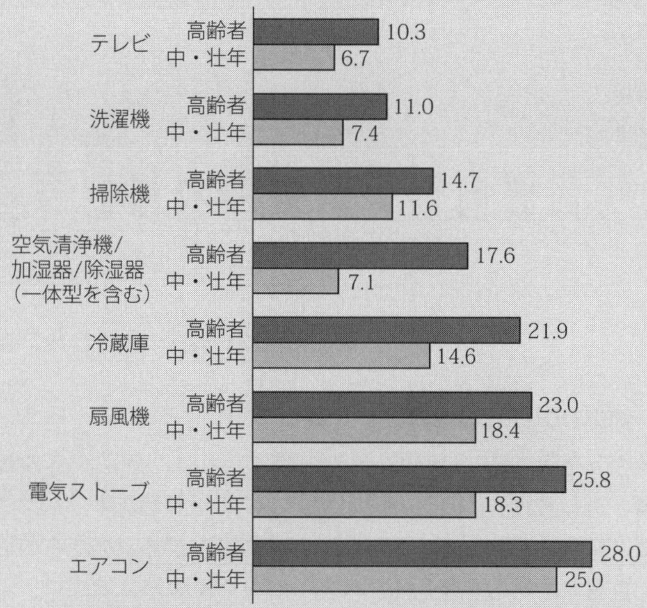

		割合
テレビ	高齢者	10.3
	中・壮年	6.7
洗濯機	高齢者	11.0
	中・壮年	7.4
掃除機	高齢者	14.7
	中・壮年	11.6
空気清浄機/加湿器/除湿器（一体型を含む）	高齢者	17.6
	中・壮年	7.1
冷蔵庫	高齢者	21.9
	中・壮年	14.6
扇風機	高齢者	23.0
	中・壮年	18.4
電気ストーブ	高齢者	25.8
	中・壮年	18.3
エアコン	高齢者	28.0
	中・壮年	25.0

図2-A　家電製品を15年以上使用している者の割合

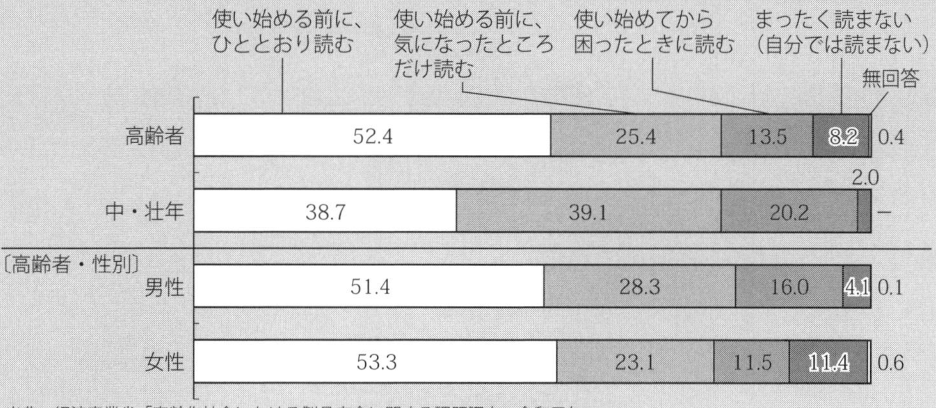

使い始める前に、ひととおり読む／使い始める前に、気になったところだけ読む／使い始めてから困ったときに読む／まったく読まない（自分では読まない）／無回答

	ひととおり読む	気になったところだけ読む	困ったときに読む	まったく読まない	無回答
高齢者	52.4	25.4	13.5	8.2	0.4
中・壮年	38.7	39.1	20.2	2.0	−
〔高齢者・性別〕男性	51.4	28.3	16.0	4.1	0.1
女性	53.3	23.1	11.5	11.4	0.6

出典：経済産業省「高齢化社会における製品安全に関する課題調査」令和元年

図2-B　取扱説明書の通読状況

2.3　訪日外国人のお客様へのCS

　観光庁による令和5年版（2023年版）観光白書によれば、2020年（令和2年）及び2021年（令和3年）の訪日外国人旅行者数は、新型コロナウイルス感染拡大に伴い、水際措置の強化の継続などにより、年間を通じて大きく減少しました。2022年（令和4年）の訪日外国人旅行者数は、6月の外国人観光客の受入再開後、10月の入国者数の上限撤廃、個人旅行の解禁、ビザなし渡航の解禁等の水際措置の大幅緩和等により大きく増加し、同年12月には2019年同月比で54.2％まで回復、年間では約383万人（2019年比88.0％減）となりました。2023年（令和5年）も回復傾向が続き、4月は、2022年（令和4年）10月以降単月では最多の194.9万人となり、2019年同月比で66.6％まで回復しました。

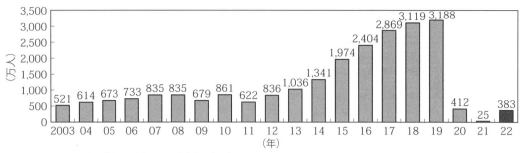

出典：観光庁「令和5年版（2023年版）観光白書」

図2-9　訪日外国人旅行者数の推移

1.　東アジアからのお客様が7割以上

　令和5年版（2023年版）観光白書によれば、外国からのお客様の内訳は、1位 韓国、2位 台湾、3位 香港、4位 中国と、東アジアの近隣諸国からのお客様が約5割を占めています。さらに、東南アジアを含めるとなんと7割以上がアジアからのお客様です。外国人観光客と聞くと、英語での対応を優先的に考えてしまいますが、韓国語、中国語なども必要です。

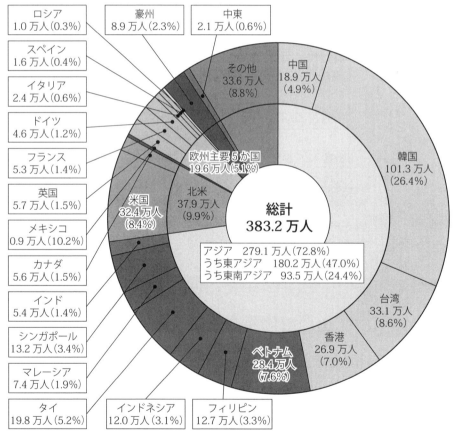

資料：日本政府観光局に基づき観光庁作成
注1：（　）内は、訪日外国人旅行者数全体に対するシェア。
注2：「その他」には、アジア、欧州等各地域の国であっても記載のない国・地域が含まれる。
注3：数値は、それぞれ四捨五入によっているため、端数において合計とは合致しない場合がある。
出典：観光庁「令和5年版（2023年版）観光白書」

図2-10　訪日外国人旅行者の内訳 2022年（令和4年）

（1）旺盛な購買力

　観光庁の資料によれば、訪日外国人が買い物代として支出している金額は 2019 年（令和元年）には年間 1 兆 6 千億円を超えており、消費額全体に占める割合は約 35％と最も高く、重要なお客様となっていることが分かります。それぞれの店で快適な買い物をされたお客様の感想は SNS などにより拡散され、評判が伝わり、新たなお客様の来店の誘引につながる可能性もあります。訪日外国人のお客様に対し、購入につなげるための基本的な対応要領を身につけることが求められています。

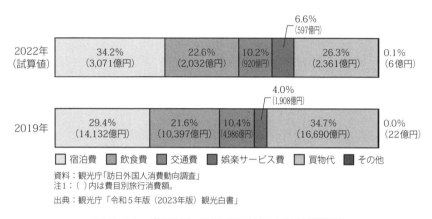

図 2-11　費目別にみる訪日外国人旅行消費額

2.　外国人観光客も多様化の時代

　全体的に訪日外国人の数は増加傾向にありますが、多様化も進んでおり、さまざまな文化的、宗教的習慣をもつ人々が日本に訪れます。

　今後さまざまな文化圏の外国人観光客の習慣などへの認識、理解、対応が必要になってきます。

（1）多様化する訪日外国人への対応　〜禁忌（きんき）・注意事項を知る〜

　日本と異なる風俗・習慣をもつ外国人への基本的な対応として、まずは不快な思いをさせないような接客を心がける必要があります。我々からすれば特に問題のない行為でも、風俗や習慣が異なれば思わぬ受け取り方をされてしまう場合もあるでしょう。**表2-2**では、主要な国や地域からの訪日外国人を接客する際の注意事項をまとめました。これらは一部の代表的な国に対する注意点ですが、訪日外国人観光客の国や地域によって留意すべきポイントは多岐に渡ります。企業（店舗）が、顧客（目的国）の文化や習慣に配慮したサービスを提供することは、顧客満足度を高めるために重要です。

表 2-2　訪日外国人に接客する際の注意

	禁忌・注意事項
台湾	・目上の人が面子を失うような行為は厳禁である。目上の人を尊重し、丁寧に接することが大切とされる。 ・黒色、白色はお葬式を想起させるため、贈り物やネクタイの色には使わない。お祝いごとで使う封筒には朱色のものを使う。 ・奇数は縁起のよくない数字、偶数は縁起のよい数字として扱われる。数字の「4」は「死」と発音が同じで嫌われる（不吉な言葉の連想を避けるため、「4」を表現する場合には「3プラス1」と言う）。

表2-2　訪日外国人に接客する際の注意（つづき）

	禁忌・注意事項
韓国	・目上の人に対して無礼をすることは厳禁である。目上の人に対する礼儀は、韓国の礼儀において最も大切な項目である。 ・赤の筆記用具で書いた人の名前は亡くなった人を意味するため注意する。 ・「朝鮮人」という言葉には差別的な印象をもたれるため、特に注意が必要である（韓国のテレビ番組の影響もあり、日本語で話していても聞き取られる）。
中国	・目上の人が面子を失うような行為は厳禁である。目上の人を尊重し、丁寧に接することが大切とされる。 ・中国人は約束を重んじるため、遅刻はタブーである。 ・黒色、白色はお葬式を想起させるため、贈り物やネクタイの色に使うことは避けるほうがよい。贈り物には赤（喜びの色）、黄色（皇帝色）が望ましい。中国では多くの色に様々な意味があるため、注意が必要である。 ・贈り物に、はさみ、刃物類、置き時計、掛け時計は嫌われる（別れを意味する）。また、靴下、タオル、ハンカチなどの日用品を贈る習慣もないので、避けるほうがよい。
香港	・目上の人が面子を失うような行為は厳禁である。目上の人を尊重し、丁寧に接することが大切とされる。 ・香港人は約束を重んじるため、遅刻はタブーである。 ・数字の「4」は「死」と発音が同じで嫌われる。 ・贈り物に、置き時計、掛け時計は嫌われる（別れを意味する）。
タイ	・タイ人の体、特にタイの女性の体に触れてはならない。 ・頭は神聖なものだと考えられており、人の頭（子供の頭も）を触らない。頭に付いたほこりを取ること、人の頭越しにものをやり取りすることもよくない。
イスラム教徒（インドネシア、マレーシア、シンガポール、中東諸国など）	・人と挨拶する際に、相手が同性の場合は、軽い会釈もしくは右手で握手をする。相手が異性の場合、相手が握手を求めてこない限り、身体的な接触は避ける。 ・頭は神聖なものだと考えられており、人の頭（子供の頭も）を触らない。 ・左手を使うことは避けられる。 ・コーランは非常に神聖なものとされており、丁寧に扱う必要がある。 ・イスラム教国では、金曜日が集団礼拝の日として休日になることが多い（安息日ではない）。
ヒンドゥー教徒（インド、ネパールなど）	・頭は神聖なものだと考えられており、人の頭（子供の頭も）を触らない。 ・左手を使うことは避けられる。 ・女性が露出の多い服装を着ることははしたないと思われるため、避けるほうがよい。

観光庁「多様な食文化・食習慣を有する外国人への対応マニュアル」より抜粋

3.　訪日外国人に対するCS向上のポイント

　近年、SNSなどの情報交流サイトで、旅行やショッピングなどの情報が発信されており、訪日外国人のお客様は、自店をアピールしてくれるお客様と認識する必要があります。新たなお客様の来店を促すためにも、CS活動の実践が必要といえます。

（1）多言語対応

1）接客

　日本を訪れる外国人で日本語が理解できる、会話ができる人の割合は少ないといえます。そのため、多くの訪日外国人は、さまざまな場面で言葉の不安を抱え、困惑していると思われます。家電製品の売り場においても、商品の特長や仕様を直接確認したい場合など言葉の問題は障壁となります。近年、多くの電気販売店の免税店では、数か国の言語に対応できる人材を配置し、この問題の解消に取り組んでいます。限られた時間内でショッピングする訪日外国人にとって、母国語で的確かつスムーズな接客を受けることは、安心して商品を購入

することにつながります。外国語で的確な接客ができる人材の育成や配置は重要な課題といえます。

2）商品POP

　商品購入に際し、商品の特長を訴求したPOPなどは大変参考になります。直接接客を受けることができないお客様にとっては、商品選択時の判断基準になります。商品POPについては、数か国の言語に対応したものが準備できればベストですが、設置スペースなどの問題がある場合、まずは、来店客の多い国の言語で作成すればよいでしょう。POPの内容については、商品の特長の表記はもちろんですが、国によって電圧やコンセントの形状が異なる関係上、仕様や注意する項目を商品POPに記載したり、説明用ボードなどに分かりやすく見やすい場所に掲示することが必要となります。分かりやすく詳細な店頭表示をすることは、商品購入の参考になり、間違った商品選択の防止につながります。POPを作成する際には、翻訳ソフトを利用するなどもひとつのアイデアです。

（2）品揃え

1）ツーリストモデル（海外仕様電気製品）

　ツーリストモデルとは、訪日外国人が帰国してその国で使用（お土産）することを目的として持ち帰ったり、日本人が海外旅行に行って現地で使用するためのものです。海外の電気事情に合わせて作られた海外仕様電気製品で、専用の保証書も発行され、海外でも保証期間内は無料サービスを受けることができます。ただし、海外の各国（地域）にも日本と同様の安全規格や電波管理法などがあり、それぞれの国（地域）の規格は国（地域）ごとに異なっています。法律で使用が禁止されている場合もあります。ツーリストモデルだからといってすべての規格を漏れなく満たしているとは限らないので、お客様がご使用になる国（地域）の電気事情を確認して販売する必要があります。

2）在庫管理

　「商品購入を決めたが、在庫がない」このようなことになると、お客様に迷惑をかけるばかりか、お店の評判は悪くなります。機会損失を防止するため、常日頃から在庫管理をする必要があります。商品ごとの販売台数から適正な在庫を確保し、仮に在庫がなくなった場合は、速やかに品切れ表示をする必要があります。人気商品は多めに確保することも考慮する必要があります。在庫管理を徹底し、機会損失をなくすことは、お客様とお店の双方にとって大切なことといえます。

4.　消費税免税店（輸出物品販売場）

　消費税免税店（輸出物品販売場）とは、外国人旅行者などの日本国内非居住者に対して、特定の物品を一定の方法で販売する場合に消費税を免除して販売することができる店舗（TAX FREE SHOP）のことをいいます。

　消費税免税店のメリットは以下のようなものがあります。

① 外国人客の来店増加

　外国人旅行者はツアー客も含めて買い物をするとき免税店を選びます。

② 売上げアップ

　最低購入額の設定があり、まとめ買いが期待できるとともに、消費税の負担がなければ、その分お客様の購入予算に余裕が生まれます。

③ 地域活性化への貢献（雇用・地域産品）

　外国人対応のため外国からの留学生を雇用したり、地域名産物も販売でき、経済効果も上がります。

④ 話題性の向上

　地域が広く免税化すると、「Tax Free エリア」のように知られるようになり、話題性も高くなります。

⑤ 非免税店との差異化

　非免税店の近隣競合店に対し差異化ができ、競争力が向上します。

（1）免税対象物品

　免税品の対象物品は通常生活の用に供される物品（一般物品、消耗品）であり、日本国内で消費せずに国外に持ち出すことが条件となります。

① 一般物品（家電製品、洋服・着物、時計・宝飾品など）

- 1人の非居住者に対して同じ店舗における1日の販売合計額（税抜）が5千円以上であること

② 消耗品（食品・飲料、化粧品、医薬品など）

- 1人の非居住者に対して同じ店舗における1日の販売合計額（税抜）が5千円以上、50万円までの範囲内であること
- 国内で消費されないように指定された方法による包装がされていること

　非居住者が事業用または販売用として購入することが明らかな場合は免税販売対象外となります。なお、2018年7月1日以降一般的物品についても消耗品と同様の指定された方法による包装を行った場合、消耗品と合算した金額で消耗品の摘用を受けることが可能となりました。家電製品等の一般物品については指定された包装方法はありません（特殊梱包は不要）。ただし、消耗品と合算して免税販売した一般物品については特殊梱包が必要となりますので注意が必要です。

（2）消費税免税店の条件

　消費税免税店には、経営する事業者が自店舗で免税販売手続を行う「一般型消費税免税店」と、ショッピングモールのテナントなどが免税手続カウンターなどで第三者（承認免税手続事業者）に免税販売手続を委託する「手続委託型消費税免税店」の2種類があります。

　なお、消費税免税店となる条件として、

①免税販売の際に必要となる手続きを非居住者に対して説明できる人員の配置（外国語については、話せることまでを必要としているものではなく、パンフレットなどの補助材料を活用して、非居住者に手続きを説明できる程度で差し支えありません。）

②免税販売の際に必要となる手続きを行うためのカウンターなどの設備があること（免税販売のための特別なカウンターを設けることまでは求められていません。）

などが求められており、各所轄の税務署にて申請し、認可を得る必要があります。

　2019年7月以降、臨時免税店制度が創設され、地域のお祭りやイベント会場などにおいて7ヶ月以内の期間を定めて設置する臨時販売場は、一定の要件を満たす場合、消費税免税店として免税販売手続を行うことができます。また、2020年4月以降、免税販売手続きの電子化が始まり、2021年10月から紙による免税販売手続（購入記録票のパスポートへの貼付・割印など）が完全に廃止され、免税販売手続が電子化に移行されました。

　観光庁では免税店のブランド化と認知度向上を目的に「免税店シンボルマーク」を定めています。これにより外国人に免税店であることをアピールできます。また、「免税手続カウンターシンボルマーク」を利用することで免税手続をする場所を分かりやすく案内することができます。これらのシンボルマークは観光庁のホームページにある免税店シンボルマーク申請サイトで申請して使用することができます。

図2-12　免税店シンボルマーク

図2-13　免税手続カウンター
シンボルマーク

DUTY FREE SHOP

　消費税免税店（輸出物品販売場）とは、外国人旅行者などの日本国内非居住者のために消費税を免除する販売店（TAX FREE SHOP）のことをいいます。なお、「DUTYFREE」は外国製品を日本に輸入する際に課せられる関税を免除することをいい、日本では主に国際空港と沖縄などの一部店舗に限られています。

5.　受入環境の整備

　観光庁の「令和元年度版 訪日外国人旅行者の受入環境整備に関するアンケート」調査結果によると、訪日旅行中全体を通して「困ったことはなかった」の割合が過去最高の38.6％となり、継続調査している各項目の全てにおいても「困った」の割合が減少しました。

　従前から困った割合が高かった「施設等のスタッフとのコミュニケーション」、「無料公衆無線LAN環境」は前年比では減少しているものの、依然として比較的高い項目として挙げられています。また、新たに調査項目に追加した「ゴミ箱の少なさ」は旅行中困ったことの第1位

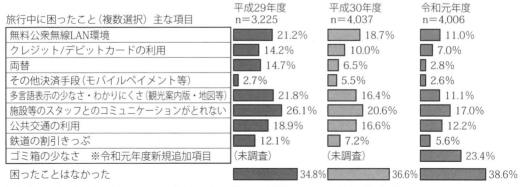

出典：観光庁「令和元年度版（2019年度版）訪日外国人旅行者の受入環境整備に関するアンケート」調査結果

図2-14　旅行中に困ったこと

となっています。
　これらを改善するための受入環境整備が求められています。

この章でのポイント*!!*

デジタル社会の進展に合わせて販売形態は大きく変革の時代を迎えています。インターネット販売やデジタルツールの活用といった、新しい形態に則したCS活動が重要になってきています。高齢化社会においては、サービスの即時対応やワンストップサービスがお客様の満足度を高めます。ユニバーサルデザイン製品をお薦めすることも重要です。訪日外国人のお客様への対応として、文化や言語の違いを認識し、快適に安心して商品を購入できる環境を整えたいものです。

キーポイントは
・インターネットの普及によるお客様の情報収集や購買行動の多様化
・デジタル時代の購入（販売）形態、マーケティング手法
・高齢化社会におけるサービスの即時対応やワンストップサービス
・訪日外国人のお客様対応における禁忌、注意事項と多言語対応、品揃え

キーワードは
・オムニチャネル、O2O、OMO、D to C、サブスクリプションサービス
・キャッシュレス決済
・超高齢社会
・バリアフリー・ユニバーサルデザイン
・ツーリストモデル
・消費税免税店

3章 礼儀・マナーの基本

3.1 「おもてなし」こそ重要な差異化ポイント

1. モラル（倫理観）やマナーは当たり前

　お客様と応対する場合、敬語を正しく使用することや法律に触れる言動をしないこと、差別的用語を使わないことなどは、もはや、接客において当たり前のことであり、他店（他社）との差異化ポイントにはなりません（むしろ、それらが不完全な場合、マイナスポイントになってしまいます）。昨今、SNS などでモラルを著しく欠いた動画が流れるなどの事態が生じ、経営に大きなマイナスの影響を与えていることは周知の事実です。モラル（倫理観）やマナー（行儀・作法）といった点で問題を抱えているようなら、研修などにより早急に対策する必要があります。それほど社会の視線は厳しくなっているとの認識をもつことが肝要です。

2. 「おもてなし」が接客の要諦

　前述の当たり前、つまりマニュアル的に習得できるサービスに心を込めた接客が「おもてなし」です。換言すれば、ありきたりの接客ではなく、その人のための「オーダーメイドの接客」であり、目配り・気配り・心配りの行き届いた状態であるということです。その「おもてなし」は、お客様に感動を与えてリピーターとなっていただけるばかりでなく、お客様の感動が SNS などで拡散され、良い評判を生み出すということが現下の競争メカニズムになっています。

3.2 おもてなし接客とは

1. 「おもてなし」とは

　そもそも「おもてなし」とは、言葉のとおり、「客をもてなす」の「もてなす」からきています。「もてなす」の語源は、「モノをもって成し遂げる」からきており、お客様へ応対する扱い、待遇のことを指します。ここでいう「モノ」とは、目に見える物だけではなく、目に見えない気配りや心配りも含まれています。

　特に日本人には自分を主張するのではなく、和を尊ぶ、という感性をもち、凛としつつも、控えめであることを美徳とする文化があります。押し付けではなく、決して主張はしないものの、お客様の立場になり、お客様に寄り添い、お客様が喜ぶことを粛々とさりげなくする。それこそが日本人の心づかいであり、「おもてなし」の真意です。だからこそ、そこに感動が生まれ、「おもてなし」を受けた方の心を魅了するのです。

ホスピタリティ

　英語のホスピタリティ（hospitality）は「客に対するもてなし」を意味し、ラテン語の「ホスピス（hospics）」が語源で、ホテル、病院の語源も「ホスピス」です。

　おもてなしを英語でホスピタリティと訳すこともありますが、相手のことを思いやり、対価を求めることのない自発的なサービスであるホスピタリティに対して、さらに、感性を生かした心で相手のことを考えて行動をするといった、精神性の高い心を込めたサービスがおもてなしであるといえます。

2.　おもてなし接客の重要性

　心のこもったおもてなし接客とは、お客様の記憶に残り、さらに人に教えたくなるような感動接客となるために、おもてなしの心と思いやりの心をもってお客様に接し、お客様に対する感謝の気持ちを表情や態度などで伝えることです。

　「接客」の「接」はつなぐ、という意味です。

- お客様と店をつなぐ
- お客様と自分をつなぐ
- お客様とブランドをつなぐ

　お客様を心の底からおもてなしするという心や姿勢は、必ず、お客様に伝わります。伝わった心や姿勢は、お客様は、「ここまでやっていただける会社（店舗）だったら、また、買いに来よう」と自然に思うものです。結果的に何度も商品を購入していただけるリピーターになっていただけるのです。なお、ちょっとしたひと言、動作が「接客」を「切客」としてしまいます。一度、気分を害したお客様の心象を良くすることは、多くの時間と労力を要するため注意が必要です。

（1）おもてなしは相手の期待を上回り、リピートを増やす

　接客に不満をもったお客様からは、クレームを受けたり、他社や他店に変わられてしまったりします。期待どおりの接客を受けた場合ですら、他社や他店に変わられる可能性があります。しかし、お客様からの信頼を得てファンになっていただいていれば、何かあれば、またご利用いただけます。さらに他の人から「どこか良い店はないか」と聞かれれば、「それなら～」と自社の店舗を紹介してくださることもあるでしょう。質の高いおもてなし接客を継続的に提供できれば、お客様が来店されるたびに新たな感動を与えることが可能となり、継続的な来店が期待できます。質の高いおもてなしが顧客を増やす重要なポイントとなるのです。

（2）人が関わるすべてにおもてなしの心を

　おもてなしというと、ホテルやレストラン、航空・バス・鉄道などの会社、旅行会社、テーマパークなど、ホスピタリティ産業を思い浮かべる方も多いでしょう。しかし、サービス業にかかわらず、ビジネス全般、つまり、人と人とが関わるコミュニケーションすべてにおいて、おもてなしの心が必要なのです。モラル、マナー、サービスまでは各社、各店が大きな差をつけることが難しい時代であり、今後ますます、競争の場がおもてなしの場に移っていくことになるでしょう。企業活動においてもこの視点は、大きな差異化ポイントになっています。

おもてなし規格認証

　2016年、経済産業省は「おもてなし規格認証制度」を創設しました。この制度はサービス産業の活性化と生産性の向上を目的として、サービス品質を「見える化」するとともに、おもてなし規格認証レベルに段階をつけ、認証レベル毎に異なる支援策を提供し、より高い認証の取得を促すことで、日本のサービス事業者のサービス品質向上を図っていくことを目指しています。（運営事務局：一般社団法人 サービスデザイン推進協議会）

3.3　お客様への対応の基本

1.　お客様をお迎えする

　お客様をお迎えする前からビジネスは始まっています。お客様が入りやすいような展示やレイアウトを心がけるとともに、販売員同士でおしゃべりをしたり、手持ち無沙汰で暇そうにしていたりすることのないように、いつでもお客様をお迎えできる準備が必要です。

2.　あいさつ

　あいさつは、コミュニケーションの入り口です。すべての会話の始まりとして、あいさつは欠かすことができません。お迎えしたお客様には、タイミングよく、明るく、気持ちの良い声で、「いらっしゃいませ」、「こんにちは」とあいさつしましょう。売り場以外の場所でも、きちんとあいさつし、状況によっては軽く会釈をすることも大切です。お客様によっては、あいさつを返してくれない方もいるかもしれませんが、あいさつすることが悪い印象を与えることはありません。また、あいさつのときは笑顔が重要です。笑顔で応対されると誰でも自然と気持ちが和むものです。

3.　お客様の話を十分に聞く

　接客時においてお客様の話を十分に聞く姿勢を身につけることは、大変重要なことです。常に前向きな姿勢で、お客様の質問や要望に応えることが大切で、お客様に対して、否定的、消極的な反応はお客様の購買意欲をそいでしまいます。お客様が話しているのに、話の腰を折ってすぐ結論を導き出そうとするようなことは、厳に慎まなければいけません。特に苦情を訴えているお客様には、まずその話を十分に聞いてから、真摯に対応することが望まれます。お客様が初歩的な間違いや勘違いをされていたりすることがあるかもしれませんが、そのような場合でも、即座に訂正したりせず、お客様の話を十分に聞いたうえでこちらの説明をするようにしましょう。また、感情的になっているお客様は、まずその主張や話を十分に聞くことが大事です。話を聞くだけで、お客様が落ち着いて問題の過半が解決することもあります。

4.　整理整頓

　店内の整理・整頓がしっかり行われているだけで、お客様のお店に対する印象は変わってきます。整理・整頓は、会社の実態をよく表しているといえましょう。最低限、以下の事柄につ

いて常にチェックする必要があります。
- 店内の POP やポスター、カレンダーなどが、時期はずれであったり、傾いて貼ってあったり、破れたりしていないこと
- 展示品はお客様から見やすく整然と陳列されていること、ほこりや手あかなどで汚れていないこと
- カウンターの上や一時保管用の棚などが整理されていること
- 通路や踊り場あるいは店舗の外周などに、空箱や回収された製品などを無造作に置いていないこと

5.　身だしなみ

　身だしなみは、その人の品性、仕事に対する心構えを表すものです。普段からお客様に不快感を与えない服装と、好感を与える身だしなみに気をつけましょう。常に笑顔でお客様に接することが重要です（気分が悪い、体調がすぐれないことは表情に出やすいので注意が必要です）。服装・靴・髪（形）・手指などは、いずれも清潔であることが必須条件であり、お客様に不快感や違和感を与えないように手入れされていることが基本です（お客様のために手入れするという心がけが本来の身だしなみです）。

6.　言葉づかい

　お客様とのコミュニケーションにおいて、接客する側の誠意を具体的に伝える最も直接的で、重要なものが言葉づかいです。

　言葉づかいは、その人の人格を表すものです。内容をまぎらわせ、あいまいにして表現する人は、自分の言動に責任を負いたくない人だと判断されます。また、断定的な口調は、自己中心的で、相手への配慮に欠ける人だとも思われるでしょう。その反対に、適切な言葉づかいのできる人は、周りから高い評価を得ることができます。そして、敬語を含めた言葉づかいが、その人の人間関係に潤いをもたらすのです。「さあ、食べろ」と言われるより、「どうぞ召し上がってください」と言われたほうが気分はよいはずです。相手は同じ意味のことを言っているのに、どうしてなのでしょうか。それは、「この人は、私を大切にしてくれている」、「この人は、私に対して敬意を払ってくれている」と感じるからです。自分に対する思いやりの気持ちが伝わってくるからです。これこそが、言葉づかいや敬語が宿す力です。しかも、誰もが使える言葉づかいなのです。敬語を上手に使って、お客様との円滑なコミュニケーションを築いてください。

表 3-1　敬語を使うときの基本的な考え方

内　容	例
①　相互尊重の気持ち	上下関係ではなく、その人を尊重しようとする気持ち
②　社会的な立場を尊重する	年長者、職場の上司、先輩、取引先、教師など
③　自己表現としての敬語	敬語を使うべきか、使わない方が自然な気持ちを表せるのか判断する
④　過剰ではなく適度に使用する	二重敬語などを避ける（後述）

（1）敬語の種類

　かつて敬語は【尊敬語、謙譲語、丁重語】の３種類でした。しかし、2007年（平成19年）に文化審議会が答申した「敬語の指針」によって、現在、敬語は【尊敬語、謙譲語Ⅰ、謙譲語Ⅱ（丁重語）、丁寧語、美化語】の５種類に分類されています。旧分類の３種類と新分類の５種類の関係。それぞれの定義と違い、使い分けをシンプルにまとめたのが**表3-2**の一覧表です。

表3-2　敬語の種類

旧 3種類	新 5種類	意味と例
尊敬語	尊敬語	「相手の行動などを高めることで、その人に敬意を表す言葉」 「いらっしゃる・おっしゃる」型 　・相手側または第三者の行為・ものごと・状態などについて、その人物を立てて述べるもの。 ［行為等（動詞、及び動作性の名詞）］ 　・いらっしゃる・おっしゃる・なさる・召し上がる・お使いになる・ご利用になる、 　・読まれる・始められる・お導き・ご出席・（立てるべき人物からの）ご説明 ［ものごと等（名詞）］　・お名前・ご住所・（立てるべき人物からの）お手紙 ［状態等（形容詞など）］　・お忙しい・ご立派
謙譲語	謙譲語Ⅰ	「自分の行動をへりくだることで相手を高め、相手に敬意を表す言葉」 「伺う・申し上げる」型 　話題の中の人物に対する敬意を示す謙譲語（素材敬語） 　・自分側から相手側または第三者に向かう行為・ものごとなどについて、「その向かう先の人物を立てて述べるもの。」 　私が山田さんをご案内いたします。 　・伺う・申し上げる・お目にかかる・いただく・拝見する・差し上げる・お届けする・存じ上げる 　・お耳に入れる・ご覧に入れる・拝見する・拝読する・拝聴する・拝察する 　・ご案内する・（立てるべき人物への）お手紙・ご説明・ご記入
	謙譲語Ⅱ（丁重語）	「自分の行動をへりくだることで丁重な表現をすることで、高める相手が居ない場合」 　話し手・読み手に対する敬語（対者敬語） 　・丁重とは相手に対する礼儀正しさや配慮を表す。 　私が山田さんを案内いたします。　私が（子供たちを）案内いたします。 「参る・申す」型 　・自分の行為・ものごとなどを話や文章の相手に対して丁重に述べるもの。 　　高める相手がいない場合にも使う。 【伺う】人を訪問する時。 【参る】人のもとに行く時。場所に行く時。 　・参る・申す・いたす・おる・存じる 　・参ります・申します・いたします・おります・存じます・ございます ［主に書き言葉で使われる］　・拙著、小社
丁寧語	丁寧語	「丁寧な言葉づかいにすることで相手に敬意を表し、高める相手がいなくても使うことができる言葉」 　・丁寧とは自分の行いとしての礼儀正しさや配慮を表す。 「です・ます」型 　・丁寧な言葉づかいによって相手への敬意を表す。高める相手の有無を問わず幅広く使う。 　・です・ます・ございます
	美化語	「言葉づかいを上品にすること、ものごとを美化することば」 「お酒・お料理」型 　・上品な言葉づかいによって相手への敬意を表す。高める相手の有無を問わず幅広く使う。 　・お酒・お料理・お食事・ご住所・ごゆっくり・ご飯・ご飲食・おなか・お手洗い

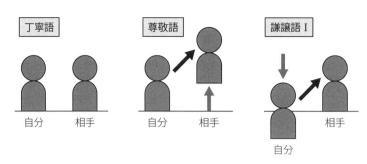

図3-1　敬語の種類

表3-3　丁寧語・尊敬語・謙譲語Ⅰ・謙譲語Ⅱ（丁重語）の例

基本形	丁寧語	尊敬語	謙譲語Ⅰ	謙譲語Ⅱ（丁重語）
する	します	される なさる	いたす	いたします
いる	います	いらっしゃる おいでになる	―	おります
来る	来ます	おいでになる いらっしゃる お越しになる 見える	伺う	参ります
行く	行きます	おいでになる いらっしゃる	伺う	参ります
話す・言う	話します 言います	おっしゃる	申し上げる	申します
聞く	聞きます	お聞きになる	伺う お聞きする	拝聴する 承る
見る	見ます	ご覧になる	拝見する	―
会う	会います	お会いになる 会われる	お目にかかる お目にかかれる	―
帰る	帰ります 失礼します	帰ります 失礼します	おいとまする 失礼する	―
食べる 飲む	食べます 飲みます	召し上がる おあがりになる	いただく 頂戴する	―
思う	思います	思いになる おぼし召す	拝察する	存じます
分かる	分かります	お分かりになる 理解される	承知する かしこまる	―
伝える	伝えます	お伝えになる 伝えられる	申し伝える お書きする	―
待つ	待ちます	お待ちになる お待ちくださる	お待ちする	―
考える	考えます	お考えになる ご高察なさる ご高察くださる お察しになる	拝察する 愚考する お察しする	考えておる 存じる

表3-3　丁寧語・尊敬語・謙譲語Ⅰ・謙譲語Ⅱ（丁重語）の例（つづき）

基本形	丁寧語	尊敬語	謙譲語Ⅰ	謙譲語Ⅱ（丁重語）
買う	買います	お買いになる お求めになる	―	―
読む	読みます	お読みになる	拝読する	―
受け取る	受け取ります 知っています	お受け取りになる ご存じ お知りになる	いただく 頂戴する 賜る承知する	存じる
訪ねる	訪ねます	お訪ねになる 訪ねられる	お訪ねする お伺いする・伺う お邪魔する・参上する	参る
もらう	もらいます	お受け取りになる お納めになる	いただく 頂戴する	―
尋ねる	尋ねます	お尋ねになる お聞きになる お伺いする	お尋ねする お聞きする	―
電話する	電話します	お電話なさる お電話される	お電話差し上げる お電話申し上げます	―
休む	休みます	お休みになる 休まれる	お休みさせていただく	―
忘れる	忘れます	お忘れになる	失念する	―
教える	教えます	お教えになる	お教えする	―
書く	書きます	お書きになる	お書きする	―
知る	知っています	お知りになる ご存じ	承知する	存じます
ある	あります	いらっしゃる あられる	ございます	ございます

（2）尊称、謙称および敬称について

　親族や友人などの親しい間柄を除く者同士、特に接客時にお客様とコミュニケーションをはかる際には敬語が使われますが、尊称、謙称および敬称についてもそれと同様に相手に敬意を表すために使われます。敬語との相違は固有名詞に対して用いられる点です。

① 尊称

　相手のことを呼ぶ際に敬意を示すために用いられ、言いかえれば尊敬語の固有名詞版です。

表3-4　尊称の例

相手の人	お客様	妻	奥様、令夫人、ご令室
あなた	貴殿、貴職	夫	ご主人、旦那様
会社	御社、貴社	両親	ご両親
店	貴店	母親	お母様、お母上
住所	お住まい、おところ、ご住所、貴所	父親	お父様、お父上
役職名	課長さん、部長さん	老人	ご年配の方、お歳を召した方

表3-4　尊称の例（つづき）

同伴者	お連れさま	若い人	お若い方
同業者	○○ハウスさん	子供	お子様
家	お宅、貴家、ご尊家	娘	ご息女、ご令嬢、お嬢様
		息子	ご子息、ご令息、ご賢息、お坊ちゃま

② 謙称

　自分や自分の身内、自身の勤める会社などをへりくだった呼び方で、敬語でいうところの謙譲語と同様の意味をもちます。

表3-5　謙称の例

自分	わたし、わたくし	両親	老父母
自分の勤める会社	弊社*	母親	老母
店	弊店	父親	老父
家	拙宅	娘	愚娘
妻	家内	息子	愚息、倅

＊　「弊社」を使うべき場面で「当社」を使用する人がいますが、当社は自分の会社を意味する言葉であり、弊社と違って謙遜の意味を持たない言葉なので、お客様のやり取りでは、基本的に弊社を使います。

③ 敬称

相手の名前や組織名称のあとにつける言葉を指します。

・様

　　個人につける尊称です。私信、公用、商用など、どのような場合でも使用できます。

　　どのような敬称を使えばいいか分からない場合、相手が個人であれば、「様」をつけるとよいとされています。

・殿

　　「殿」は公用、商用、社内文書などで、役職を冠した個人につける敬称です。

　　しかし、目下の人に対して使う敬称とされており、上司や先輩、取引先、お客様に「殿」をつけるのは、失礼にあたるともされています。「殿」を敬称に用いる場合は、気をつけて使うようにする必要があります。

・先生

　　医師、弁護士や税理士、作家、学校の教師や大学の教授などにつける敬称です。

・御中

　　会社、団体や、支社、支店、部、課、係などの、個人ではない組織・団体に使う敬称です。

　　「○○様御中」のような使い方は誤りなので、気をつける必要があります。

・各位

　　各位は、個人ではなく複数の人を対象にした場合に使われる敬称です。

　　「○○様各位」、「○○殿各位」、「○○各位様」、「○○各位殿」などという表現は、「各

位」自体が敬称であるため、誤った使い方です。

　尊称と敬称は相手に対して敬意を表すための言葉で、尊称は相手の呼び方を言いかえて用います。それに対して謙称は自分や自分の身内の呼び名を言いかえて用います。言わば尊敬語と謙譲語との関係と同じです。また、尊称が相手の呼び方そのものを言いかえて用いるのに対し、敬称は人名や社名、役職名などのあとに添えて用いる言葉を指します。

（3）クッション言葉

　クッション言葉とは、そのまま伝えてしまうときつい印象や不快感を与えるおそれがあることを、やわらかく伝えるために前置きとして添える言葉です。

　クッション言葉は、本題を伝える前に相手を気遣う気持ちや敬うニュアンスを添えて、コミュニケーションをスムーズにするためにさまざまな場面で使われています。

　お客様にお願いごとをしたり、お客様からの依頼を断ったり、お客様に伝えにくいことを伝えなければいけないこともあります。その場面にクッション言葉を使えば、失礼な印象を与えずに本題を伝えることができます。

　やわらかい表現で丁寧な印象を与えるクッション言葉ですが、多用しすぎると白々しい印象になったり、本題が伝わりにくくなってしまうことがあるので、注意が必要です。

表3-6　クッション言葉

依頼するとき	断るとき	反対意見を述べるとき
・恐れ入りますが ・お差し支えなければ ・ご面倒をおかけいたしますが ・ご都合がよろしければ ・お手をわずらわせますが ・お手すきのときで結構ですので ・お手数をおかけしますが ・お忙しい中恐縮ですが ・ご足労をおかけしますが ・もし可能であれば	・たいへん残念ではございますが ・失礼ですが、失礼とは存じますが ・せっかくではございますが ・あいにくではございますが ・お気持ちはありがたいのですが ・誠に恐縮ですが ・誠に申し訳ございませんが ・せっかくのご厚意ですが ・心苦しいのですが	・お言葉を返すようですが ・おっしゃることは分かりますが ・ごもっともではありますが ・申し上げにくいのですが ・出過ぎたことを申しますが

（4）「サービス業界で接客時に用いられがちな特徴的な言葉づかい」について

　アルバイト店員が多数を占める飲食店などの接客業において、しばしば用いられることから「バイト敬語」と通称される言葉づかいがあります。

　また、ファミリーレストランやコンビニエンスストアの店員がよく使うことから、「ファミコン言葉」と呼ばれたり、そのような表現を接客用語としてマニュアル化している企業もあることから、「マニュアル敬語」と称されたりもします。

　学術的な見地からは、必ずしも誤った表現とは言えないとの分析もありますが、違和感を覚えたり不快に感じたりする人もいることから、一般的な話し方を心がける必要があります。

表3-7　接客時に用いられがちな特徴的な言葉づかい

バイト敬語、ファミコン言葉など	一般的な話し方
よろしかったでしょうか	よろしいでしょうか
クレジットカードのほう、お預かりいたします	クレジットカードをお預かりいたします
1,000円になります	1,000円でございます
1万円からお預かりします	1万円をお預かりします
こちらは定食になります	こちらは定食です
1万円ちょうどお預かりします	1万円ちょうどいただきます
なるほどですね	おっしゃるとおりです

（5）普段の口癖はビジネスシーンでは禁物

　普段、友達と話すときのくだけた口調は、ビジネスシーンでは禁物です。必ずビジネス敬語に切り替える必要があります。気をつけたいのが、よく使っている普段の口癖が自然に出てしまうことです。特に近年は、内容をまぎらわせ、あいまいにする表現が目立ちます。それらの口癖が、品性を低め、相手に不愉快な思いをさせるかもしれません。商談の最中に「…みたいな」、「ってゆうか」、「ぶっちゃけ」、「マジっすか」などと口走らないよう、十分気をつける必要があります。ビジネスシーンで禁物の口癖には、次のようなものがあります。

- 「えーとですね」
- 「やっぱ」
- 「○○的には」
- 「マジっすか？」
- 「……みたいな」
- 「……というか、……ってゆうか」
- 「……とか」
- 「……だったりして」
- 「……じゃないですか？」
- 「……微妙」
- 「ヤバい」
- 「……ぽい」

（6）間違った敬語の使い方

1）二重敬語

　二重敬語とは、ひとつの言葉に同じ種類の敬語を二重に使用する不適切な用法です。例えば、「おっしゃられました」という言い方は、「おっしゃる」という尊敬語に「られる」という尊敬語を重ねた二重敬語になっています。一般的に「おっしゃいました」が適切な用法です。二重敬語を使ったからといって、相手が不快に感じるとは限りませんが、まわりくどい印象を与えてしまいますので、適切な用法を心がけましょう。

表3-8 二重敬語

不適切な用法	適切な用法
おっしゃられました	おっしゃいました
お越しになられました	お越しになりました
お召し上がりになられました	召し上がりました
お戻りになられますか	お戻りになりますか
お帰りになられる	お帰りになる
ご覧になられる	ご覧になる
お話しになられる	お話しになる
おいでになられた	おいでになった

2) 尊敬語と丁寧語や謙譲語Ⅰ、Ⅱの混同

　お客様に対して尊敬語を使うべき場合に、丁寧語や謙譲語Ⅰ、Ⅱを使ってしまったり、逆に身内のことを語ったりする際に謙譲語Ⅰ、Ⅱではなく、尊敬語を使ってしまうことがないように気をつけましょう。

表3-9 尊敬語の代わりに丁寧語や謙譲語Ⅰ、Ⅱを使う間違いの例

不適切な用法	適切な用法
～様でございますね	～様でいらっしゃいますね
お客様が参られました	お客様がお見えになりました お客様がいらっしゃいました
そちらで伺ってください	そちらでお聞き（お尋ね）ください
資料は拝見しましたか	資料はご覧になりましたか
ご記入していただけますか	ご記入いただけますか 記入していただけますか
お客様は店長にお目にかかりましたか	お客様は店長にお会いになりましたか
御社の部長が申されました	御社の部長がおっしゃいました

表3-10 身内に尊敬語を使ってしまう間違いの例

不適切な用法	適切な用法
ただいま田中部長がいらっしゃいます	ただいま部長の田中が参ります
課長に申し上げておきます	課長に申し伝えておきます
社長に用件をお伝えします	社長に用件を伝えます

3)「（さ）せていただく」の多用

　最近、「（さ）せていただく」を多用する人が目立ちます。できれば、同じ言い回しを話の中で多用しないように気をつけたいものです。例えば、下記は「（さ）せていただく」を多用した例です。

　「先日、御社の横浜店にて店舗見学をさせていただきました。業務内容や現場の目標などを伺わせていただき、勉強させていただきました」

　このように「（さ）せていただく」を多用すると話がとても聞きづらくなり、違和感をもつお客様もいますので注意しましょう。敬語は適度な用い方をすることが肝心です。この場合、下記の言葉づかいのほうが適切であるといえます。

　「先日、御社の横浜店にて店舗見学をさせていただきました。業務内容や現場の目標などを伺い、大変勉強になりました」

　また「（さ）せていただく」について、文化庁の見解があります。

- 相手側、または第三者の許可を受けて行う場合
- そのことで恩恵を受けるという事実や気持ちのある場合

　この２つの条件をどの程度満たすかによって「（さ）せていただく」を用いた表現が適切な場合と、あまり適切だとは言えない場合があるとしています（文化庁文化審議会答申より）。

　表3-11のような例もありますので注意しましょう。

表3-11　「（さ）せていただく」を使った例

場合によっては不適切な用法	「（さ）せていただきます」を使わない用法
行かせていただきます	参ります・伺います
話させていただきます	申し上げます
送らせていただきます	お送りいたします
拝見させていただきます	拝見します
9時に伺わせていただきます	9時に伺います

4）間違いやすいビジネス敬語の例

　そもそも敬語の間違いが多いとビジネスパーソンとしての信用を失いかねず、それが原因で商談がうまくいかなくなるということも十分考えられます。尊敬語・謙譲語Ⅰ・謙譲語Ⅱ（丁重語）・丁寧語・美化語の違いはもちろん、表3-12の例にあるように、実は敬語ではないのに、まるで敬語であるかのように用いられることもありますので注意が必要です。

　間違えやすい敬語などの実例として、ビジネスシーンで注意しなければならない言葉や表現の間違った使用例をまとめてみました。正しい敬語が使えるビジネスパーソンを目指しましょう。敬語は多様であり一朝一夕で身につけることはできません。接客術と同じで上長や職場の経験者をお手本に、恐れずにどんどん使って経験を積むことが重要です。

表3-12　間違いやすいビジネス敬語

不適切な用法	適切な用法	解　説
おっしゃられました	おっしゃいました	「おっしゃられる」は、「おっしゃる」と「られる」という２つの尊敬語を含んでおり、二重敬語という不適切な使い方である。
～様でございますね	～様でいらっしゃいますね	「ございます」は「ある」の丁寧語であり、尊敬語は「いらっしゃる」である。
ご苦労様です	お疲れ様です	「ご苦労様」は、目上の人が目下の人に使う言葉である。
ご利用できません	ご利用になれません	「ご～できる／できません」は、謙譲語の「ご～する／しない」の可能形／不可能形である。「ご～になれる／なれない」は、尊敬語の「ご～になる／にならない」の可能動詞／不可能動詞である。

表 3-12　間違いやすいビジネス敬語（つづき）

不適切な用法	適切な用法	解　説
了解しました	かしこまりました 承知しました	「了解する」は、目上の人に対し失礼にあたり、謙譲語Ⅰである「かしこまる」、「承知する」を使用する。
お休みをいただいております	休みをとっております	相手から休みをもらっているわけではないので、謙譲語Ⅰの「いただく」は用いない。
うちの会社の吉田部長です	弊社の部長の吉田でございます	役職を名前の後につけると、その人物を立てることになるので、自分の上司を紹介するときには用いない。また自社のことは、「弊社」を使用するとよい。
お客様がお見えになられました	お客様がお見えになりました	「見える」は、「来る」の尊敬語として使われる。さらに「なられる」も尊敬語であるため二重敬語である。
販売させていただいております	販売いたしております	「させていただく」を多用するのは場合によっては不適切なことがある。その場や状況にふさわしい言葉を選ぶことが重要である。
御社の部長が申されました	御社の部長がおっしゃいました	「申す」は、「言う」の謙譲語Ⅱである。へりくだった言い方なので、目上の人の「言う」という行為を表すときに用いない。尊敬語の「おっしゃる」を用いて高めるのが正しい。
お手洗いは突き当りになります	お手洗いは突き当りにございます	「～になります」というのは、基本的には物が変化していく様子を表す言い方で敬語ではない。
お座りください	お掛けください	尊敬表現なので間違いではないが、犬のお座りのイメージもあり、ビジネスシーンでは避けたほうがよい。
お名前をちょうだいできますか	お名前をうかがってもよろしいでしょうか	「お名前をお聞かせいただけますか」、「お名刺をちょうだいできますか」が合成されてできた造語である。
商品はこちらでよろしかったですか	商品はこちらでよろしいですか	過去形の「よろしかった」は間違い。
○○様が参られています	○○様がお見えです	謙譲語Ⅱの「参る」を相手に使っている例で、失礼にあたる。
どちらにいたしますか	どちらになさいますか	「いたします」は謙譲語Ⅰなので、敬語の「なさいます」を用いるべきである。
お客様をお連れしました	お客様をご案内しました。 お客様がお見えになりました	「お連れしました」では、お客様ではなく、その報告相手に対して敬意を払っていることになるので注意が必要である。

3.4　接客時の基本マナー

1.　店頭接客時の基本マナー

　店頭での接客は、商品をお買い上げいただくとともに、お客様に気持ちよく買い物していただき、その店や担当者のファンになっていただくことを目標としましょう。

　① 笑顔で応対

　　笑顔で接客を行うことは大切です。暗い顔をしてお店に立つことは、お客様の気持ちも暗くすることになります。お客様に気持ち良く買い物していただくためにも、笑顔での応対を心がけましょう。

② お客様の話を聞く

　説明することに集中するあまり、お客様の話を聞くことがおろそかになることがあります。お客様の関心や質問は１人ひとりさまざまですので、しっかりと話を聞いて対応することが肝要です。また、お客様が２人以上の場合は、お連れの方にも話しかけるなどの配慮が必要です。

③ 接客の順番を守る

　接客中に別のお客様から声をかけられた場合は、他に同僚などがいれば接客の手伝いを求めます。自分１人だけの場合は、まず、「（ただ今接客中なので）少々お待ちください」とおことわりをし、最初のお客様の接客終了後に次のお客様に「お待たせいたしました」とお詫びをして対応することが基本です。ただし、簡単に済むような用事であれば、接客中のお客様におことわりをして先に対応するなど機転を利かせることも大切です。

④ お客様へお声をかける場合

　ひとりで商品をじっくり見たいお客様もいます。お声をかけても返事のない場合は、無理に接客せず離れたところから見守るようにしましょう。

⑤ あいまいな受け応えは厳禁

　商品説明の際に、お客様からの質問に即答できない場合、お客様に不信感をもたせては何の意味もありません。あいまいなことは、少しお客様に時間をいただき、分かる人やメーカーなどに問い合わせて、的確な回答をするようにしましょう。

⑥ 自信をもって接客

　お客様は、販売員のそわそわした動作、お客様の質問に的確に答えられない、または自信なげな仕草を目のあたりにすると、不安を感じるものです。必要な知識は事前に身につけ、自信をもってお客様に接することが大切です。

⑦ 店舗にあったお見送りをする

　接客の最後であるお見送りは大切なものです。お帰りの際に良くない印象をもたれたらそれまでの努力が台無しです。レジと出口の位置や人員の配置など店舗によって事情は異なりますが、店舗にあったお見送り方法を決めて実行しましょう。

2.　接客話法のポイント

　家電製品は、単に陳列しただけではお客様に満足を与えることはできません。お客様からの質問に応え、お客様の立場になってアドバイスをしてこそ、購入の意思をもってもらえます。

　お客様は、同じものを買うなら気持ち良く買いたいと思っています。そのためにポイントになるのが、お客様への接客です。接客のポイントは、

- お客様のもっている不安や疑問を解消する
- 接客話法＋対応の仕方
　　各場面に合わせ、誰にでも分かりやすく誠意を言葉で表現する
- 標準の応酬話法を用意しておく

（1）接客話法の基本原則

　スタッフの立つ位置は、商品に向かって正面に立つお客様に対し、近づきすぎず遠すぎずの位置で、お客様より入り口近くに斜め 45 度の向きで、靴半足分前に出てお客様の目を見て話します。

　接客の 8 大用語（〈　〉内は、お辞儀の角度と秒数を例示）

①いらっしゃいませ〈敬礼 30 度、2 秒〉
　　歓迎のあいさつとアプローチの言葉。

②かしこまりました〈会釈 15 度、1 秒〉
　　　お客様の指示・依頼を受け答えてから行動へ。

③少々お待ちくださいませ〈会釈 15 度、1 秒〉
　　できればその理由を添えて。

④お待たせいたしました〈会釈 15 度、1 秒〉
　　待たせた時間に関係なく。

⑤ありがとうございます〈最敬礼 45 度、3 秒〉
　　買物が決まったとき、代金を預かったとき。

⑥ありがとうございました〈最敬礼 45 度、3 秒〉
　　釣銭と品物を渡すとき、見送るとき。

⑦申し訳ないことでございます〈最敬礼 45 度、3 秒〉
　　お詫びと依頼の言葉。

⑧恐れ入ります〈敬礼 30 度、2 秒〉
　　軽いお綻びと依頼の言葉。

（2）接客話法の基本 7 原則

① 否定形（〜ではありません）で話さず、肯定形（そうです）で話す。
　✕「○○商品は扱っていません」
　○「●●商品でしたらございます」

② 命令形をさけて依頼形を使う。
　✕「いま、品切れです。明日まで待ってください」
　○「ただいま商品を切らしておりますので、誠に恐れ入りますが、明日までお待ちいただけませんでしょうか」

③ 話し終わりを丁寧にする。
　✕「間違いないと思います」
　○「間違いございません。信頼のあるメーカーが作っている商品ですから、ご安心ください」

　　終わりを丁寧にすると、全体が丁寧になり、お客様を尊重する気持ちが強く表現されます。

④ お断りする場合は、「恐れ入りますが」と依頼形にする。

　　✕「安くはできません」

　　○「誠に恐れ入りますが、これ以上のお値引きはいたしかねます」

　　「誠に恐れ…」で断りの印象はうすくなり、逆にスタッフの心くばりに好感がもたれます。

⑤ 断言しないでお客様に決めていただく。

　　✕「こちらがいいですよ」

　　○「こちらがよろしいかと存じます」

　　主役はお客様であり、スタッフは助言というスタンスです。

⑥ 自分の責任領域にして話す。

　　✕「確かにご説明しました」

　　○「私の確認不足でした」

　　お客様の責任であるとするのではなく、自分の責任として話します。

⑦ 褒め言葉や感謝の言葉を多くする。

　　✕「いい商品でしょう」

　　○「お目が高いですね。いい商品でしょう」

　　自分の評価は二の次として、お客様の評価を褒めます。

（3）応酬話法の基本

　応酬話法とはお客様の質問や意見などに対して応答するための基本的な話法という意味です。応酬話法において前提にしていることは、お客様の質問や意見などには一定のパターンがあり、それらのパターンに応じた話法が応酬話法です。応酬話法は、お客様が商品やサービスの価値に納得して購入していただけるよう、潜在的なニーズを喚起するためのノウハウであるという点に注意しなければなりません。販売担当者は、お客様が商品やサービスを購入することで豊かな電化生活を送れるようお手伝いをする仕事であり、商品やサービスを無理に購入させることが仕事ではありません。

① イエス・バット法

　　イエス・バット法とは、お客様の意見や主張をまずは受け止め、次にその意見や主張に反論する意見を述べる話法のことです。一度お客様の意見を受け止めることで「自分の気持ちを分かってもらえた」という安心感を与えるためです。その行為によって、お客様の意見や主張に反論する自分の意見を後押ししてくれます。

　　◆話法例（前置きフレーズ例）

　　・「おっしゃるとおりかもしれません。しかし…」

　　・「確かにそうですね。しかし…」

　　◆ポイント

　　・まず肯定する。

　　・相手をよい気持ちにさせる。

　　・相手の顔色を見ながら反論する。

　　・押し問答にならないように、友好的な雰囲気を保つことが大切です。

・バット〈しかし〉の後に続く内容を日頃から準備しておくことも必要です。

② 例話法

　例話法とは、お客様に例え話をして、提案する商品やサービスを購入している状態を想像してもらいながらお薦めする話法のことです。例話法は、お客様が認識していない潜在的問題を気付かせたり、使用しているイメージが湧きづらい新規商品を提案したりする際に効果的です。

　◆話法例
　　・「なるほど、そういうご心配ですか。実はお客様同様にこういうケースがございまして…」
　　・「例えば～だとしたら、いかがですか。」
　◆ポイント
　　・具体例により説得力・親近感・安心感が増します。多用すると話の焦点がぶれてしまうので、端的に伝えることが例話法のコツです。
　　・お客様にとって身近な例を列挙することもポイントです。

③ 質問話法

　商談が行き詰まったときや、お客様が沈黙したときなどに会話を続けるために有効です。お客様に質問を返し、お客様が話せば話すほどお客様の考え方やニーズがはっきりしてくるので、そのやり取りの中で商談の糸口を見いだす話法です。

　◆話法例
　　・「どれぐらいのご予算をお考えでしょうか」
　　・「この商品は、一番人気ですがいかがでしょうか」
　　・「この商品は大変便利だと思いますが、いかがでしょうか」
　　・「こちらは広告の商品で、大変お得な価格になっていますが、いかがでしょうか」
　　・「この商品の手触りはお好みでしょうか」
　　・「お好みのデザインはどちらでしょうか」
　◆ポイント
　　・意図して質問を返すときには、柔らかな物腰で行う配慮も必要です。
　　・お客様が発言する回答を想定し、事前に切り返せるようにしておくことも重要です。
　　・質問はさりげなく、タイミングをとらえて、表現を変えて相手を追い詰めないようにします。

④ ブーメラン法

　ブーメラン法は、お客様のご意見や断り文句をうまく活用して、商談に結び付けていく話法です。

　◆話法例
　　・「皆さんと同じ商品はちょっとね…」
　　　→「だからこそ、お薦めしています。多くの人が購入されているのは支持されている証拠です」
　　・「いや、高いなぁ」
　　　→「だからこそ、他とは品質が違うのです。この価格だからこそ品質を保つことができます」

◆ポイント

- この話法により違う意味や考え方を伝えることができます。
- 「だからこそ～なんです。」をキーワードに、お客様の意見をこちらの提案に変えることができます。
- お客様が「しつこい」とか「くどい」とか感じてしまうこともあるので、お客様の反応に注意しなければなりません。

⑤ 資料転換法

　ことばだけでは伝わりにくい内容を文章や図が記載された資料やサンプルを見せたりする方法です。

◆話法例

- 「その点につきましてはこの資料をご覧ください。これは…」
- 「このデータは政府から発表されている最新資料ですが、これによれば…」

◆ポイント

- パンフレットやカタログなどを準備する。パンフレット、カタログ、行政資料、業界紙記事・データなどを話や説明の流れに沿って組み立ててファイルしておきます。
- 見やすいように重要な箇所にマーカーなどでマークしておきます。

　代表的な応酬話法例を紹介しましたが、そのほかにもいろいろな呼び名の話法が各誌で紹介されています。販売担当者はこのような話法に頼り過ぎるのではなく、お客様の多様化する個別ニーズを的確に捉え誠意をもって接客することが大切です。

3.　電話応対時の基本マナー

　電話での応対では、相手の顔が見えず声だけを頼りにしていることから、対面接客時とはまた違った気づかいと配慮が必要です。以下に、電話応対についての基本を整理します。

① 声、表情、動作など

　電話では意外なほど感情・態度が声に出て相手に伝わることがあります。姿勢を正し、相手が目の前にいると考えて笑顔で応対しましょう。声は明るくさわやかに、簡潔明瞭で分かりやすい言葉づかいを心がけます。正しい敬語やクッション言葉を使って、効果的なコミュニケーションを行うことも大事です。

② 用件と復唱確認

　聞き取りにくい場合は、「お電話が少し遠いようです。恐れ入りますが、もう少し大きな声でお願いいたします」とお願いします。用件は必ずメモを取り、復唱して確認するように心がけましょう。

③ 電話を受けるとき

　お客様をお待たせすることがないように、ベル3回以内に受話器をとるようにします。そして、「はい、○○でございます」と明るく、ハキハキとした口調で対応します。やむを得

ずお待たせした場合は、最初に「（大変）お待たせいたしました」という言葉を添えます。

④ 電話をかけるとき

　込み入った用件を伝える場合は、事前に伝えるポイントを整理しておくようにします。また、伝えた内容をお客様がよく聞き取れなかった場合がありますので、重要なポイントは復唱するようにしてください。お客様本人が不在の場合は、電話に応対してくれた人が、メモをとりやすいように、ゆっくり、明確に用件を伝え、相手の氏名も伺っておきます。

⑤ 電話を切るとき

　お客様が電話を切ってから電話を切るのが、接客時の電話応対の基本マナーです。電話を受けたときは、相手が切るのを待ってから受話器を静かに置きます。お客様がなかなか受話器を置かれない場合は、ひと呼吸おいてから、受話器を置くようにします。

⑥ 間違い電話

　「こちらは、○○です。失礼ですが、どちらにおかけですか」などと、相手はすべて大切なお客様という気持ちで、丁寧な応対を心がけます。間違い電話でもぞんざいな対応は禁物です。

4.　家庭訪問時の基本マナー

　家電販売関係者が一般的家庭を訪問するのは、販売活動のほか配送・据付、機器のセットアップや修理サービスなどの販売後のケアを行う場合など多岐にわたります。お客様は、自宅に訪問者を受け入れることに不安を感じるものです。まずは、お客様に不快な思いをさせず、不安感を払拭するために、身だしなみを整え、正しいマナーでふるまうことが第一歩です。その場のお客様の反応を見て、逐一確認しながら進めていくことが大切です。逆に家庭訪問を許されるということは、販売や顧客満足度をアップする絶好のチャンスとして捉え、周到な準備をして臨むべきであるといえます。

（1）家庭訪問時の基本

　お客様によって、訪問者のマナーや言動などに対する受け止め方や、訪問者にしてほしいことが異なります。例えば、家の中に上がる際に、訪問者に必ずスリッパを使用してほしいという方もいれば、それほど気にされない方もいます。その場のお客様の反応を見て、逐一確認しながら進めていくことが大切です。すべてが、確認事項（「……してよろしいでしょうか？」）かつ応用動作（お客様が何を期待しているか）であり、その繰り返しです。家庭訪問は1対1のコミュニケーションであり、たとえ小さな失敗があっても、誠実に商談やサービスを行うことが肝要です。

（2）家庭訪問時のマナー

① 訪問前とお客様宅到着時

- 訪問の時間を厳守することは、最低限のマナーです。前の仕事の都合などで約束の時刻に遅れる場合は、必ず事前に電話を入れて承諾を得ておくことが必要です。
- サービスカーなどで訪問する場合、違法駐車をしたり、近隣にご迷惑をかけたりしないように、有料駐車場など所定の場所に駐車しなければなりません。
- 訪問前に身だしなみを整えます。清潔さを基本とし、強いにおいを発する整髪料や香水などの使用は控えましょう。
- 冬場は、玄関に入る前にコートを脱ぎ、コートについたちりやほこりが落ちないように裏表にしたうえで抱えます。雨の日は、服がぬれていたらあらかじめ拭いて水滴を除き、使用した傘は玄関内に持ち込まないなど、家の中を汚さない配慮が必要です。

② 訪問時

- 玄関先（インターホンなど）では会社名と本人の名前および訪問目的をはっきりと伝えましょう。
- ドアは基本的にお客様に開けていただきます。お客様との対面時にもう一度あいさつをします。
- 家の中に上がるときは、お客様の許可を得てから上がります。「上がってもよろしいでしょうか」、「お邪魔いたします」などの声かけを忘れないようにしましょう。
- 玄関は、正面から上がり、そのあと床に膝をついて靴を玄関口に向けて揃えます。
- スリッパを勧められたら、お礼を述べたうえでスリッパを履いて上がります。スリッパを勧められない場合は、「このままでよろしいでしょうか？」と確認したうえで入室します。
- 入室に際しては、お客様に先導していただきます。部屋を入退室する際には「失礼します」、「部品を取りに車に戻ります」などお客様に声かけをすると丁寧な印象をもっていただけます。
- 飲み物などを出された場合は、口をつけるのが礼儀です。できれば残さずにいただきましょう。

③ 商談時

- 商品やサービスの説明は、簡潔で分かりやすいことを心がけ、お客様の話をしっかりと聞き、お客様が何を求めているのかを知ることが重要であることは、店頭の商談と同じです。
- 商談が終了し、家を退出する際には、しっかりとあいさつしてドアを閉める前に一礼して退出しましょう。

④ 設置・修理業務

- 何をするにもまずお客様に説明し、承諾を得ることが大切です。特に、費用が発生する場合は、着手前に金額を伝えて承諾を得る必要があります。
- 家の中で作業する場合、サービスマットなどを使用し、床などが汚れたり傷ついたりしないよう注意が必要です。工具や部品類を置く際には、工具マットを敷く配慮も必要です。
- 不用意な発言をしないよう注意しましょう。「この製品は故障が多くて」や「これは安

物ですから」などの発言は、不満を感じているお客様の神経を逆なでするようなものであり、厳禁です。

- 作業を完了できず、再訪問や持ち帰りが必要な場合は、正しく状況を説明し、応急処置を実施のうえ、再訪問の日時を決めたり、日数・費用の見通しを説明したりして、お客様の承諾を得ることが大切です。

⑤ 訪問後

- 訪問後に商談フォローや様子伺いとして、メールや電話などで連絡を入れるとさらに丁寧な印象をもっていただけます。

メラビアンの法則とは／訪問販売と特定商取引法

■ メラビアンの法則とは

米カリフォルニア大学教授のアルバート・メラビアンが行った実験では（メラビアンの法則）、「感情や態度について矛盾したメッセージが発せられたときの人の受けとめ方は、話の内容などの言語情報が7％、口調や話す速さなどの聴覚情報が38％、見た目などの視覚情報が55％の割合である」という結果がでています。これは、人々が単に話の内容だけでなく、声調などの話し方や見た目などの視覚情報から多くのメッセージを受け取ることを示唆しており、コミュニケーションにおいて言葉以外の役割の重要性を示しています。お客様は、あなたの言葉だけでなく、話しかたや声のトーン、仕草や態度からもメッセージを受け取っていることを忘れないようにしましょう。

■ 訪問販売と特定商取引法

自宅などへ訪問して、商品の販売や役務の提供を行う場合、「訪問販売」として特定商取引法の対象となります。特定商取引法では、①氏名などの明示の義務づけ、②不当な勧誘行為の禁止、③書面交付義務、④クーリング・オフ、などの行政規制や民事ルールが課せられており、遵守が必要です。

この章でのポイント!!

お客様とのコミュニケーションにおいて、基本的なマナーをおさえておくことは必須のビジネススキルです。あいさつや身だしなみ、言葉づかいなど、接客時にお客様に不快感や不安を与えないように配慮する必要があります。特に敬語の使い方は、一朝一夕で身につけることは難しいので、日頃から積極的に使用して使いこなすことが重要です。また、電話や接客時のマナーも基本をしっかり身につける必要があります。家庭訪問は、お客様とコミュニケーションを深めるチャンスです。訪問時のマナーがその成否に大きく影響します。

キーポイントは

- 基本的な礼儀・マナーを身につける
- 敬語の使い方をマスターする
- 家庭訪問時はマナーがその成否に大きく影響することを理解する

キーワードは

- おもてなし
- 誠意をもって応対する
- 尊敬語、謙譲語Ⅰ、謙譲語Ⅱ（丁重語）、丁寧語、美化語
- 尊称、謙称、敬称
- クッション言葉
- バイト敬語、ファミコン言葉、マニュアル敬語
- ビジネス敬語
- 応酬話法

4章 販売におけるCSポイント

4.1 販売前のCSポイント ～準備編～

1. 販売前のCSの目的

(1) お客様の購買促進とつながりの強化

　販売前のCSを高めることは、お客様との信頼関係を築き、リピーターとなっていただくことで継続的な取り引き関係を構築する、という大きな目的があります。インターネット販売をはじめとする多様な業種・業態の流通が急速に拡大しており、お客様が商品に関する情報を収集する方法や、購入する場所また手段はますます多様化しています。このような状況の中で、お客様の支持を獲得し、維持し続けることは容易ではありません。販売前のCSは、経営に直結する重要なテーマとして取り組む必要があります。

(2) 新たなお客様づくり

　お客様を増やすには、「既存のお客様とのつながりを維持・強化する」ことと「新しいお客様を獲得する」という2つの課題があります。販売前のCSの向上は、これら2つの課題に対して、いずれにも重要な役割を担っています。

　販売前のCSの目的
- お客様の購買促進
- お客様との良好な関係の維持・強化、固定客(リピーター)化
- 新たなお客様づくり

図4-1　販売前のCSの目的

2.　お客様のニーズ把握と CS 向上の取り組み

（1）お客様の購買パターンの把握

　お客様の商品購入には、次の（a）から（d）のようにいくつかの購買パターンがあります。自店のお客様が、あるいは初めて対応するお客様が、どういった購買パターンに当てはまるのかの見定めがアプローチのための第１ステップです。

　　（a）使用中の家電製品の故障や経年劣化（寿命）による、あるいは機能、性能に不満や不便を感じて「買い替え」をする場合

　　（b）増築など生活環境の変化を契機として、新しい家電製品の「買い増し」を行う場合

　　（c）結婚や就職に伴う「新規購入」、またはこれまでにない機能を持った新製品を「新規購入」する場合

　　（d）商品のシステムアップに必要な周辺機器などを「追加購入」する場合

（2）販売前の CS 向上の取り組み

　販売前の CS 向上の取り組みは、

①お客様とのコミュニケーションの中で、お客様の顕在化した、あるいは潜在的なニーズをくみ取ることです。前項の購買パターンの認識は各お客様のニーズの根底にあるものとして、まず初めに把握したいものです。

②上記①で把握したニーズを踏まえて、その方のための情報提供や生活提案をすることです。

③自店への誘引を目的とした、店頭での展示・演出の強化やイベントを継続的に実施することです。上記①で把握したお客様のニーズに関連したイベントは、そのお客様に対する提案活動の一環として漏れなくご案内したいものです。

　上記①～③は、別々に取り組むのではなく、個々のお客様単位におのおのを関連づけて実行すると、より効果的な活動となります。後述する「ワン・トゥ・ワンマーケティング」の手法を活用して、システム的・計画的な CS 活動を目指しましょう。

図 4-2　ワン・トゥ・ワンマーケティング

（3）ワン・トゥ・ワンマーケティング

　お客様を「大衆（マス）」として捉え、ターゲットを属性などの共通項から絞り込むマス・マーケティングに対し、ワン・トゥ・ワンマーケティングは、対象を「個」と捉え、お客様１人ひとりの嗜好やニーズ、購買履歴などに合わせて、個別に展開する活動です。お客様が何を重視し、何を評価するのかは１人ひとり異なります。その違いを捉えて、その方のための情

報提供と提案活動を行うことで、競争相手との差異化を目指すものです。また、ワン・トゥ・ワンマーケティングにおいて、より良い効果を上げるためには、お客様に関する情報の量と質が重要であり、顧客情報の蓄積と分析が重要なポイントです。例えば、お子様の入学祝いや成長に合わせた商品提案、高齢者の家庭にはユニバーサルデザインの商品、環境に関心のある方には省エネ商品など、各人の購買パターンやプロフィール、購買実績などのデータから効果的な販売活動への展開が可能となります。

3.　お客様との意思疎通

　インターネット販売を始めとして、流通形態が多様化し、お客様の商品購入の選択肢が広がるに伴い、販売店とお客様とのフェース・トゥ・フェースでのコミュニケーションが希薄になりつつあります。しかしながら、お客様にとって、家電製品の購入や日常の使用方法に関するアドバイスの必要性が減っているわけではありません。お客様のニーズに対する適切なアドバイスを通じて、商品の購入や取り引き関係の強化につなげていくためには、日常のコミュニケーション活動が極めて重要です。下記のようなポイントについて強化を図り、これらを効果的に組み合わせた継続的な活動を行うことにより、自店に対するお客様の支持を高めましょう。

　お客様とのコミュニケーション強化のポイント
- 電話や訪問などを通じた定期的なコミュニケーション活動
- 幅広い商品知識やサポート力を生かした的確なアドバイス
- 顧客データの活用を通じた適切なサポート

（1）定期的なコミュニケーション活動

　定期的なコミュニケーション活動により、お客様のニーズを把握し、情報提供や生活提案をすることで、商品を購入いただける可能性が高まります。また、商品購入後のお客様には、調子伺いやお礼の電話などをタイミングよく行うことや、日頃のご愛顧に感謝する気持ちを込めたサンキューレターなどの活用も効果的です。

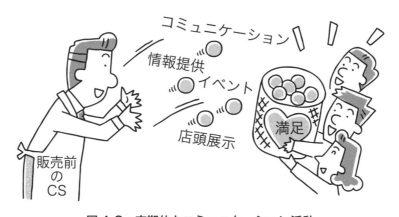

図4-3　定期的なコミュニケーション活動

　このようなあらゆる機会を通じて、お客様と接する機会を増やしていくことが相乗効果を生み、お客様との関係をさらに強化することにつながります。お客様とフェース・トゥ・フェースで対話することが基本であり、効果的ですので、できるだけ間断なくコミュニケーションができるように努力しましょう。期末決算セールの案内だけ送られてくるようなケース、つまり、

お客様の立場からすれば、店側の都合だけのアプローチは好ましくないことを理解しなければなりません。

（2）幅広い商品知識力と説明能力

　お客様の抱えている悩みに、的確かつタイムリーに対応することが信頼感を高め、お客様とのつながりを強化するチャンスとなります。そのためには、普段から「商品やシステムに関する基本的な知識」とそのことを「分かりやすく伝えるスキル」を養っておく必要があります。最近では単体の商品だけではなく、システム化・ネットワーク化された状態での商品価値、そしてそれらの関連機器や周辺機器に関する知識、あるいは料理のレシピや美容関係などのソフトに関する知識など、商品カテゴリの広がりや高機能化に伴って、販売担当者が保有すべき知識も高度になっています。これらは一夜漬けで何とかなるものではありません。日々、少しずつでも知識を習得する習慣を身につけることが大切です。

（3）顧客データを活用した適切なサポート

　コミュニケーション活動をきめ細かく実施し、お客様に適切なアドバイスを行うためには、お客様個々の特性や購買履歴をデータベース化して顧客管理を実施することが有効な手段となります。顧客データはあるものの、整理や分析ができておらず効果的に活用できない場合も少なくありません。顧客データについては、データを適切に管理し必要に応じてすぐに活用できることが重要です。これにより、お客様との電話応対や商談時の提案、さらにはお買い上げいただいた商品の修理対応などがスムーズに進むなど、さまざまな効果が期待できます。顧客データは、日常の営業活動で知り得た細かな情報もそのひとつとして都度メンテナンスすることで、お客様の特性をより詳しくつかめるようになります。これらの情報が、買い替え、買い増しや新規購入、追加購入などの購入パターンに応じた計画的なコミュニケーション活動や販促活動などに役立ちます。ただし、お客様の個人データは、個人情報保護の立場から、事前に同意いただいた利用目的以外には利用できないことに十分に注意しなければなりません。

4.　宣伝・広告によるお客様への情報提供や生活提案

　マス・メディアによる宣伝・広告のほかに、カタログ、チラシやダイレクトメール（DM）、さらにはホームページでの告知（誘引）をはじめとするインターネットの活用が一般化しています。一方、これら情報を受け取るお客様側では、膨大な情報が提供される中、その取捨選択に腐心しているのが実態です。このような中で、「マスに対する情報提供」と「その方（お客様個人）のための情報提供」を戦略的に区分して実行することが望まれています。ここでは、お客様個人への情報提供のポイントと店舗への誘引、店頭展示、イベントのポイントについて記述します。

（1）確実かつスピーディーな情報提供

　お客様個人への情報の提供は、カタログやパンフレット、販売店が独自に作成するチラシやDM などの配布物のほか、会員様へのメルマガ配信やホームページへの誘引などインターネットを通じた多様な方法が定着しています。前述のとおり、氾濫気味になっている各種情報の中から、自店の配送・配信物に着目していただくための「差異化」の工夫が必要です。そのためには、「見て読んで役立つ内容」であることと「雑多に紛れない視認性の工夫」が不可欠といえるでしょう。前者はまさに「ワン・トゥ・ワンマーケティング」の発揮が求められる課題です。「欲しいなぁ」と思っていた商品の展示会案内や、買い替えを検討しているときにタイミ

ングよくチラシが送られてくると、お客様が購買意欲を高められることは間違いありません。チラシやDMは、網羅性のある販売促進ツールとして幅広く活用されていますが、価格表示や表現方法などでお客様に誤認を与えることのないように細心の注意が必要です。

（2）店舗への誘引や店頭での展示演出・イベント

　販売店の店舗は、お客様にとって最も身近な商品との出会いの場であり、購入を検討されている商品や新製品などの情報を入手し、実際の商品に触れて比較・確認できる場所です。したがって、自店へお客様を誘引し、店頭で商品の良さを分かりやすく訴求・PRすることが購買に直結する重要なポイントです。店頭の展示を強化し、お客様の利便性を向上することは売場の規模の大小にかかわらず重要な課題です。ところが、お客様が自店をどのように評価しているかは、普段の接客だけではよく分からないことが多いものです。このようなときは、アンケートなどで幅広く自店の評価や診断をしてもらうCS調査を実施し、課題を明らかにして具体的な対応策を見つけ出すことも有効な手法です。

（3）来店しやすい店づくり

　お客様にとってのお店とは商品との出会いの場であると同時に、購入を決定する場でもあります。したがって、お店に入りづらい、あるいは居心地が悪いなどというお店ではお客様の支持を得ることはできません。具体的には、店の入口や看板、店内のレイアウトや照明、店舗装飾、店内の整理・整頓状態、駐車場の使いやすさといった店舗自体の問題や接客のマナー、さらには営業日や営業時間などさまざまな要素があります。他社（他店）との競争という観点で考えた場合、昨今のインターネット販売との競合を加味すると、とりわけ従業員の質（人当たりの良さ、接客マナー、商品知識のレベルなど）がきわめて大切な差異化ポイントといえます。「あの店の従業員と話していると楽しくなる」、「あの人がいるから…」というレベルを目指すことが、今、最も重要かつ共通の課題といえます。

（4）店頭での品揃え

　宣伝広告や情報提供をしても、お客様が来店されたときに、お目当ての商品が展示されていなければ、せっかくの販売機会を逃がすことになりかねません。すべての商品を揃えることは難しいかもしれませんが、自店の販売戦略や計画を踏まえた品揃えをする必要があります。特に、話題の新製品や売れ筋商品、自店の推奨商品については、きちんと品揃えし、お客様の来店に備えておく必要があります。また、パソコンなどのシステム商品は、周辺機器やサプライ品なども併せて準備しておくことが求められます。

（5）見やすく、分かりやすい商品展示と演出

　商品が並んでいても、展示や演出の工夫がないと、お客様に商品の特徴や良さが伝わりません。商品ごとに、またその時々に、お客様の商品選択の視点は変化しますので、その変化を捉えた訴求ができるように展示方法を工夫する必要があります。現在では、省エネがほぼ共通した訴求ポイントになっているとの認識のもと、特に消費電力の大きい冷蔵庫・テレビ・エアコンなどについては、買い替え前の製品に比べてどの程度の省エネ（電気代の節約）になるかといった訴求は必須のものといえます。また、実店舗にあっては、お客様が商品を実際に体験していただける場としての商品展示方法を心がけましょう。

図4-4　来店しやすい店づくり

(6) お客様に楽しみを与えるイベントの実施

　イベントは、お客様と接する重要な機会です。また、「何か新しい発見をしたい」、「楽しく買い物がしたい」というお客様の欲求に応える効果もあります。イベントの内容は、開催のねらい（新規顧客の開拓、お得意様との懇親など）、販売対象商品、場所や予算などの条件を総合的に考慮して、最も効果的な方法を選定する必要があります。また、特定のイベントを恒例行事化することで、お得意様との定期的なコミュニケーション施策として、さらに意味深い価値が生まれます。ただし、こういったイベントは、売上げ押上効果（短期的視点）やお得意様参加率、新規顧客来場者数（中長期的視点）といった総合的な観点で評価し、常に投資効果（費用対効果）を確認のうえ、継続の要否を判断することも大切です。

4.2　販売時のCSポイント　～接客編～

1.　お客様の視点に立った分かりやすい商品説明

　お客様は、商品の購入を検討するにあたって、分かりやすい商品説明を欲しています。しかしながら、お客様の趣味嗜好、その商品に関する知識の程度などにより、求める説明内容やレベルが異なるということを理解しておく必要があります。まず、お客様との会話の中で、そのお客様が求めているポイントを把握することが大切です。そのプロセスを経ずに、自分の知識の範囲でワンパターンの説明をするようなコミュニケーションは避けたいものです。お客様の求めるポイントが分かれば、そこにフォーカスした丁寧かつ簡潔な説明が可能となります。お客様にとって、知識を見せびらかすような説明はありがた迷惑に感じることが多いので、慎むべきでしょう。お得意様であれば、あらかじめ、その方の住居状況や家族構成、現在、どのような購買パターンにあるか、などを頭に入れておけば、より緊密なコミュニケーションが可能となります。ただし、頭の中とはいえ、活用できる情報はこれまでの取り引きで得た範囲に限定されることは当然であり、お客様に不信感を抱かせないよう個人情報の取り扱いには細心の注意が必要です。

　初めて来店されるお客様が多い店舗では、お客様の要望事項を予備知識なしで、短時間に把握しなければならないケースが多いことから、「卓越したコミュニケーション能力（初対面でうちとけていただくヒューマンスキル）」と「多様な知識の引き出し」をもっておく必要があるといえます。高額の商品であるほど、お客様は、他社（他店）との比較のうえ、購入を決定

するケースが多いのですが、決して価格だけの比較ではなく、対応した担当者の「信頼性」も重視しています。そして、信頼性の裏付けとなるものは、応対マナーににじみ出る「人間性」と商品に関する「専門性」です。特に後者については、対象商品の基礎的・共通的動作原理から最新商品に活用されている技術や商品の特徴に至るまで、お客様の購入のための知識は尽きることはありません。そういう観点からいえば、他社（他店）との競争は、お客様に相対する担当者の個人競争といっても過言ではありません。

（1）商品説明時における留意点

　お客様の知識レベルに応じて、説明内容をコントロールできればベストです。いずれにしても、その方のための説明という視点で、分かりやすさに努める必要があります。

　商品説明のポイント

　　①専門用語や業界用語は極力使用しない

　　②訴求ポイントを分かりやすく箇条書的に説明する

　　③実際の商品をご覧いただきながら、視覚的に説明する

　　④過去モデルとの比較、競合商品との比較など、商品選択の判断材料を提供する

　　⑤プライバシーに触れない範囲で、お客様ご自身が生活シーンを想起できるように、視認性の高い説明ツールを活用する

　とりわけ、昨今は、共通した関心事項として「省エネ・再生可能エネルギー」、「健康・美容」などがキーワードとなっています。これらに関する新たな情報・知識については、普段より意識して収集に努め、実際の商品に触れてみるなどの努力をしておくことが大切です。

（2）対応力を備えるためのポイント

　CS総論の1章（1.4節）では、お客様対応について**図4-5**を用いて説明しました。

図4-5　対応力を備えるためのポイント

　図4-5は、お客様に商品説明などをする際に要する能力要素を表しています。今一度、整理しておきましょう。

　＜お客様対応に必要な能力要素＞

　　①態度：お客様には分け隔てなく、常に誠意をもって接すること

　　②知識：商品知識はもとよりお客様が興味をもたれる省エネ効果（電気代）などの関連知識も頭に入れておくこと

③スキル：接客マナーや適切な言葉づかいといった基本的な対人スキル、そして知識を的確にお客様に伝えるコミュニケーション力。このコミュニケーション力は、お客様のニーズを聞き取る「傾聴力」、聞き取った話のエッセンスを整理し提案にまとめる「企画力」、その提案をお客様に分かりやすく説明する「プレゼンテーション力」などで構成されています。

　図4-5をよく見れば分かりますが、「誠意」×「接客マナー・言葉づかい」、そして「知識」×「コミュニケーション力」の関係はいずれもかけ算になっています。例えば、どんなに知識があってもお客様に伝えるスキルがなければ、もっている知識はお客様に対して全く役に立たないということです。もちろん、その逆も同様です。したがって、お客様対応力を向上するためには次のポイントを押さえるとよいということです。

- 上述の各能力要素に苦手なことをつくらず（もしあれば克服して）、いずれも及第点（人並み以上）のレベルを確保すること。
- 自分自身の得意（特徴）なことを伸ばすこと。例えば、機知に富んだ話が得意な人なら話術に磨きをかける、商品知識が豊富な人なら周辺知識を含め、さらに知識を積み上げていくことなどにより、アイデンティティ（個性）を確立することができます。これは「この人から買いたい！」という究極のCS効果を生み出す原動力となるものです。

2.　お客様が納得し、安心して購入してもらう

　お客様に商品を購入していただく際、お客様に安心感と満足感をもってもらうことが大切なことです。ささいなことでもお客様が不安や不信感を抱いたら、購入につながらないだけでなく、将来にわたって、その会社（店舗）の悪いイメージが出来上がってしまいます。お客様に「このお店なら大丈夫」という信頼感をもっていただくためのポイントを押さえておく必要があります。

（1）お客様に安心・納得していただくために必要なこと

　お客様に安心かつ納得して商品をご購入いただくためには、お客様をお迎えするための店舗の整理整頓・展示の配慮、従業員のマナーや知識レベルなど、基本的なことを前述しました。ここでは、そのほかの点でどのようなことに注意すべきかを例示します。

①価格条件の明確表示（本体価格、配送・設置料金、廃家電製品引き取り料金、など）
②アフターサービスについての説明（料金や保証などの条件説明）
③保証書の発行および内容説明
④付属品や消耗品についての説明、確認対応
⑤システムアップおよびインストールなどサポート体制についての説明

　お客様は、商品説明に加えて、価格やその後のサポート体制まで、さまざまな情報を知ったうえで購入したいと思うものです。例えば、「故障があったときはどうすればよいのか？」、「使い方や機能が分からなくなったときどのようなサポートをしてくれるのか？」さらには「それらの場合、料金はいくらかかるのか？」といったことなどです。お客様との信頼関係を築くためにも的確な説明が必要です。また、お客様によっては、購入時に丁寧に操作方法を説明しても、時間が経過すると分からなくなってしまうことがあります。その商品のお客様としての用途（ニーズ）などをしっかりと把握し、必要に応じて簡単な操作で使用できる商品をご紹介する配慮も必要です。

（2）販売条件などの正確かつ明確な表示

　お客様に配送、設置・接続などのサービスについての日時を確認するときに、料金やサポート体制の内容について正確に伝えること（明確表示）が重要です。配送・設置などで追加料金が必要であるのに、販売時に明確に伝えずあいまいにすると、あとあとトラブルとなり、お客様に不信感や不満を抱かせてしまいます。販促においても注意が必要です。チラシなどで本体価格以外の諸費用がかかることを説明せず、お客様が価格の誤認をされるような場合、有利誤認表示として景品表示法の違反となることがあります。広告や店頭POPのような印刷物だけでなく、口頭であっても消費者を惑わすような表示や、虚偽の広告（おとり広告など）は独占禁止法で、禁止されています。そういった法的な観点からも、販売条件は正確にしっかりとお客様に伝える必要があるのです。なお、家電業界では、公正取引委員会から認定を受けた公正競争規約（小売業表示規約、製品業景品規約、製造業表示規約）をつくり、公益社団法人 全国家庭電気製品公正取引協議会（家電公取協）が運営することで、虚偽および誇大な広告や表示を防止し、消費者の信頼を得て、業界の健全な発展を目指しています。公正競争規約の趣旨を理解し、これを遵守することが望まれています（公正競争規約については、9章 9.7節参照）。

（3）契約に関して

　お客様との商談や契約において、あいまいな約束あるいは優柔不断な態度は禁物です。できないことはできないと説明することが大切です。安易に約束したものの、結果的にできないということになれば、お客様とのトラブルに発展するだけでなく、法的な責任を問われる可能性もあります。口約束であっても、約束（契約）したことは履行する責任があると解釈されます（7章 7.2「改正民法（債権分野）」参照）。

（4）CS評価をベースとした「ベンチマーキング」の勧め

　お客様からどのような視点で会社（店舗）の評価を受けているかについては、1章の1.2節で解説しましたが、その評価結果を組織にフィードバックし、「弱みの克服」と「強みのさらなる強化」を進めなければ評価の意味がありません。そして、同業他社（他店舗）との競争という現実問題においては、競争相手との比較検証のうえ、随時、戦略・施策・計画を組み立てる必要があります。その手法のひとつとして、「ベンチマーキング」を紹介します。ベンチマーキングとは、成功している他の事業者の形態やノウハウなどを分析し、自社に適合する形に調整して取り入れるという手法です。同業者だけでなく異業種の事業者の手法を観察することで、最も効果的・効率的な方法（ベストプラクティス）を学び、自社にその良い点を取り入れるものです。ベンチマーキングは米国で開発された手法で、米国オフィス用品の企業が社内物流体制の見直しのために、アウトドア用品通販会社の倉庫内業務を観察し、大幅なコストダウンに成功したことが始まりとされています。また、米国の航空会社が空港での整備や給油時間の短縮を目的に同業者を調査したところ、同業者より優れていたカーレースのピットクルーをベンチマーキングして大幅な時間短縮を実現した例もあります。

　ベンチマーキングにはさまざまな方法がありますが、典型的なプロセスを例示すると、下記のようになります。

　　①課題とする範囲を選定する
　　②ベンチマーキング対象を選定する（優秀なプロセスを有する企業、複数選択可）
　　③自社とベンチマーキング対象との差を分析する
　　④最も効果的・効率的な方法（ベストプラクティス）を作成する

⑤目標を設定する（ベスト・プラクティスを参考に具体的な目標に落としこむ）
⑥改善計画の作成（目標を達成するための計画を作成する）

4.3　販売後のCSポイント　～アフターフォロー編～

　家電製品には、一般的な消費財とは異なり、販売後の配送、設置・接続、取扱説明、保証書発行、アフターサービスなど、お客様との接触を伴う業務があります。お客様が購入した商品を実際に使用して期待どおりの効能が得られるまでフォローすることが求められているということです。この節では、購入直後の配送、設置・接続、取扱説明、保証書発行をする場合や、お客様が商品を使い始めてからも長期間にわたって、快適かつ安全にその機能を満足して使っていただくためのアドバイスやアフターサービスをする場合などのCS向上ポイントを確認します。

1.　使い始めるまでのCSポイント
（1）配送時の留意事項

　配送、設置・接続時にお客様を訪問する際は、事前に訪問日時を確認し、訪問予定の当日、万が一、約束した時刻に遅れそうな事態が発生した場合には、必ず事前に連絡して承諾を得るなど、お客様に不信感を抱かせない対応が不可欠です。販売担当者と配送、設置・接続などの業務担当者が異なるような場合、販売時のお客様との約束や条件が、配送だけなのか、設置・接続を行うのか、使用済み製品の引き取りを行うのか否か、その場合の料金徴収などについて、配送を担当する部署へ確実にルーチンとして伝達する仕組みがなければなりません。

（2）設置・接続時の留意事項

　設置・接続を手際よく効率的に行うには、必要な知識・技術力を習得していることが最も重要ですが、事前に必要な工具類や部材、オプション部品などを取りそろえておくことや、エアコンなど工事を伴う設備機器商品については、できれば事前に下見を実施し設置場所や条件などの確認をしておくことも大切です。設置・接続の場所については、できる限りお客様の要望をかなえることが重要です。しかし、お客様が要望する設置場所では、その商品の持つ性能や使い勝手を十分に発揮できなかったり、安全を確保できなかったりするような場合は、その旨をお客様に説明し、合意を得て設置場所を変更する必要があります。設置・接続作業終了時には、まず、取扱説明書や据付説明書の指示どおりにできているか、法令の基準に適合しているかを確認します。そのうえで、必ずお客様とともに試運転を行い、商品が正常に運転できることを確認し、お客様に操作方法をご理解いただくようにします。

　設置・接続に際しては、下記（a）～（d）について十分な注意が必要です。
（a）設置場所、環境
（b）電源の接続
（c）アース接続
（d）設置作業時の注意事項

図4-6　設置・接続時の留意事項

（3）取扱説明の留意事項

　設置・接続完了後、お客様が安全に長期間快適にお使いいただけるよう、実際に商品を運転し、基本的な操作方法や使用上の注意事項、上手な使い方、お手入れの方法などを取扱説明書の見方と併せて説明します。さらに、取扱説明書をよく読んでいただくことや、保管場所を決めて誰でも活用できるようにしておくようお願いしましょう。

（4）保証書発行の留意事項

　保証書とは保証内容を明確にするものです。通常、一定の条件に基づいて、一定期間、無料修理を実施する旨の保証書が添付されています。保証書は「家庭電気製品製造業における表示に関する公正競争規約（製造業表示規約）」かつ、経済産業省の「保証制度に係わる実務の改善について」という通達に基づいて内容を記載しています。

図4-7　保証書の発行

1）「公正競争規約（製造業表示規約）」により義務づけられている保証書の表示事項

　①「保証書」である旨

　②保証者の住所、氏名または名称および電話番号

　③無料修理を保証する期間の始期および終期

　④保証となる部分

　⑤お客様の費用負担となる場合など

　メーカーの保証期間は、通常 1 年ですが、パソコン用モニターの液晶ディスプレイや冷蔵庫・エアコンの冷媒回路など、一部にはより長期に保証するものもあります。修理には、「出張修理」と「持込修理（預り修理）」があり、保証書様式は「独立した文書」と「取扱説明書などに印刷したもの」があります。さらに、保証書には、購入年月日、お客様の住所と氏名・電話番号、販売店の名前と住所・電話番号を販売時に記入することになっています。保証書にこれらの記入がないと、保証期間内でも無料修理が受けられない場合があります。保証書発行時には、保証書の記載内容を説明し、必ずお客様にお渡しして、大切に保管していただくようお願いします。

2）保証書の関連知識

① 贈答品などで保証書の記入がないときは

　商品に付いているメーカーのお客様相談窓口一覧表（取扱説明書などに印刷されている場合もある）などから、最寄りの相談窓口を探して相談するようアドバイスしてください。

② 保証期間の起点は購入年月日から

　メーカー保証書における保証期間の起点は、商品の配達日や使用開始日ではなく購入日となっています。人気商品で店に在庫がなく配達日が大幅に遅れる場合であっても、来店時に購入を希望されるお客様には、その旨をお客様に説明し承諾をいただくか、商品入庫後に購入していただくなどの確認が必要となります。

③ 転居の場合は販売店に連絡を

　販売店が転居先まで出張修理に行けないときは、最寄りの相談窓口を紹介してください。

④ 保証期間中でも有料になる場合

　保証書は故障のすべてを保証するものではありません。以下の場合は、原則として、無料修理の対象となりませんので、注意が必要です。

- 使用上の誤り、不当な修理、改造などによる故障、損傷
- お買上げ後の取付け場所の移動・落下などによる故障、損傷
- 火災、地震・水害・落雷そのほかの天災地変、および公害、塩害、ガス害、異常電圧などの外部要因による故障、損傷
- 転居に伴う電源周波数（50Hz/60Hz 地域）やガス器具のカロリー変更に必要な部品交換
- 一般的家庭以外（例えば業務用、車両や船舶への備品として搭載など）に使用された場合の故障、損傷
- その他、故障の原因が本体以外の場合

　なお、離島など遠隔地における出張修理は、保証期間中でも出張費が有料となる場合があります。

2.　使用開始後の CS ポイント

（1）販売後のコミュニケーション

　商品販売時に十分な取扱説明をしていても、商品を使い始めてから、お客様が商品の性能や取扱方法などに疑問をもたれる場合があります。このような問い合わせに素早く適切に対応できれば、お客様の満足が得られます。商品を使い始めてからの問い合わせやご意見については、疑問点や不満点をよく確認し的確に対応することが必要です。その時点で対応が不十分である

と、クレームにつながってしまいます。お客様から問い合わせがなくとも、ご購入いただいてからしばらくして、商品の調子についてお伺いすることも、お客様の信頼を得る効果的な対応です。こうした対応は、お客様とのよりよいコミュニケーションのチャンスであり、CS向上のために重要なポイントといえます。

図4-8　販売後のコミュニケーション

（2）定期的なコミュニケーション活動

　お客様の中には、商品の性能や機能を十分に発揮する操作方法や、お手入れの仕方が分からないことにより、不便を感じながらそのまま商品を使用されていることがあります。定期的なコミュニケーション活動を実施して、気軽に相談してもらえるようにすることが、CS向上のために効果的です。

　　定期的なコミュニケーション手段の例

- 商品販売後、一定期間内の訪問などによる調子伺い
- 定期的な点検訪問やエアコン、暖房器具などのシーズン前点検訪問
- 交換部品、消耗部品のご案内
- 新しい生活提案、新商品の紹介
- セール、イベントなどのご案内　　など

3.　クレーム体験を知識化する

　従業員（店員）が、お客様からのクレームに対して真摯に向き合い解決に取り組む体験を重ねることで、対応力という「経験（知識、技能）」へと変えることが可能です。さらには従業員（店員）の経験は、会社（店舗）にとって貴重な財産となります。

$$\boxed{体　　験} \ + \ \boxed{追体験} \ = \ \boxed{経験（知識、技能）}$$

図4-9　体験を知識化

　クレーム内容を十分に検証して「組織や業務内容を修正すること」や「対応のための知識とノウハウを組織として共有化すること」は、マーケティング活動そのものであり、まさに事業の持続に必要な「学習する組織」といえます。

図4-10　クレームも重要な財産

　参考に「グッドマンの法則」を紹介します。これにはいかにクレームへの対応が大切か、また、適切な対応ができないとどんな危険に陥るかが述べられています。

（1）グッドマンの法則

　これは、米国のグッドマンが提唱したもので、顧客の苦情（クレーム）処理の大切さを示した法則です。

- グッドマンの第一法則

　不満をもった顧客のうち苦情を申し立てて、その解決に満足した顧客の当該商品の再購入決定率は、不満をもちながら苦情を申し立てない顧客のそれに比較して極めて高い。

- グッドマンの第二法則

　苦情処理に不満を抱いた顧客の非好意的な口コミの影響は、満足した顧客の好意的な口コミの影響に比較して、2倍も強く販売にマイナスの影響を与える。

- グッドマンの第三法則

　消費者に適切な情報を提供することによって、その企業に対する消費者の信頼度が高まり、好意的な口コミの波及が期待されるばかりか、商品購入の意図が強化され、市場拡大に貢献する。

　表立ったクレームがないからと安心してお客様の声（不満）を聞く努力を怠ると、お客様が離れていってしまい、取り返しのつかないことになりかねません。不満を抱いたお客様に遠慮なく、不満点を指摘してもらえる環境づくりも組織として大切なことです。

（2）クレーム事例

　以下に代表的なクレームの事例を挙げます。このようなクレームが発生しないように事前に万全な対応をすることはもちろんですが、万が一クレームが発生した際には真摯に向き合うことが重要です。

- 使い勝手が悪い。欠陥商品ではないか。
- 保有している機器と接続できると聞いたのに実際は接続できなかった。
- 購入して2年〜3年であまり使用していないのに故障した。前に購入した製品は8年ほど使っているが問題ない。不良品ではないか。
- インターネットの口コミサイトで調べたら、製品のクレームが多い。リコール品ではないか。
- 説明を受けた機能が実際には付いてない。
- チラシの特売商品を買いに行ったら早々に売り切れていた。

この章でのポイント!!

販売前のCSを高めることは、お客様との信頼関係を築き、リピーターとなっていただくことで継続的な取り引き関係を構築する、という大きな目的があり、経営に直結する重要なテーマとして取り組む必要があります。既存のお客様とのつながりを維持・強化していくと同時に、新しいお客様を増やしていくことが課題です。

お客様は、商品の購入の際に望む情報には、個人ごとに大きな差があるので、お客様その方の事情を把握したうえで、商品提案や機能などの説明を分かりやすい言葉で行う必要があります。そのためには、商品知識や関連知識のほかにお客様に伝えるコミュニケーション力が重要です。

家電製品は、商品によっては販売後の配送、設置・接続、取扱説明、保証書発行、アフターサービスなど、お客様との接触を伴う業務があります。配送後の業務を問題なく行い、お客様が実際に使用して期待どおりの効能が得られ、長期間にわたって安全かつ快適に使用するためのアドバイスやアフターサービスの提供がポイントです。

キーポイントは

- 既存のお客様とのつながりの維持・強化と新たなお客様づくり
- お客様の購買パターンの把握
- お客様との定期的なコミュニケーション活動による情報提供や生活提案
- その方にあった分かりやすい説明
- お客様が納得し、安心していただくために必要なこと
- 販売条件などの正確かつ明確な表示
- ベストプラクティスに学ぶ
- 販売後の配送、設置・接続、取扱説明、廃家電製品の引き取りなどでは、販売時の説明や約束と違うなど、購入者とのトラブルが生じやすい

キーワードは

- お客様の顕在的、潜在的ニーズの把握
- ワン・トゥ・ワンマーケティングの手法
- 顧客データの活用を通じた適切なサポート
- 来店しやすい店づくり
- 見やすく、分かりやすい商品展示と演出
- お客様に楽しみを与えるイベント
- 顧客対応力（態度、知識、スキル）
- ベンチマーキング
- 設置・接続完了後の取扱説明および取扱説明書
- 保証書の関連知識
- 定期的なコミュニケーション手段
- グッドマンの法則

5章 不具合発生時のCSポイント

5.1 お客様の依頼に迅速・親切に対応しているか

1. 修理受付体制づくり

　使用中の家電製品に不具合が発生した場合、お客様はどこに相談したらいいのか迷ったり、不安をもったりすることがあります。商品を購入した販売店へ連絡するのが一般的ですが、それができない場合、購入していない店に修理だけを依頼するのは気が引ける、と感じられる方が多いようです。こうしたお客様の心理に配慮した、親切・丁寧な応対は、お客様との信頼関係を築く絶好の機会となります。

図 5-1　修理サービスに対するお客様の不安

　このようなお客様からの連絡は、実際に製品の故障や老朽化によるトラブルがありますが、お客様の操作ミスが原因で生じるトラブルもありますので、発生している事態がいずれの性質であるのかを判断する一次対応が必要です。自店が的確に一次対応し、お客様の使い方に起因する問題であれば、その場で説明することで問題は解決しますし、製品の故障によるものであれば、いち早く修理サービスの対応へと移行することができます。この迅速な対応がお客様の信頼を築くことにつながるのです。この章では、修理サービスを行っている販売店を想定して説明します。

（1）修理を販売店の基本活動として位置づける

　CSの観点から考えると、商品の検討段階（購入前）→ 商品選択段階（購入）→ 使用段階（購入後）という一連の段階を一貫してケアしてもらえる販売店が存在することは心強いものです。また、販売店にとってもお客様からさらなる信頼を寄せていただけるという点に加え、お客様の使用される家電製品の状況をいち早く把握できることは、大きなアドバンテージであり、マーケティング活動（ワン・トゥ・ワンマーケティング）の一環として、持続的な取り引き関係を生み出す原動力といっても過言ではないでしょう。ぜひ、この利点を生かした営業活動を進めてください。

（2）修理受付コーナーなど、お客様に見える店づくり

　前述のとおり、修理依頼に関して販売店が積極的に取り組む姿勢は、お客様から高く評価されます。店頭に「修理受付コーナー」を設けるなど、修理に対して積極的な姿勢を見せることが大切です。

図5-2　修理受付コーナーの例

　修理受付について、店頭のボードなどに修理に関する主要なポイントを掲示するなど、お客様へのアピールができると効果的です。

- 標準修理料金、ソフト料金ボード … 明朗会計
- （従業員の）取得資格ボード　　 … 技術力をアピール
- お約束ボード　　　　　　　　 … お客様に対するお約束ごとをお知らせ
- CSボード　　　　　　　　　 … お店のCSサービスメニューをPR

　自店独自の「延長保証サービス」を実施している場合は、そのことも併せて、ホームページやメールマガジン、あるいはチラシなどでお客様にPRするとよいでしょう。

（3）修理受付時の留意点

1）修理伝票発行時

　修理伝票とは、持ち込まれた修理品をお預かりする場合に発行するものです。

- 修理見積の要否をお客様に確認します（修理費用が商品購入費用よりも高額になるケースもあるので、注意を要します）。見積金額が算出でき次第、お客様に連絡し、承諾を得たうえで修理に着手するようにします。
- 修理品を返却する際に付属品が足りない等のトラブルが発生しないように、お預かりする製品の同梱付属品や別売品が付いているかどうか、お客様に確認しながらその旨を必ず修理伝票に記載します。
- データ保存機能のある機器の場合は、修理によって録音・録画内容やデータが失われる可能性があることを事前に説明し、承諾を得ておきましょう。
- 修理完了後は、修理内容の明細を記入のうえ、お客様に説明します。

2）前受金の扱い

　修理作業の着手金として、お客様から前受金をお預かりする場合があります。これは修理作業を完了することを前提にお預かりするもので、修理品引き渡しの際、残金と合算してはじめて売上金勘定となるものです。したがって、お客様に修理品を引き渡すまでは、あくまでも「前受金（預かり金）」として管理する必要があります。「前受金領収書」という形態のものや修理伝票・製品預かり票に前受金の欄があるものなど、さまざまな様式があります。いずれの場合も、修理品引き渡し時の修理料金精算時に、前受金の有無・金額を明確にできるようにしておきましょう。

　　＜前受金の性格＞

- 見積作業にかかる診断技術料の前払いです。
- 修理キャンセルになった場合は、前受金を見積料などの診断技術料に充当します。
- 修理の場合は、修理料金の前払いとして相殺します。

2.　一次対応・即日訪問

　お客様は、家電製品の修理依頼をした場合、当然のことながら、迅速な対応を期待しています。エアコンや冷蔵庫、エコキュートなど、特に日常生活に必要不可欠な製品の不具合は、かなり緊迫した状況で連絡して来られていると認識すべきです。したがって、対応の基本として、まず迅速な対応（クイックレスポンス）が大切なポイントです。

（1）メーカーに依頼する前にまず状況を把握する行動を（一次対応）

　お客様の信頼に応えるためにも、まず連絡を受けた自店がお客様のお宅に伺うなどして、不具合の状況をつかむことが肝要です。お客様の操作ミスなどトラブルの原因によっては、その場で問題解決することもあります。とにかく大切なお客様に発生している問題をいち早くつかむための行動を起こすことが、お客様との信頼関係につながります。専任のサービスマンでなくても、営業マンが不具合の状況をその日のうちに確認に行くだけで、お客様の自店に対する信頼度はアップするでしょう。逆に、一次対応もしないで、「メーカーに直接連絡してください」などという対応は、お客様の不信感を招きますので注意が必要です。

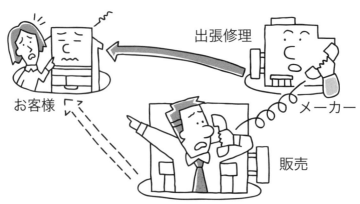

出張修理

お客様　　　メーカー

販売

メーカーに丸投げではお店の信頼をなくす！

図5-3　メーカーに依頼する前にまず状況を把握

（2）訪問日時の連絡

　お客様からの連絡によりトラブルの原因を特定できるような場合、あるいは一次対応を踏まえて、修理を実行するような場合、あらかじめ、お客様との間で訪問日時を調整する必要があります。もちろん、約束の日時は遵守することが大原則ですが、万が一、約束している時刻に遅れそうな場合は、前もって電話連絡を入れ、訪問時刻の再確認をしましょう。

3.　ワンストップサービスの充実

　商品を購入した販売店に修理を依頼する（製品トラブルの相談をする）ケースが多いようですが、そうでないケースもあります。お客様から見て「家電のことなら、とにかく○○店」というように認識していただけたら理想的な関係が築けているといえます。例えば、修理の受付業務では、自店で販売した製品かどうか、あるいは、取り引きメーカーの製品かどうかなどで線引きするのではなく、まず、「お客様の困りごとを引き受ける」という立場でワンストップの受付を実現するとよいでしょう。そのうえで、問題（故障）の内容に応じて、各メーカーのサービスステーションなどと連携をとって、問題（故障）解決する仕組みをつくっておくことが大切です。

図5-4　ワンストップ機能の充実

（1）お客様の立場になった言動を

　お客様からの修理依頼（相談）を受けた際、その会社（店）あるいは従業員のお客様に対する姿勢の差が浮かび上がります。以下は、実際にあったお客様からのクレームです。常に、困っているお客様の立場での対応を心がけてください。

- 引っ越してきたばかりで、自宅の周辺になじみの店がなく、電話帳で販売店を探して修理を頼んだら、「購入したお店に相談してください」、「メーカーに依頼してください」と素っ気なく断られた。
- 近くにメーカーサービスの拠点がないので、近くの販売店に対応を依頼したら「うちではそのメーカーの製品は取り扱っていません」と、取り合ってもらえなかった。
- かなり古い製品の修理を依頼したら、「そんな古い製品は生産中止で部品もありません」と調べもしないで断られた。

　これらの例では、必ずしもお客様のご希望に応えられない場合もありますが、自店で対応できないことでも、メーカーのサービスステーションや対応可能な他店を紹介したり、部品の保有年数が切れていると思われる古い商品の場合でも、まずはメーカーサービスに確認したうえ

で回答したりするなど丁寧な対応をすることで、お客様の心情はかなり異なったはずです。

5.2　お客様の合意を得て修理に着手しているか

1.　インフォームド・コンセントの徹底

　お客様が修理を依頼されるとき、実際は修理料金との兼ね合いから、修理か買い替えかを迷われているケースが多いものです。したがって、どのような故障原因で、どれくらいの費用と日数がかかるのかを知らせることが大切です。修理対応も医療行為でいうところのインフォームド・コンセント（十分な説明を受けたうえでの同意）と同じ対応が必要です。病気の場合は、医者が患者に病状や治療内容などを詳しく説明し、十分に合意を得たうえで手術（治療）をしますが、修理の場合も同様に、故障内容や修理費用などを分かりやすく説明し、修理か買い替えかをお客様に判断していただけるようなアドバイスが望まれます。お客様の理解と合意を得るようにすることが大切です。販売側の立場からすると、買い替えに誘導したいという気持ちが強く出てしまうことがあるようですが、かえって、お客様の不信感を招き、大切なお客様を失ってしまうおそれがあります。

図5-5　インフォームド・コンセント

（1）お客様本位のアドバイス

　お客様の中には「買い替えを勧められるのではないか」といった警戒心をもつ人も少なくありません。たとえ古い商品であっても、お客様にとっては愛着のあるものであったりしますので、むやみに買い替えを勧めることは慎まなければなりません。古い商品の場合は、概算の金額をお伝えし、修理されるかどうかはお客様に判断していただきます。お客様は、自分が想定する修理料金を超えるようなら買い替えようと考えている場合が多いようです。修理料金と新製品の購入価格およびその機能などを比較できるように説明して、お客様自身の判断を引き出すように努めてください。ただし、経年劣化による製品事故の発生が懸念される場合（古い扇風機の発火事故などが代表例）は、事故事例などを説明し安全面から買い替えをご案内するとよいでしょう。

（2）故障箇所・修理内容の分かりやすい説明

　お客様への説明は、どの箇所が故障して不具合が生じているのか、どう修復するか、修理料金はいくらぐらいになるかなどについて、極力、専門用語は使わずに分かりやすい言葉で説明

することが大切です。実態として、「製品の内部を見ないで「寿命です。買い替えるしかない」と買い替えを押しつけられた」、「故障内容の説明が難しくて、ほとんど分からなかった」といったお客様からのクレームが散見されます。説明には十分に注意しましょう。また、お客様の使い方に問題があった場合、正しい使い方やお手入れの方法などをアドバイスすることも忘れないようにしましょう。

2.　事前見積の実施・修理料金の設定

　見積をしないで勝手に修理して、修理品の引き渡し時になって初めて「費用はこれだけかかりました」といった対応では、お客様とのトラブルになってしまいます。

　修理に着手する前に、修理料金の目安について説明し、お客様の承諾を得ることが不可欠です。また、メーカーに依頼する場合もあらかじめお客様との間で確認した修理限度額を明記して、これ以上かかる場合は修理しないという旨を、明確に伝えておくことが大切です。特に、家電製品の修理は、部品のモジュール化などにより修理金額が高額となるケースが多いことから、お客様にとって、修理料金の割高感が増しています。それだけに、製品別・症状別などで標準的な修理料金を設定し、お客様の理解を得るようにしましょう。

3.　修理料金・修理日数の明示

　お客様が修理を依頼される場合、修理料金はいくらで、いつごろ修理を完了できるのかという点が最も知りたいところです。自店での預かり修理やメーカーに修理依頼をした場合でも、お客様に対して目安となる修理料金と修理に要する日数などをお知らせすることが重要です。
- 修理料金は、店内にボードなどで掲示することで「安心と信頼感」が得られます。
- 自店で設定した「標準的な修理料金や修理に要す日数」などをお客様によく分かるように大きなボードなどにして、店内の修理受付コーナーに掲示したり、説明用の修理料金表を準備したりしておくことが大切です。

　万が一、想定以上に修理日数を要す場合は、事前にお客様へ連絡して承諾を得ておく配慮が必要です。また、故障した製品や原因がメーカー保証の対象であるかどうかを確認し、保証対象であれば、お客様に保証書を準備していただき、メーカーに対して保証書の提示・添付を確実に行う必要があります。

4.　出張料・前受金の明確化

（1）修理料金の内容

　一般的に修理料金は、技術料・部品代・出張料の3項目で構成されています。
- 技術料：故障の診断や故障箇所の修理および調整といった付帯作業、見積だけでも技術料（診断料）が発生する場合があります。
- 部品代：修理に使用した部品代、エアコンの冷媒ガスなども含まれます。
- 出張料：技術者を派遣する費用、駐車料金など別途費用がかかる場合があります。

（2）出張料の設定

　メーカー（メーカーのサービス子会社を含む）などが出張修理を行う場合は、技術者の派遣費用として出張料を徴収しています。お客様の理解や合意を得るためには、料金の基準を明確にし、公表（掲示）しておくとよいでしょう。

（3）前受金の設定

　お客様によっては、修理限度額を超えた場合に修理をやめるケースがあることなどから、あらかじめ前受金のルールを設定しておく方法があります。

5.3　高い技術力と好印象を与えるマナーで確実に修理しているか

1.　サービス技術力の養成

　「販売店は家電製品のプロ、サービスのプロ」お客様は販売店が幅広い商品知識と高度な技術を保有していることを期待しています。お客様の期待に応えられるよう、会社（店）としてサービス力向上に努めましょう。

（1）商品知識・サービススキルの向上

　家電製品に関わる技術やそれらを応用した商品は、日進月歩で成長（進化）しています。TVコマーシャルやインターネットでその商品に興味をもたれたお客様は、自らさまざまな情報を入手していますので、家電販売やサービスに関わる者として、これに負けない学習が不可欠です。

　お客様がもっている情報や知識との最大の違いは、家電製品に関わる基本知識（各種製品の動作原理、ハード・ソフトが融合された応用知識など）とその知識から生み出される各種製品の特長や機能に関する評価眼です。そのうえに、販売に携わる者は製品の使用方法や楽しみ方など、ソフト面の知識が求められます。サービスに携わる者は、新しい技術に関する見識とその技術知見に基づくサービススキルが不可欠となります。

（2）知識・スキルの保有状態を担保する家電製品アドバイザー資格と同エンジニア資格

　家電製品アドバイザー資格ならびに同エンジニア資格は、家電販売業務あるいはサービス業務に要す最新の知識やスキルを保有していることを認定する資格です。毎年発刊される学習用の参考書（家電製品協会編）には、常に最新のコア知識（基本知識等）と先端知識がまとめられています。

　昨今、資格取得者（保有者）の社会的ステイタスは相当に向上しています。その他の電気工事士や工事担任者などの資格と併せてお客様にPRすれば、会社（店）の人材力や技術力を示すことになり、お客様からのさらに高い信頼を得ることができます。

　お客様へのPR方法（実例）

- 資格認定証（カード型）を制服などに装着する。
- 認定証書（賞状型）を店に掲示する。
- 資格保有者の氏名（顔写真付）を店に掲示する。
- 資格名称の入ったメモ用紙をお客様とのコミュニケーションに活用する。
- TVコマーシャルなどで資格取得に積極的に取り組んでいることをPRする。
- 資格試験用のポスターを店に掲示する。等々

2. サービスマンのマナー向上

　修理依頼をされたお客様は、商品が故障したことへの不満と早く直してほしいという期待をもってサービスマンの訪問を待っています。

　このような場合ではお客様の心を和ませる気配りやマナーが大切であり、特に、迅速・的確に修理業務を遂行することは当然ですが、お客様に不快感を与えない気配りやマナーに細心の注意が必要です。

図5-6　修理訪問時のチェックポイント

出発前	①身だしなみを整える ②修理訪問に必要なものを確認する 　・身の回り品（名刺・筆記具・ハンカチ・サイフなど） 　・修理工具/修理部品/修理伝票/修理工料表など ③事前に先方の状況を確認しておく 　・故障品の購入経過・故障内容 　・訪問予定時間（食事時や夜間は避ける）の確認とスケジュールをお客様に連絡する
訪問時	④玄関口では、お客様にご不便をおかけしていることを踏まえ、お詫びの気持ちを込めた丁寧な挨拶をする ⑤約束時間に遅れる場合や早く訪問できる場合も、必ずお客様へ事前連絡する
修理前	⑥部屋や床を汚したり傷つけたりしないよう、作業スペース周辺を養生する ⑦見積料金を事前提示する ⑧冷蔵庫などの取り扱いは、衛生面に配慮し、手袋やウエスを準備する
修理中	⑨修理品は丁寧に扱う ⑩部品・工具を散らかさない ⑪不用意な話をしない 　「この製品は故障が多くて」、「この製品は旧型ですから」、「これは○○製ですから」、「古いから部品はない」など ⑫万が一修理しきれない場合、あまり長時間粘らず、応急処置にとどめて素直にお詫びする。症状により持ち帰る場合は、修理日数・費用などの見通しを説明する
修理完了後	⑬故障部分以外も点検しておく ⑭商品内部の清掃と作業後の後片付けを行う ⑮修理箇所を再確認し、修理内容（交換部品など）、故障原因を説明する ⑯修理伝票に、修理完了印をいただくとともに、請求額（明細）を説明する ⑰他の電化製品の調子を伺う

3.　修理後のフォロー

　お客様への対応は、修理完了で終わるのでなく、その後もお客様とコミュニケーションを継続することで、リピーターになっていただく努力が大切です。

（1）修理後の調子伺い

　修理後1週間から2週間のうちに、修理品の調子を確認しましょう。特に、修理対応時に使い方の相談や他の商品の引き合いなどがあった場合は、この機に訪問したり、来店を促したりするとよいでしょう。

4.　クレームへの対応

　お客様が不満を抱いてクレームをされる場合、どのような段階を経れば満足いただけるのでしょうか。それは、次の「3つの段階」があると考えられます。

- 第一段階 … 客として対応されたとき
- 第二段階 … 自分の言いたいことを理解してもらったとき
- 第三段階 … 自分の要求が達成されたとき

　クレームの内容を伺う段階で、お客様との対応で第二段階まで進むことができれば、問題解決に導きやすくなります。まずは、製品の不具合によりお客様にご迷惑をおかけしたことについて謝罪の気持ちをもって、お客様の話に耳を傾けることが重要です。その際に声のトーンを落とし、落ち着いて対応をするとお客様も落ち着いて話ができる雰囲気になります。決してお客様の話を遮ったり反論したりせず、まずは話を聞く姿勢が大切です。ただし、単に相づちを打つだけでなく、「共感」、「謝罪」、「感謝」の言葉を織り交ぜてお客様の気持ちを和ませるように心がけましょう。

- 共感の言葉：ご指摘のとおりと思います、お怒りになるのもごもっともと存じます
- 謝罪の言葉：深くお詫び申し上げます、ご迷惑をおかけいたしました
- 感謝の言葉：貴重なご意見ありがとうございました、恐れ入ります、勉強になります

　お客様と落ち着いて話ができるようになった時点で、クレームに関する事実確認に入ります。
　お客様の不満はどこにあり、どのような対応を希望しているか、対話の中から把握する必要があります。その場合は、現物や現場の状況を踏まえ、お客様に質問をしたり要望を別の表現に言いかえたりするなど、お客様のお申し出内容を明確にすることがポイントです。心理面での問題を解決し、不満の真の原因が明確になった段階で、不満のポイントにフォーカスしてもう一度心からお詫びをしたうえで、解決策をご提案します。

　お客様が解決策に納得していただけない場合は、時間をおいて再交渉したり、人（交渉者）や交渉場所を変えたりするなどの変化が有効なこともあります。誠実に対応したにもかかわらず、お客様に納得していただけないケースもあります。話し合いでご理解いただけない場合は、お客様が各自治体の消費者相談窓口や国民生活センターなどの公的機関に苦情を訴えることもありえます。その場合、苦情を受けた公的機関は、販売店に事情聴取などをして、調停にあたることになります。こうした事態は必ずしも双方にとって好ましいことではありません。理不尽な要求に妥協する必要はなく、きぜんとした対応をすることが必要な場合もありますが、基本的には、上述のプロセスを踏まえて、初期対応を円滑に実施することが重要でしょう。また、お客様との話し合いがこじれてきた場合は、一連の経過について記録をつけておき、消費者相

談窓口や国民生活センターなど、第三者の介入を余儀なくされた場合にしっかりと説明できる用意をしておくことも忘れないようにしましょう。

国民生活センターとは

　独立行政法人 国民生活センターは、独立行政法人 国民生活センター法に基づいて設置された公的機関で、各自治体に消費生活センターが設置されています。国民生活センターは、国民生活に関する情報の提供および調査研究を行うとともに、重要消費者紛争について法による解決のための手続きを実施することを目的とします。消費者への情報提供や商品に関する調査研究などの啓発活動のほか、消費者からの苦情に基づく調停活動を行っています。自店の近くの消費生活センターの場所や電話番号を確認しておきましょう。

この章でのポイント !!

修理を自店の基本活動と位置づけ、一次対応窓口として的確な修理受付をすることで、お客様の不安を解消でき、新規の顧客開拓につながります。メーカーに依頼する前に、自店でまず対応することが、お客様の信頼をもたらします。訪問依頼があった場合は、できるだけ早い訪問を心がけ、訪問日時を伝えて約束どおり訪問します。お客様の合意を得て修理に着手します。また、修理料金や修理期間の目安などについて、お客様に事前に説明し、ご理解いただくことが大切です。修理の実施にあたっては、サービスマンの商品知識と修理技術力はもとより、マナーや対応力の向上なども重要です。

キーポイントは

- ・修理を自店の基本活動と位置づける
- ・メーカーに依頼する前にまず自店で対応する
- ・商品知識と修理技術力の向上
- ・マナーや対応力の向上
- ・クレーム対応

キーワードは

- ・的確な修理受付
- ・一次対応、ワンストップサービス
- ・インフォームド・コンセント
- ・修理料金の内容（技術料、部品代、出張料）

6章 環境・省エネに関する法規

6.1 地球環境保全への取り組み

　近ごろ、かつて経験したことがない異常気象の発生や地球温暖化によるものと考えられる生態系の変化など、地球環境問題がより身近で、切迫感のあるものとなっています。このような状況下、家電業界では、設計開発段階におけるグリーン設計（環境負荷を軽減する設計）、資材調達段階におけるグリーン調達（環境負荷の少ない資材の調達）、流通段階におけるリサイクルシステム（家電、小型家電、PC、電池など）等々、サプライチェーンの各段階で地球環境問題への取り組みを強化しています。また、その取り組みや成果（省エネ性能等）が商品選択の重要な評価点となり、ひいては企業のブランドを左右する課題へと発展しています。

1．オゾン層破壊と地球温暖化

　地球を取り巻くオゾン層は、太陽光に含まれる有害な紫外線の大部分を吸収し、地上の生物を守っています。ところが冷媒、洗浄剤、発泡剤などに広く利用されてきた CFC（クロロフルオロカーボン）などのフロン類は、環境中に放出されると分解されずに成層圏にまで達し、そこで強い紫外線を浴びると分解して塩素を放出、その塩素がオゾン層を破壊します。フロン類など、オゾン層に危害を加える物質を「オゾン層破壊物質」といいます。また、「地球温暖化」は、二酸化炭素やメタンなどの温室効果ガスが増加し、大気圏で地表から放射された赤外線の一部を吸収して温室効果をもたらすことが主な原因とされています。

2．全世界的な取り組み

（1）オゾン層破壊物質全廃への対応

　1987 年に採択されたモントリオール議定書（Montreal Protocol）において、オゾン層破壊物質の全廃のスケジュールが定められました。

- CFC など特定フロンは、先進国では 1996 年まで、開発途上国は 2015 年までに全廃する
- R22（HCFC）など代替フロンでオゾン層破壊物質であるものは、先進国では 2020 年まで、開発途上国は原則的に 2030 年までに全廃する

（2）地球温暖化への対応

　1992 年、国連では、大気中の温室効果ガスの濃度を安定化させることを究極の目標とする「気候変動枠組条約」を採択し、地球温暖化対策に世界全体で取り組んでいくことに合意しました。1995 年から毎年、同条約を批准した国々で討議される締約国会議（Conference of the Parties＝COP）が開催されています（締約国会議は、略称 COP に開催会の番号を付して COP3 などと表記します）。

＜主な動き＞

① 1997年　京都会議 COP3「京都議定書」

　　先進国の温室効果ガス排出量について、法的拘束力のある数値目標を各国毎に設定しました。（1990年を基準に2008年～2012年に日本−6％、米国−7％、EU−8％とし、先進国全体で−5％の削減を目指します。）

　　しかしながら、京都議定書はその後、当時最大の排出国であったアメリカが離脱したことや、インド・中国などの大量排出国が途上国として規制対象外となったことなどで、全体としては多くの課題を残しました。

② 2015年フランス・パリで開催されたCOP21ではパリ協定が採択され、世界共通の長期目標として、産業革命前から比べて気温上昇を2度未満に抑える（可能な限り1.5度未満に抑える努力）ことを目的とし、途上国を含む全ての参加国に、排出削減の努力を求める枠組みとなりました。

③ 2021年イギリス・グラスゴーで開催されたCOP26では「グラスゴー気候合意」が採択されました。パリ協定の1.5℃目標の達成に向けて、今世紀半ばのカーボンニュートラルと、その重要な経過点となる2030年に向けて、野心的な対策を各国に求めることが盛り込まれました。また、パリ協定6条に規定された排出量取引に関する実施指針、排出量等の報告形式、各国の排出削減目標に向けた共通の時間枠などの重要議題の合議に至りました。

④ 2022年エジプト（シャルム・エル・シェイク）において、国連気候変動枠組条約第27回締約国会議（COP27）が開催されました。気候変動対策の各分野における取組の強化を求めるCOP27全体決定「シャルム・エル・シェイク実施計画」、2030年までの緩和の野心と実施を向上するための「緩和作業計画」が採択されました。加えて、気候変動の悪影響に伴う損失と損害支援のためロス＆ダメージ基金（仮称）を設置することを決定しました。

(3) 日本の目標

　2020年10月、政府は2050年までに温室効果ガスの排出を全体としてゼロにする、カーボンニュートラルを目指すことを宣言しました。2021年4月に、2030年度において、温室効果ガス46％削減（2013年度比）を目指すこと、さらに50％の高みに向けて挑戦を続けることを表明し、2021年10月22日、地球温暖化対策計画が閣議決定されました。この目標において、家電製品が大きな影響を持つ家庭部門については約66％の削減（2013年度比）をすることとなっており、抜本的な政策の転換が必要になりました。

COOL CHOICE

　温室効果ガス排出量削減目標の達成に向けて、政府だけでなく事業者や国民が一致団結して「COOL CHOICE」を旗印に日本が世界に誇る省エネ・低炭素型（または脱炭素）の製品・サービス・行動など、温暖化対策に資するあらゆる「賢い選択」を促す取り組みを開始しました。具体例としては、エコカーに買換える、省エネ住宅に変える、省エネ家電に買換えるという「製品の買換え」、公共交通機関を利用するという「サービスの利用」、クールビズをはじめ、低炭素（または脱炭素）なアクションを実践するという「ライフスタイルの選択」などが挙げられています。

3.　事業者の責務

　一般財団法人 家電製品協会では各メーカーや各工業会などの協力のもと「スマートライフおすすめ BOOK」※を制作し、電子 BOOK または PDF ファイルで配布しています。

　※一般財団法人 家電製品協会「2023版スマートライフおすすめ BOOK」
　　　https://shouene-kaden2.net/recommend_book/pdf/osusume_book_2023.pdf

　また、Web サイト「しんきゅうさん」では、製品買換えによる電気代や CO2 の削減量などのアドバイスを得ることができます。

しんきゅうさん

　環境省が提供する Web サイト「しんきゅうさん」※は、省エネ製品への買換ナビゲーションとして無料で利用できます。冷蔵庫、エアコン、温水洗浄便座、照明・器具・LED 照明の5品目について、現在使用中のものから省エネ性能の高いものに切り替えた場合の年間消費電力量や年間電気代、年間 CO2 排出量の削減などをシミュレーションでき、買換え検討時の情報提供をしています。

　※環境省「しんきゅうさん」https://ondankataisaku.env.go.jp/shinkyusan/

（1）メーカーとしての取り組み

　家電メーカー各社は、地球環境保全の担い手として、環境保全に前向きに取り組んでいます。
①各社とも経営計画の一部に中長期ビジョンとして、環境に関する行動指針・行動計画と、数値目標を設定し、毎年環境報告で進捗を報告しています。中長期ビジョンの多くは、低炭素（または脱炭素）社会の実現、資源の循環型利用、生態系の保全により持続可能な社会を目指す、というものです。
　• 低炭素社会（または脱炭素）の実現：開発・製造・使用時・リサイクルまでのライフサイクルにおいて二酸化炭素の削減を行う省エネ製品の提供
　• 資源の循環型利用：素材の使用量削減、生産時のゼロ・エミッションを目指す
　• 生態系の保全：事業活動の中で生物多様性の保全、地域と協力した自然保護活動などを実施し、同時に人材の育成を図る
②全企業活動におけるマテリアル・バランスを考慮し、環境負荷軽減マネージメントを経営計画の一環として位置づけています。
③特に、使用時の環境負荷（省エネ）だけでなく、開発・製造・リサイクルまで、バリューチェーンによる商品のライフサイクル全般における環境負荷を考慮し、さらにサプライチェーンにより自社だけでなく関連するパートナーとともに環境保全を目指しています。

（2）流通としての取り組み

　お客様と直接コミュニケーションする流通段階では、家電リサイクルに関する各種法規や施策（家電リサイクル、小型家電リサイクル、PC リサイクル、電池リサイクルなど）を遵守することはもとより、お客様に対する啓発（提案）活動が重要な役割となります。家庭においては、「省エネ」が身近な取り組み課題と考えられますので、商品の販売やサービス段階での省エネに関する提案活動を強化しましょう。

1）省エネを前提とした商品提案

　例えばエアコン・冷蔵庫などは、以前の製品と比較して、消費電力が削減されています。DCモーターを使用した扇風機、保温時消費電力を削減した炊飯器、さらには太陽光発電の設置やエコキュート給湯器、IHクッキングヒーターやLED照明などの製品に切り替えることで、お客様に省エネの提案をすることが肝要です。また、フロンを使用しないノンフロン冷蔵庫やCO2冷媒を使用してお湯を沸かすエコキュートは温室効果ガスの抑制という点から、洗濯機やビルトイン食洗機は節水という点から、地球環境の保全に役立つグリーン家電といえます。従来品より本体質量を軽減した製品も省資源につながります。

2）エコな使用方法の提案

　家庭内におけるちょっとした知識と工夫で省エネを実現できます。とくに冷蔵庫、照明器具、テレビ、エアコンなどの消費電力の大きい家電製品については、家庭における省エネノウハウを知識として保有しておく必要があります。

日本のエネルギー事情

　日本はエネルギー源の中心となっている化石燃料の多くを輸入に依存せざるを得ないという基本的な問題を抱え続けています。この問題は、「石油価格の制御不能な変動による産業競争力への影響」ばかりでなく、輸出国地域における紛争などにより、万が一、日本への石油搬送が停滞すると、日本の産業活動や国民の生命にまで影響が及ぶ深刻なものであるとの認識が必要です。このような基本認識のもと、政府は2002年6月に「エネルギー政策基本法」を制定し、長期的・総合的かつ計画的にエネルギー政策を推進しています。この計画はほぼ3年おきに見直され、「第3次エネルギー基本計画」を策定した2010年度には、一次エネルギー※に占める化石燃料の依存度を81.2％にまで低減するに至りました。この水準は、1973年に惹起した石油危機当時の数値（94％）に比べて、低減に成功していることを示しています。もちろんその背景には、その間の原子力発電の台頭があることは説明するまでもありません。

　※一次エネルギー：自然界から得られた変換加工しないエネルギー。石油や石炭、天然ガス、ウランのような採掘資源から太陽光、水力、風力といった再生可能エネルギーなども含まれます。

（1）エネルギーに関する認識を一変させた東日本大震災と福島原発事故

　大きな変換点となったのは、2011年3月に発生した東日本大震災および福島原子力発電所の事故です。エネルギー自給率改善の流れは一変し、再び化石燃料を主体とするエネルギー源構成を余儀なくされ、国家・国民にとって喫緊の課題となりました。さらにこの出来事は、地球温暖化防止の世界的取り組み（気候変動枠組条約締約国会議）における我が国の位置づけにも大きな影響を及ぼしています。

　このような未曾有の状況下で、さらに長期的視点に立ち、かつ国を挙げて総合的で実効ある計画として2014年4月に策定されたものが、電力システム改革など将来にわたる重要な方針を盛り込んだ第4次エネルギー基本計画でした。

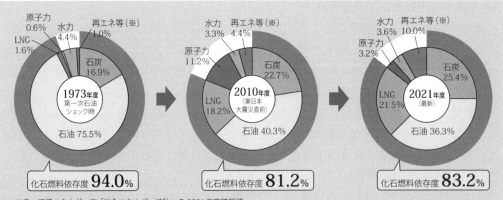

出典：資源エネルギー庁「総合エネルギー統計」の 2021 年度確報値
※四捨五入の関係で、合計が 100％にならない場合がある。
※再エネ等（水力除く地熱、風力、太陽光など）は未活用エネルギーを含む。

図6-A　日本の一次エネルギー供給構成の推移

（2）第4次エネルギー基本計画

第4次エネルギー基本計画は、輸出国地域などにおける地域紛争状態や化石燃料価格の変動を前提とし、エネルギー政策の抜本的な再構築を目指しました。

＜第4次エネルギー基本計画の要点（要約）＞

1. エネルギーミックス（種別・地域）によるエネルギー資源の安定確保
2. エネルギー消費の低減※
3. 電力システム改革によるエネルギーの効率的・弾力的な運用の確立※
4. 再生可能エネルギーの活用促進
5. 化石燃料の効率的活用（高効率火力発電等）と水素社会へのアプローチ等

※具体的推進論として「スマートコミュニティ・スマートハウス」、「スマートグリッド・スマートメーター」などの"スマート"が並び、消費段階におけるエネルギー政策が明確にうたわれました。

（3）第5次エネルギー基本計画

2018 年7月に閣議決定された第5次エネルギー基本計画では、エネルギーミックスの実現と、2050 年を見据えたシナリオの設計で構成されています。長期的に安定した持続的・自立的なエネルギー供給により、我が国経済社会のさらなる発展と国民生活の向上、世界の持続的な発展への貢献を目指すとし、エネルギーの「3E＋S」の原則をさらに発展させた「より高度な 3E＋S」が提示されました。

「3E＋S」	⇒	「より高度な3E＋S」
○ 安全最優先（Safety）	＋	技術・ガバナンス改革による安全の革新
○ 資源自給率（Energy security）	＋	技術自給率向上/選択肢の多様化確保
○ 環境適合（Environment）	＋	脱炭素化への挑戦
○ 国民負担抑制（Economic efficiency）	＋	自国産業競争力の強化

図6-B　第5次エネルギー基本計画　「3E＋S」と「より高度な 3E＋S」

① 2030 年に向けた対応　～エネルギーミックスの確実な実現

温室効果ガス 26％削減に向けて、原子力発電への依存度を可能な限り低減するとい

う方針のもと、電力については再生可能エネルギーを主力電源化するエネルギーミックスの確実な実現を目指します。

② 2050 年に向けた対応　〜「エネルギー転換」と「脱炭素化」への挑戦

　日本が掲げている「2050 年までに温室効果ガスを 80％削減する」という高い目標の達成に向けて、「エネルギー転換」を図り、「脱炭素化」への挑戦を進めます。

（4）第 6 次エネルギー基本計画

　2021 年 10 月に閣議決定された第 6 次エネルギー基本計画では 2 つの重要なテーマに基づき、政策がまとめられた。第一に 2050 年カーボンニュートラル※や 2030 年度の野心的な温室効果ガス削減※※の実現に向けたエネルギー政策の道筋を示すこと。第二に安全性の確保を大前提に、気候変動対策を進める中でも、安定供給の確保やエネルギーコストの低減に向けた取組を進めるという S＋3E の大原則をこれまで以上に追求することとしています。

※カーボンニュートラル：温室効果ガスの排出を全体としてゼロとすること。すなわち、排出量から吸収量と除去量を差し引いた合計をゼロとする概念。

※※野心的な温室効果ガス削減：2013 年度比 46％削減、更に 50％の高みを目指して挑戦を続けることを表明。

6.2　循環型社会を形成するための法体系

　循環型社会を形成するための諸法律は、環境基本法を頂点とした体系になっています。

1.　環境基本法

　我が国では、公害対策基本法と自然環境保全法を基本として環境政策が推進されてきましたが、大量生産、大量消費、大量廃棄型の社会経済システムが定着した結果、公害や地球環境問題など、複雑・多様化した環境問題に対処するには限界が生じてきました。環境基本法はこのような背景から、「環境への負荷の少ない持続的発展が可能な社会を構築し、地球環境の保全を積極的に進めることにより、人類の生存基盤である環境を将来の世代に適切に引き継ぐことを目的とし、我が国の環境保全分野についての基本的施策の方向を示すもの」として制定されました。

2.　循環型社会形成推進基本法

　廃棄物発生量の高水準での推移、リサイクルの一層の推進要請、廃棄物処理施設の立地の困難性、不法投棄の増大の問題解決のため、「大量生産、大量消費、大量廃棄」型の経済社会から脱却し、廃棄物発生の抑制、資源の効率的利用およびリサイクルを推進する「循環型社会」への移行を目指して、循環型社会形成推進基本法が制定されています。循環型社会形成推進基本法は環境基本法の下位法に位置づけられるとともに、廃棄物・リサイクル対策に関する個別法に対しては、上位法としての役割を持つ基本法です。環境基本法の基本理念にのっとり、国、地方公共団体、事業者および国民の責務を明確にし、「循環型社会基本計画」の策定など、循環型社会の形成に関する施策を総合的かつ計画的に推進することとしています。

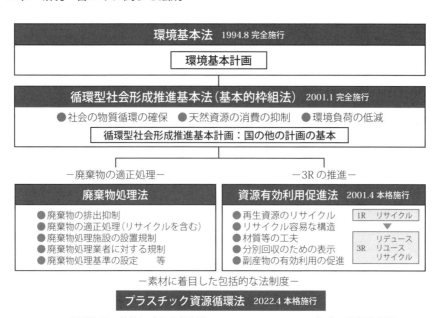

出典：一般財団法人 家電製品協会「家電リサイクル年次報告書 2022年（令和4年）度版【第22期】」

図6-1　循環型社会形成推進のための法体系

3.　廃棄物・リサイクル対策に関する個別法

環境基本法と循環型社会形成推進基本法の下位法として、下記の法律が定められています。

（1）廃棄物の処理及び清掃に関する法律（廃棄物処理法）

廃棄物の適正処理、廃棄物処理施設の設置規制、廃棄物処理業者に対する規制、廃棄物処理基準の設定などを定めた法律です。廃棄物の悪質な不法投棄の増大など、適正な処理に支障が生じていることもあり、改正を重ねて、廃棄物の適正かつ安全な処理体制の整備を推進するとともに、廃棄物の処理や処理施設に関する規制の一層の強化、産業廃棄物管理票（マニフェスト）制度の見直し、不法投棄が行われた場合に原状回復などを命ずる措置命令制度の強化、廃棄物の焼却の禁止などの措置が講じられています。

（2）資源有効利用促進法

次節の 6.3「リサイクルの基本（資源有効利用促進法と「3R」の取り組み）」を参照。

（3）個別物品の特性に応じた規制

個別物品の特性に応じ、下記の諸法律が定められています。家電業界に関連する法規は、下記のとおりです。

① 容器包装に係る分別収集及び再商品化の促進等に関する法律（容器包装リサイクル法）

　容器包装リサイクル法は、家庭から出るごみの約6割（容積比）を占める容器包装廃棄物のリサイクル制度を構築することにより、一般廃棄物の減量と再生資源の十分な利用などを通じて、資源の有効活用の確保を図る目的で制定されました。この法律のポイントは、従来、市町村の責任で行っていた容器包装廃棄物の処理を消費者・市町村・事業者の三者の役割分担を明確にし、三者が一体となって容器包装廃棄物の削減に取り組むことを義務づけたことです。家電製品においても、梱包部材などについてガイドラインを消費者に分かりやすいように統一性のある表示方法を決めて、リサイクルの促進に努めています。

　＜各主体の役割分担＞
- 消費者：居住地域のルールに従って分別排出を行い、また容器包装廃棄物の発生抑制に努める。
- 市町村：容器包装廃棄物の分別収集を行い、リサイクルを行う事業者に引き渡す。
- 事業者：事業において利用または製造・輸入した量の容器包装についてリサイクル（再商品化）の義務を負う。また容器包装の薄肉化・軽量化・量り売り・レジ袋の有料化などにより排出抑制に努める。また、より強い排出抑制の手段として2020年7月からレジ袋は有料化必須と規定された。

　＜対象となる容器包装＞
- 容器包装リサイクル法における「容器包装」とは、商品を入れる「容器」および商品を包む「包装」であり、商品を消費したり、商品と分離した場合に不要となるものです。再商品化義務の対象となる容器包装は、ガラスびん・ペットボトル・紙製容器包装・プラスチック製容器包装の4品目で、これ以外のアルミ缶・スチール缶・紙パック・段ボールについては、市町村が収集した段階で有価物となるため、市町村の分別収集の対象となりますが、リサイクルの義務の対象外となっています。

② 家電リサイクル法

　後述の6.4「リサイクルの取り組みと法規（家電・小型家電・パソコン・電池）」を参照。

③ 食品循環資源の再生利用等の促進に関する法律（食品リサイクル法）

　食品関連事業者などから排出される食品廃棄物の排出抑制と減量化を推進し、肥料や飼料としてリサイクルを図ることを目的とした法律です。食品廃棄物の発生量が一定規模（年間100トン）以上の食品関連事業者に対しては、事業者ごとに再生利用などの実施率目標が設定されており、毎年度、食品廃棄物などの発生量や再生利用などの取組状況を主務大臣に報告しなければならないと定められています。

④ 小型家電リサイクル法

　後述の6.4「リサイクルの取り組みと法規（家電・小型家電・PC・電池）」を参照。

⑤ 国等による環境物品等の調達促進に関する法律（グリーン購入法）

　国等の公的機関は、再生品など環境への負荷の少ない製品を率先して購入し、年度ごとに購入実績を公表することが定められています。また地方公共団体、事業者および国民の責務についても定めています。グリーン購入法の特定調達品目（グリーン購入法で重点的に調達を推進すべきとされている品目）では、2023年9月現在、家電製品（電気冷蔵庫等、テレビ受信機、電気便座、電子レンジ）、エアコンディショナー等、温水器等、照明（照明器具、ランプ）などが対象になっています。なお、2018年度から蛍光灯照明器具は対象

外となり、LED 照明器具へ切り替えることが求められています。

6.3　リサイクルの基本（資源有効利用促進法と「3R」の取り組み）

1.　資源の有効な利用の促進に関する法律（資源有効利用促進法）

　我が国が持続的に発展していくためには、環境制約・資源制約が大きな課題となっており、大量生産、大量消費、大量廃棄型の経済システムから、循環型経済システムに移行する必要があります。「資源の有効な利用の促進に関する法律」（以下、資源有効利用促進法）は、下記の対策を行うことで循環型経済システムを構築することを目指して制定されました。

　　①事業者による製品の回収・再利用の実施などリサイクル対策の強化（リサイクル）

　　②製品の省資源化・長寿命化等による廃棄物の発生抑制（リデュース）

　　③回収した製品からの部品などの再使用（リユース）

　資源の有効利用は、リサイクルの推進からスタートしましたが、資源有効利用促進法からは「リデュース」、「リユース」、「リサイクル」の優先順位で推進することを推奨しています。まず、最初に廃棄物の発生を抑制し、使用可能なものを再使用し、もう一度資源として再利用する、という流れになります。この取り組みについて、「リデュース」、「リユース」、「リサイクル」の頭文字がそれぞれ R であることから、3R（スリーアール）と名付けられています。3R 推進協議会では、**図 6-2** の 3R キャンペーンマークで 3R 活動の推進を呼びかけています。

図 6-2　3R キャンペーンマーク

　また、資源有効利用促進法では、「事業者」に対し、原材料等の使用の合理化により使用済み物品や副産物の発生を抑制すること、再生資源・再生部品を利用すること、使用済み物品や副産物の再生資源・再生部品としての利用を促進することを求めています。具体的には 2023 年 9 月時点で 10 業種 69 品目（一般廃棄物および産業廃棄物のおおむね 5 割をカバー）について、省令で事業者による 3R の取り組み推進を求めており、中でもパソコンと小形二次電池（充電式電池）は「指定再資源化製品」として自主回収および再資源化に取り組むことが求められる製品に指定されています。パソコンと小形二次電池のリサイクルの詳細については、次節の 6.4「リサイクルの取り組みと法規（家電・小型家電・パソコン・電池）」にて説明します。また「消費者」に対しては、製品の長期間使用、再生資源および再生部品の利用促進に努めるとともに、分別回収や販売店を通じた引き取りなど、国、地方公共団体、事業者が実施する措置に協力することを求めています。

6.4　リサイクルの取り組みと法規（家電・小型家電・パソコン・電池）

1.　特定家庭用機器再商品化法（家電リサイクル法）

　特定家庭用機器再商品化法（以下、家電リサイクル法）は、小売業者、製造業者および輸入業者（以下、製造業者等）による使用済み家電製品の収集・運搬、再商品化等を適正かつ円滑に実施するための措置を講じることにより、特定家庭用機器廃棄物（以下、対象機器の廃棄物）

の適正な処理および資源の有効な利用の確保を図ることで、生活環境の保全と国民経済の健全な発展に寄与することを目的に制定されました。

（1）家電リサイクル法の対象機器

　家電リサイクル法の特定家庭用機器（以下、対象機器）は、家電製品を中心とする家庭用機器から、次の４つの要件すべてに該当するものであり、政令により定められています。

　　①市町村等による再商品化等が困難である

　　②再商品化等をする際に経済的な制約が著しくない

　　③設計、部品等の選択が再商品化等に重要な影響がある

　　④配送品であることから小売業者による収集が確保できる

　2023年9月現在、同法施行令により、エアコン、テレビ（ブラウン管式、液晶・プラズマ式）、冷蔵庫・冷凍庫、洗濯機・衣類乾燥機の4品目が対象機器に指定されています。

（2）家電リサイクル法における再商品化等※の定義

　家電リサイクル法において、再商品化は次のように定義されています。

①対象機器の廃棄物から部品および材料を分離し、これを製品の部品または原材料として自ら利用すること

②対象機器の廃棄物から部品および材料を分離し、これを製品の部品または原材料として利用するものに有償または無償で譲渡できる状態にすること

　※再商品化と熱回収（対象機器の廃棄物から部品および材料を分離し、これを燃料として利用すること）を合わせて「再商品化等」としています。

（3）関係者の役割

　家電リサイクル法は、排出者（消費者および事業者）、小売業者、製造業者等、国、地方公共団体、すべての者が定められた責務あるいは義務を果たし、協力して対象機器の再商品化等を進めることを基本的な考え方としています。

① 排出者（消費者および事業者）

　排出者は、対象機器の廃棄物の再商品化等が確実に実施されるよう小売業者等に適切に引き渡し、収集・運搬と再商品化等に関する料金の支払いに応ずるなど、家電リサイクル法に定める措置に協力することが求められています。

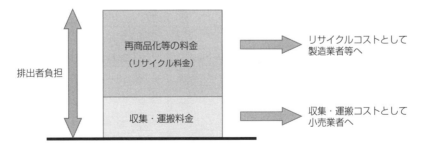

図6-3　再商品化等および収集・運搬に関する料金構成

② 小売業者

　小売業者には、排出者から対象機器の廃棄物を引き取り、製造業者等に引き渡す義務があります。

（ア）引き取り義務

　小売業者は、次に掲げる場合において対象機器の廃棄物を引き取らなくてはなりません。

・自らが過去に小売販売した対象機器の廃棄物の引き取りを求められたとき

・対象機器の小売販売に際し、同種の対象機器の廃棄物の引き取りを求められたとき

（イ）引き渡し義務

　小売業者は、対象機器の廃棄物を引き取ったときは、自らが中古品として再使用するか、再使用・販売する者に有償または無償で譲渡する場合を除き、その対象機器の製造業者等

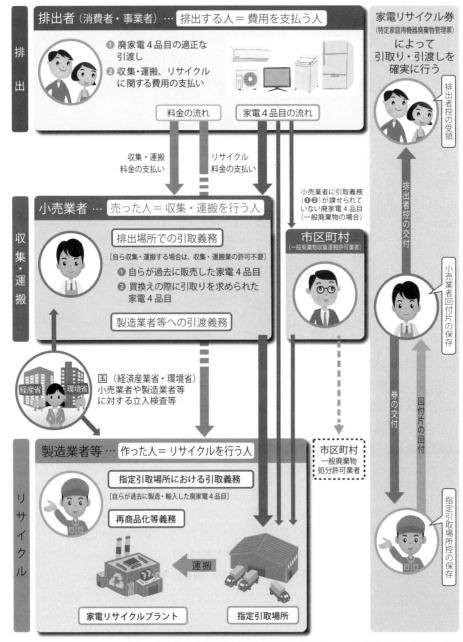

出典：一般財団法人 家電製品協会「家電リサイクル年次報告書　2022年（令和4年）度版【第22期】」

図6-4　家電リサイクルの流れ

（それが明らかでないときは指定法人）に引き渡さなければなりません。なお家電リサイクル法は、小売業者が対象機器の廃棄物を製造業者等へ引き渡すため自らその収集・運搬を行う場合に限り、廃棄物処理法が定める「一般廃棄物収集運搬業の許可」または「産業廃棄物収集運搬業の許可」を不要とする特例を設けています。ただし、その収集・運搬を他者に委託した場合、上記特例措置は適用されないので注意が必要です（委託された収集・運搬業者は「一般廃棄物収集運搬業」または「産業廃棄物収集運搬業」のどちらかの許可が必要）。

③ 製造業者等（製造業者および輸入業者）

（ア）引き取り義務

　製造業者等は、あらかじめ指定した引取場所（以下、指定引取場所）において、自らが製造等した対象機器の廃棄物の引き取りを求められたときは、それを引き取らなくてはなりません。

　指定引取場所については、対象機器の廃棄物の再商品化等が能率的に行われ、小売業者・市町村などからの円滑な引き渡しが確保されるよう適正に配置し、これらの場所を公表しなければなりません。指定引取場所は 2023 年 9 月現在、全国 330 か所に設置されています。

（イ）再商品化等実施義務と再商品化等基準の見直し

　製造業者等は、引き取った対象機器の廃棄物について、基準値以上の再商品化等を実施することが求められています。また、再商品化等基準は合同会合（国の審議会）を経て次のように見直しがなされています。

　一般財団法人 家電製品協会がまとめた 2022 年度（令和 4 年度）の再商品化等実施状況は、図 6-5 のようになっています。なお、2022 年度の品目別の再商品化率は、エアコン 93％、ブラウン管式テレビ 72％、液晶・プラズマ式テレビ 86％、冷蔵庫・冷凍庫 80％、洗濯機・衣類乾燥機 92％となり、家電リサイクル法に定められた再商品化等の基準値（表 6-1）を上回る実績を挙げています。

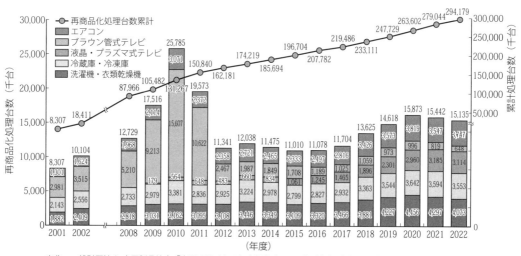

出典：一般財団法人 家電製品協会「家電リサイクル年次報告書 2022 年（令和 4 年）度版［第 22 期］」

図 6-5　再商品化処理台数の推移と 22 年間の累計処理台数（廃家電 4 品目合計）

表6-1　再商品化等基準の見直し

		2001年4月～	2009年4月～	2015年4月～
エアコン		60％以上	70％以上	80％以上
テレビ	ブラウン管式	55％以上	55％以上	55％以上
	液晶・プラズマ式	対象外	50％以上	74％以上
冷蔵庫・冷凍庫		50％以上	60％以上	70％以上
洗濯機・衣類乾燥機		50％以上	65％以上	82％以上

出典：一般財団法人 家電製品協会「家電リサイクル年次報告書2022年（令和4年）度版［第22期］」

　また、家電リサイクル法では、エアコン、冷蔵庫・冷凍庫および洗濯機・衣類乾燥機に使用されている冷媒フロンと、冷蔵庫・冷凍庫に使用されている断熱材フロンの回収と処理が義務付けられています。また、冷媒フロンおよび断熱材フロンの回収重量、破壊等業者への出荷重量、破壊処理重量の3点の帳簿記載も義務付けられています。2022年度の冷媒フロンの回収量は、エアコンが約2542トン、洗濯機・衣類乾燥機は約39.4トン、冷蔵庫・冷凍庫は約131トン、断熱材フロンの回収量は225トンとなりました。

④ 地方公共団体

　都道府県および市町村は、国の施策に準じて、対象機器の廃棄物の収集・運搬と再商品化等を促進するよう必要な措置を講ずることに努めることになっています。

（4）リサイクル料金等の請求

① 製造業者等の請求

　製造業者等は、対象機器の廃棄物を引き取るときは、引き取りを求めた者に対し、その対象機器の廃棄物の再商品化等に関する料金（リサイクル料金）を請求することができます。ただし、製造業者等は再商品化等に関する料金をあらかじめ公表しなければなりません。なお、リサイクル料金は、再商品化等を能率的に実施した場合の適正原価を上回るものであってはならず、また、料金の設定にあたっては、排出者の対象機器の廃棄物の適正な排出を妨げることのないよう配慮しなければならないとされています。なお、主要製造業者等のリサイクル料金は、各社のWebサイトなどで確認することができます。

② 小売業者の請求

　小売業者は、対象機器の廃棄物を引き取るときは、排出者に対しその対象機器の廃棄物の収集・運搬料金、および製造業者等に支払うリサイクル料金を請求することができます。なお、収集・運搬料金は、小売業者が引き取りを依頼された場合の排出者からの引取費用、自店から指定引取場所への運搬費用、その他事務処理費用などであり、個々でそれに見合った料金を定め、店頭掲示などにより公表しなければなりません。

（5）家電製品等の不法投棄

　家電製品等の不法投棄は近隣への迷惑になることはもちろん、使用済み家電製品に含まれる有害物質による土壌汚染など環境にも大きな影響を与えるおそれがあります。不法投棄は、「廃棄物の処理及び清掃に関する法律」（廃棄物処理法）によって固く禁じられており、廃棄物を不法に投棄した人には5年以下の懲役もしくは1千万円以下の罰金または懲役と罰金の両方が科されます。

（6）指定法人

家電リサイクル法を円滑かつ効率的に実施するために、同法の仕組みを補完する役割を担うものとして、主務大臣（経済産業大臣および環境大臣）は再商品化等の対象機器の品目ごとに指定法人を指定できることが定められています。現在、一般財団法人家電製品協会が対象機器4品目すべての指定法人として指定されています。指定法人の主な業務は下記のとおりです。

①対象機器の製造または輸入の規模が主務省令で定める規模に満たない製造業者等を特定製造業者等といい、この特定製造業者等は自社でリサイクルに必要な施設などを全国的に確保しリサイクル義務を果たすことは非常に難しいため、特定製造業者等の委託を受けて対象機器の廃棄物の再商品化等を行う。

②倒産や事業撤退などにより製造業者等が存在しない、もしくはリサイクルの義務者が不明な場合に、指定法人がその対象機器の廃棄物の再商品化等を行う。

③主務大臣が公示した地域で排出された対象機器の廃棄物を排出者等からの求めに応じ、製造業者等に引き渡す。

④家電リサイクル制度に関する調査を実施する。また、家電リサイクル制度が適正に運用されるよう普及及び啓発の活動を行う。

⑤家電リサイクルの実施に関し、排出者、市町村などからの問い合わせに対応する。

（7）特定家庭用機器廃棄物管理票（家電リサイクル券）

排出された対象機器の廃棄物が小売業者から製造業者等に適切に引き渡されることを確保するため、特定家庭用機器廃棄物管理票（以下、家電リサイクル券）が定められています。これは、小売業者が排出者から対象機器の廃棄物を引き取る際に家電リサイクル券の写しを交付し、さらに小売業者（収集・運搬を委託した場合はその受託者）が製造業者等に引き渡す際にも家電リサイクル券を交付するものです。また、家電リサイクル券の交付を受けた製造業者等は必要事項を記載し小売業者等に回付します。小売業者および製造業者等は家電リサイクル券またはその写しを、それぞれ回付された日または回付した日から3年間保存することが定められています。これは、排出者からの閲覧請求に対応するためですが、排出者の引き渡した対象機器の廃棄物が製造業者等に引き取られているかの確認は、一般財団法人 家電製品協会家電

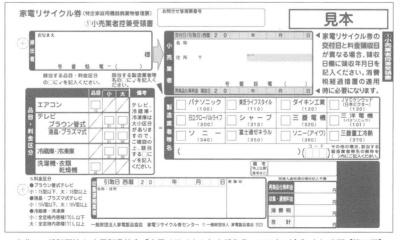

出典：一般財団法人 家電製品協会「家電リサイクル年次報告書　2022年（令和4年）度版【第22期】」

図6-6 「料金販売店回収方式」の家電リサイクル券（通称「グリーン券」）

リサイクル券センター（RKC）のホームページで確認することも可能です。

（8）家電リサイクル券システム

　家電製品協会は、対象機器の廃棄物の収集・運搬と再商品化等に関し、製造業者等や小売業者などの関係者が家電リサイクル法の下で行う業務を円滑かつ効率的に実施するための環境整備の一環として、家電リサイクル券システムの構築を行い、これを運用するため家電リサイクル券センター（RKC）を設置しました。

　家電リサイクル券システムは、リサイクル料金の回収・支払いと家電リサイクル券の運営補助が主たる機能です。

　なお、家電リサイクル券システムとしては、主に小売業者が扱う「料金販売店回収方式」と排出者が郵便局でリサイクル料金を支払う「料金郵便局振込方式」、および2021年度から運用を開始した「料金管理統括業者回収方式」の3方式があります。

　①料金販売店回収方式は、RKC の家電リサイクル券システムへ入会し、家電リサイクル券の発行を受ける方式です。リサイクル料金は月次決済で RKC に支払います。

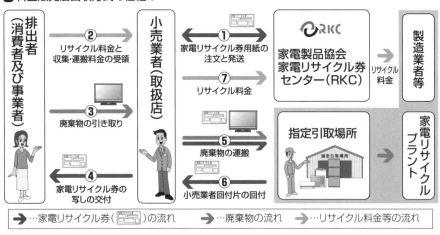

図6-7（a）　家電リサイクル券システムの仕組み ①

　②料金郵便局振込方式は、排出者が郵便局に備え付けられている家電リサイクル券（料金郵便局振込方式、通称：「郵便局券」）を使用し、事前にリサイクル料金を RKC に振り込む方式です。排出者は、リサイクル料金の振り込み後、対象機器の廃棄物に家電リサイクル券を貼付し、小売業者または自治体などに引き渡します。（居住する自治体が対象機器の廃棄物を引き取るかは事前に確認が必要）

　③料金管理統括業者回収方式は、家電販売事業者の内、主にインターネット販売等を行っている事業者は対象機器の販売エリアが広域であるため、対象機器の廃棄物の収集運搬を委託できる収集運搬許可業者の確保が難しいことから、全国に収集運搬網を有している収運業者が管理統括業者となり、家電販売事業者と契約を結ぶことで、家電販売事業者に代わってリサイクル券の準備、排出者からの回収とメーカー（製造事業者等）に引渡しを行える方式です。なおこの方式用の家電リサイクル券のご利用にあたっては「管理統括業者」と契約を締結する必要があります。また、家電販売事業者が料金管理統括事業者回収方式を利用する場合であっても、家電リサイクル法上の小売業者の義務は家電販売事業者

にあります。

●料金郵便局振込方式の仕組み

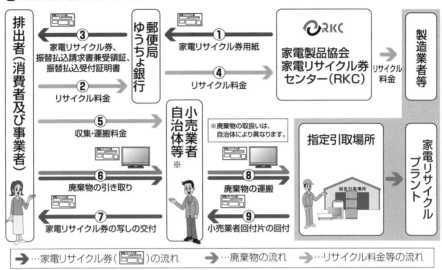

図6-7（b）　家電リサイクル券システムの仕組み ②

●料金管理統括業者回収方式の仕組み

図6-7（c）　家電リサイクル券システムの仕組み ③

2.　使用済小型電子機器等の再資源化の促進に関する法律（小型家電リサイクル法）

　小型家電には、鉄・アルミ・金・銀・銅・レアメタルなど有用な金属が含まれています。これは金属資源を海外の輸入に頼る日本にとって貴重な資源であることから「都市鉱山」といわれていますが、かつてはそのほとんどが埋め立て処分されていました。一方で小型家電は、鉛などの有害物質を含むものもあることから適正な処理が必要なため、「使用済小型電子機器等の再資源化の促進に関する法律」（以下、小型家電リサイクル法）は、このように埋もれた貴重な資源を有効に活用することと、廃棄物の適正処理のために施行されました。

（1）関係者の役割

　小型家電リサイクル法では、消費者から排出された使用済み小型家電は、市町村の責務で回収し、国の認定を受けた認定事業者が再資源化を行います。また、関係者の役割は次のように決められています。①小売業者は消費者の適正な排出を確保するための協力を、②製造業者は再資源化費用低減の工夫や再資源化により得られた物の利用を、③国は必要な資金の確保および情報収集と研究開発の推進ならびに教育・広報活動を互いに協力して取り組みます。

（2）対象品目・回収方法

　対象品目は、携帯電話、デジタルカメラ、ゲーム機、パソコン、電子レンジ、扇風機、炊飯器など28品目で、家庭で使われる電気または電池で動く機器が広く対象となります。ただし、家電リサイクル法で定める4品目（エアコン、テレビ、冷蔵庫・冷凍庫、洗濯機・衣類乾燥機）は除きます。使用済小型家電の回収は市町村が行いますが、大手家電量販店も回収に協力し、認定事業者も直接回収しています。回収方法は、①公共施設やスーパー、家電小売店などに専用の回収ボックスを設置する「ボックス回収」、②粗大ごみや不燃ごみと一緒に回収し自治体職員が小型家電を取り出す「ピックアップ回収」、③ごみ回収場所に新たに専用コンテナなどを設置する「ステーション回収」、④イベント開催の期間に限定して回収する「イベント回収」などがあります。なお、対象品目と回収方法は市町村が決定するため居住地により異なります。また、再資源化は、国が認定した認定事業者が実施します。2023年9月現在、57事業者が認定を受けています。

　なお、使用済小型家電については、違法な不用品回収業者に引き渡され、国内外で不適正処理されている事例があることから、消費者が使用済小型家電を排出する際に、消費者が安心して引き渡すことができる場所や相手を一目で見分けられる必要があります。そこで、認定事業者であることを示すマークである「小型家電認定事業者マーク」や、小型家電の分別収集を行う市町村であることを示すマークである「小型家電回収市町村マーク」を回収ボックスや回収車両、看板などに表示することで、消費者に対し安心して廃棄できる場所を明示しています。

図6-8　小型家電認定事業者マークおよび小型家電回収市町村マーク

　小型家電リサイクル法と家電リサイクル法とを対比すると、**表6-2**のようになります。

表6-2　家電リサイクル法との対比

	小型家電リサイクル法	家電リサイクル法
対象品目	携帯電話、デジカメ、電子レンジ、炊飯器など28品目 家庭で使用される電気、電池で動く機器が広く対象	エアコン、テレビ、冷蔵庫・冷凍庫、洗濯機・衣類乾燥機の家電4品目
回収方法	「ボックス回収」、「ピックアップ回収」、「ステーション回収」、「イベント回収」などの方法で市町村が回収し、認定事業者等に引き渡す ※認定事業者が直接回収するケースもあり	排出者から小売業者または市町村等が引き取り、製造業者等に引き渡す ※排出者が指定引取場所に持ち込むことも可（郵便局券）
再資源化の仕組み	市町村が、対象品と回収方法を選択する 家電小売店も回収に協力する	家電リサイクル券の運用 家電リサイクル券システム（料金販売店回収方式・料金郵便局振込方式）
再資源化実施者	国が認定した認定事業者	製造業者等（製造業者・輸入業者）、指定法人

3.　パソコンと小型二次電池の取り組み

　パソコンおよび小型二次電池は、資源有効利用促進法の指定再資源化製品に指定され、メーカーによる回収および再資源化（リサイクル）することが義務づけられており、3R（リデュース・リユース・リサイクル）の取り組みを行うこととなっています。

（1）家庭系パソコンのリサイクル

　パソコンの普及に伴って家庭系パソコンの排出量も増加しています。一般社団法人 パソコン3R推進協会の統計データでは、パソコン3R推進事業参加企業の2022年度の使用済みパソコンの回収・再資源化処理量は、家庭系パソコンで約24.1万台（前年度比73.0%）となっています。

　① 回収・再資源化対象機器

　メーカーなどが自社で販売した、デスクトップパソコン（本体）、ノートブックパソコン、CRTディスプレイ、液晶ディスプレイ、ディスプレイ一体型パソコンが対象で、プリンターやスキャナーなどの周辺機器、ワープロ専用機などは対象外となります。なお、メーカー出荷時に同梱されていた標準添付品（マウス、キーボード、スピーカー、ケーブルなど）が、パソコンと同時に排出された場合は、付属品として回収対象となります。ただし、この場合でも取扱説明書、マニュアル、CD-ROMなどの媒体は含まれません。

　② 回収・再資源化料金

　回収・再資源化料金には、収集運搬料金とリサイクル料金が含まれます。2003年10月以降にメーカー等から出荷された家庭向けパソコンには、PCリサイクルマーク（図6-9参照）が銘板またはその周辺に貼付または製品に同梱などがされており、メーカーが回収、リサイクルを行います。また、基本的に排出の際には回収・再資源化料金の徴収は行いません。

　2003年9月以前に出荷されたPCリサイクルマークの付いていない家庭向けパソコンについては、排出の際に消費者が回収・再資源化料金を負担する必要があります。

図6-9　PCリサイクルマーク

③ 回収の仕組みと申込み方法

　回収・再資源化は、消費者が直接パソコンメーカーに申し込みをする仕組みとなっています。回収するメーカーがない場合（自作パソコン、事業撤退したメーカーのパソコンなど）は、一般社団法人 パソコン3R推進協会に申し込むこととなります。回収方法は郵便局での戸口集荷と郵便局への持ち込みの2種類ですが、メーカーによって回収方法が異なるため、申し込みの際に確認する必要があります。パソコン3R推進事業参加メーカーなどが利用する共通回収ルートと排出手順は、**図6-10**のとおりです。

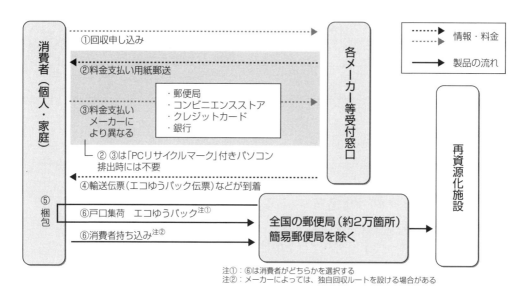

図6-10　回収ルートと排出手順

④ 小型家電リサイクル法によるパソコンの回収

　パソコンは小型家電リサイクル法の対象品目であり、一部の市町村や家電販売店などでは、パソコンを回収して認定事業者に集め、再資源化を実施しています。ただし、取り扱いは一部の市町村や家電販売店などに限られ、個別の引取条件などもあることから、回収を依頼する際には事前の確認が必要です。

(2) 小型二次電池（充電式電池）のリサイクル

　小型二次電池（ニカド電池、ニッケル水素電池、リチウムイオン電池、小形シール鉛蓄電池など）は、ニッケル（Ni）、カドミウム（Cd）、コバルト（Co）、鉛（Pb）などの希少資源を使用しているため、資源有効利用促進法の指定再資源化製品に指定され、小型二次電池と小型二次電池使用機器の製造事業者およびそれらの輸入販売事業者は、使用済み電池の自主回収場所の指定などを行い、自主回収と一定以上の再資源化を達成することが義務づけられています。

① 小型二次電池用リサイクルマーク（スリーアローマーク）

　図6-11の矢印を基調にしたマーク（スリーアローマーク）は、希少資源の有効活用と再利用の推進のために資源有効利用促進法で制定されたもので、電池本体への表示が義務づけられています。マークは、電池の種類によって表記が異なります。

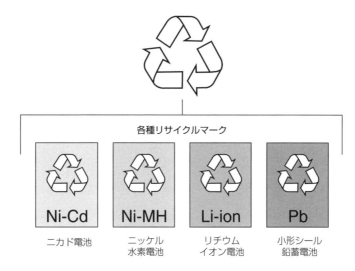

各種リサイクルマーク

Ni-Cd	Ni-MH	Li-ion	Pb
ニカド電池	ニッケル 水素電池	リチウム イオン電池	小形シール 鉛蓄電池

図6-11　小型二次電池用リサイクルマーク

② リサイクルBOX

　一般家庭ユーザーの排出拠点として、全国の電器店やスーパーの電気売場などが登録しているリサイクル協力店が整備されており、各店に設置されているリサイクルBOX（**図6-12**参照）で小型充電式電池の回収が行われています。電池をリサイクルBOXに入れるときは、電池がショートするのを防ぐため、プラス極とマイナス極をビニールテープなどで絶縁してから入れる必要があります。なお、リサイクル協力店は、一般社団法人JBRCのホームページ（https://www.jbrc.com/）で検索することができます。

図6-12　充電式電池リサイクル BOX

③ 電池の回収

　マンガン乾電池、アルカリ乾電池、リチウム一次電池は有害ごみではなく、不燃ごみとして廃棄してよいことになっていますが、各自治体によってごみの捨て方が異なるため、居住する市町村の指示に従って捨てる必要があります。また、アルカリボタン電池、酸化銀電池、空気亜鉛電池などのボタン電池には、銀などの貴重な資源が含まれているため、電気店、時計店、カメラ店などに設置されている「ボタン電池回収缶」や「ボタン電池回収箱」で回収を行っています。

図6-13　ボタン電池回収箱

6.5　エネルギーの使用の合理化等に関する法律（省エネ法）

　「エネルギーの使用の合理化等に関する法律」（以下「省エネ法」という。）は、石油危機を契機として1979年に制定された法律であり、「内外におけるエネルギーをめぐる経済的社会的環境に応じた燃料資源の有効な利用の確保に資するため、工場等、輸送、建築物および機械器具等についてのエネルギーの使用の合理化に関する所要の措置、電気の需要の平準化に関する所要の措置その他エネルギーの使用の合理化等を総合的に進めるために必要な措置を講ずることとし、もって国民経済の健全な発展に寄与すること」を目的としています。東日本大震災後、日本は電力需給の逼迫に直面しました。従来からのエネルギーの使用の合理化の強化に加え、電力需給バランスを意識したエネルギー管理が求められています。また、エネルギー消費量が、特に大きく増加している業務・家庭部門において、住宅・建築物や設備機器の省エネ性能の向上といった対策を強化する必要があります。

　ここでは、家電製品や消費者に関連する事項について記述します。

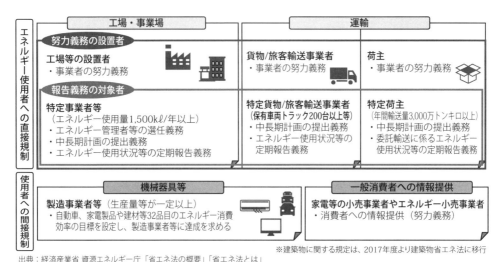

出典：経済産業省 資源エネルギー庁「省エネ法の概要」「省エネ法とは」

図6-14　省エネ法が規制する分野

1.　省エネ法が規制する分野

　省エネ法がエネルギー使用者へ直接規制する事業分野としては、工場・事業場および運輸分野があります。工場などの設置者や輸送事業者・荷主に対し、省エネ取組を実施する際の目安となるべき判断基準を示すとともに、計画の作成指示などを行います。また、エネルギー使用者への間接規制としては、機械器具等（自動車、家電製品や建材等）の製造または輸入事業者を対象として、機械器具等のエネルギー消費効率の目標を示して目標の達成を求めます。なお、建築物に関する規定は、2017年4月より建築物省エネ法に移行されました。

2.　トップランナー制度

　機械器具等（自動車、家電製品や建材等）に係る措置として、トップランナー制度による省エネ基準を導入しています。

　エネルギー消費機器等のエネルギー消費効率を可能な限り高めることが要請されるように

なったことにより、主要な対策のひとつとして、機器等のエネルギー消費効率基準の策定方法にトップランナー方式を採用したトップランナー制度が導入されました。省エネ法において、この措置は製造事業者等の努力義務として判断基準が示されているものです。エネルギーを消費する機器等については、その使用段階におけるエネルギー消費の削減努力も重要ですが、そもそも機器等のエネルギー消費効率が悪い場合には、使用段階で努力してもおのずと限界があるため、製造事業者等に機器等のエネルギー消費効率の向上努力を求めているものです。

　トップランナー方式とはエネルギー消費効率の基準の決め方のひとつで「基準値策定時点において市場に存在する最もエネルギー効率が優れた製品の値をベースとし、今後想定される技術進歩の度合いを効率改善分として加えて基準値とする方式」です。これにより対象機器等のエネルギー消費効率のさらなる向上を目指しており、それぞれの機器等のエネルギー消費効率に関して達成目標年度・基準値が設定されています。なお、この方式により定められた基準をトップランナー基準といい、製造事業者等は目標年度までにこの基準に自社製品の省エネルギー性能が追いつくよう、研究開発に取り組む必要があります。

　2023年9月現在の対象品は、以下のとおりで、今後さらなる対象機器等の拡大など、見直しの検討が行われます。

　　乗用自動車、貨物自動車、エアコンディショナー、テレビジョン受信機、ビデオテープレコーダー、照明器具（蛍光灯器具、LED電灯器具）、複写機、電子計算機、磁気ディスク装置、電気冷蔵庫、電気冷凍庫、ストーブ、ガス調理機器、ガス温水機器、石油温水機器、電気便座、自動販売機、変圧器、ジャー炊飯器、電子レンジ、DVDレコーダー、ルーティング機器、スイッチング機器、複合機、プリンター、電気温水機器（ヒートポンプ給湯機）、交流電動機（産業用モーター）、電球（LEDランプ、蛍光ランプ、白熱電球）、ショーケース、断熱材、サッシ、複層ガラス

3.　省エネルギーラベリング制度（省エネラベリング制度）

　省エネルギーラベリング制度は、日本産業規格（JIS）によって導入され、家庭で使用される製品を中心に、省エネ法で定められた省エネ性能の向上を促すための目標基準（トップランナー基準）を達成しているかどうかを製造事業者等が「省エネルギーラベル」に表示するものです。消費者が製品を選ぶ際の省エネ性能の比較などに役立ちます。

（1）表示内容

　カタログや製品本体、包装などに表示する「省エネルギーラベル」は、原則として、①省エネ性マーク、②省エネルギー基準達成率、③エネルギー消費効率、④目標年度の4つの情報を表示します。「省エネルギーラベル」の表示例を図6-15に示します。

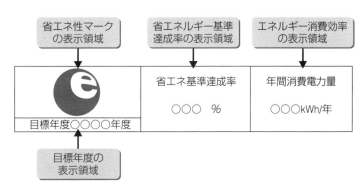

図6-15　省エネルギーラベルの表示（例）

① 省エネ性マーク

　省エネルギー型製品か、そうではないかを瞬時に確かめることのできるマークです。トップランナー基準を達成した（省エネルギー基準達成率100％以上）の製品には、**図6-16**のグリーン色のマークが表示されており、未達成（省エネルギー基準達成率100％未満）の製品には、**図6-17**のオレンジ色のマークが表示されています。なお、印刷上の制約などから規定された色（グリーンまたはオレンジ）を使用することができない場合は、黒を使用してもよいことになっています。

図6-16　省エネ性マーク（グリーン）　　図6-17　省エネ性マーク（オレンジ）

② 省エネルギー基準達成率

　該当製品がトップランナー基準の目標基準値をどの程度クリアしているかをパーセントで示したものです。この数値が高いほど省エネルギー性が優れています。

③ エネルギー消費効率

　年間消費電力量やAPF（通年エネルギー消費効率）など、その機器の効率を示したものです。この数値は、機器ごとに省エネ法で定められた測定方法で計算されたものです。

④ 目標年度

　目標年度はトップランナー基準を達成すべき年度で、製品や区分ごとに設定されています。

（2）エネルギー消費効率と目標年度

　対象機器ごとの目標値、目標年度およびエネルギー消費効率は、経済産業省告示として示されています。

4.　小売事業者表示制度（一般消費者への情報提供）

　民生部門におけるエネルギー消費は著しく伸びており、さらなる省エネ対策が必要な状況となっています。我が国の消費者は高い省エネ意識や環境意識を持っており、家庭などで使用する機器について省エネ情報を積極的に提供することにより、省エネ型製品が普及し、民生部門の省エネが進むとの観点から、消費者との直接の接点である小売事業者の情報提供の取り組みについて「エネルギー消費機器の小売の事業を行う者その他その事業活動を通じて一般消費者が行うエネルギーの使用合理化につき協力を行うことができる事業者が取り組むべき措置」（小売事業者表示制度）が制定されました。

　本制度の内容は、小売事業者が店頭陳列商品に対し、「多段階評価点（当該製品の省エネ性能を市販されている製品の中でどこに位置づけられているかを41段階で表示）」や「省エネルギーラベル」、「年間の目安エネルギー料金」などの情報が盛り込まれた「統一省エネラベル」で表示するものです。統一省エネラベルが表示される製品は、エアコン、電気冷蔵庫、電気冷凍庫、テレビ、電気便座、照明器具、ガス温水機器、石油温水機器、電気温水機器（ヒートポンプ給湯機）です。

表6-3　小売事業者表示制度の対象機器、表示事項およびラベルの種類

小売事業者表示制度の対象機器	表示事項			ラベルの種類	
	多段階評価点	省エネルギーラベル	年間目安エネルギー料金	統一省エネラベル	簡易版ラベル
エアコン	○	○	○	○	
照明器具（LED電灯器具、蛍光灯器具）	○	○	○	○	
テレビ	○	○	○	○	
電子計算機（コンピュータ、サーバ）		○			○
磁気ディスク装置		○			○
ビデオテープレコーダー			○		○
電気冷蔵庫（冷蔵庫、冷凍冷蔵庫）	○	○	○	○	
電気冷凍庫	○	○	○	○	
ストーブ		○			○
ガス調理機器		○	○		○
ガス温水機器	○	○	○	○	
ガス温水機器（暖房機能付き）		○			○
石油温水機器	○	○	○	○	
石油温水機器（暖房機能付き）		○			○
電気便座	○	○	○	○	
ジャー炊飯器		○	○		○
電子レンジ		○	○		○
DVDレコーダー		○	○		○
ルーティング機器（小型ルーター）		○			○
スイッチング機器（L2スイッチ）		○			○
電気温水機器※（ヒートポンプ給湯機）	○	○	○	○	
電球（LED電球、電球形蛍光ランプ、白熱電球）		○	○		○

※　暖房機能付きは対象外　　　　　　　　出典：資源エネルギー庁「省エネ法に基づくラベリング制度の理解と活用」

　その他の機器についても、省エネルギーラベルや年間の目安電気料金（ガス調理機器は年間の目安燃料使用量）の情報を簡易版ラベルなどで、製品本体またはその近傍※に表示することになっています。

　※インターネットによる販売については、製品が掲載されているページの当該製品の近傍に表示。

（1）統一省エネラベル

　統一省エネラベルは、小売事業者等が省エネ性能や省エネルギーラベル等を表示する制度である。エネルギー消費量の多いエアコン、電気冷蔵庫、電気冷凍庫、テレビ、電気便座、照明器具、ガス温水機器、石油温水機器、電気温水機器（ヒートポンプ給湯機）について、それぞれの製品区分における当該製品の省エネ性能の位置づけなどを表示しています。統一省エネラベルは、前項の省エネルギーラベルのほか、後述する多段階評価点、および年間の目安エネルギー料金などを組み合わせた構成となっており、一目で省エネ達成度合いが分かるため、消費者が省エネ商品を選択するうえでの確認手段として有効です（図6-18参照）。

多段階評価点

市場における製品の省エネ性能の高い順に5.0〜1.0までの41段階で表示（多段階評価点）。★（星マーク）は多段階評価点に応じて表しています。

星と多段階評価点の対応表			
★★★★★	5.0	★★☆☆☆	2.5〜2.9
★★★★☆	4.5〜4.9	★★☆☆☆	2.0〜2.4
★★★★☆	4.0〜4.4	★☆☆☆☆	1.5〜1.9
★★★☆☆	3.5〜3.9	★☆☆☆☆	1.0〜1.4
★★★☆☆	3.0〜3.4		

省エネルギーラベル

省エネ性マーク、省エネ基準達成率、エネルギー消費効率、目標年度などを表示。

年間の目安エネルギー料金

当該製品を1年間使用した場合の経済性を示すために、年間目安エネルギー料金を表示。
※年間目安エネルギー料金とは、年間の目安電気料金、目安ガス料金または目安灯油料金のことを指します。

図6-18　統一省エネラベルの例（新ラベル）

　多段階評価を行わないジャー炊飯器、電子レンジ、DVDレコーダー、電球などについては、省エネルギーラベルと年間の目安電気料金などを組み合わせた「簡易版ラベル」（**図6-19**参照）を使用することになります。ただし、POPなどに省エネルギーラベルおよび年間の目安電気料金などを表示している場合には、「簡易版ラベル」を使用する必要はありません。統一省エネラベル・簡易版ラベルは、下記の「省エネ型製品情報サイト」から印刷することができます。

　https://seihinjyoho.go.jp/（省エネ型製品情報サイト）

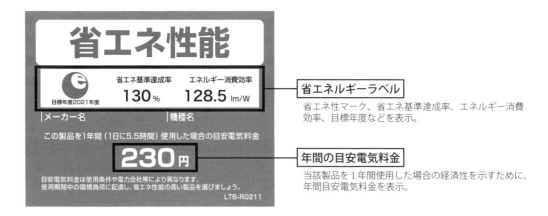

省エネルギーラベル

省エネ性マーク、省エネ基準達成率、エネルギー消費効率、目標年度などを表示。

年間の目安電気料金

当該製品を1年間使用した場合の経済性を示すために、年間目安電気料金を表示。

図6-19　簡易版ラベルの例（新ラベル）

（2）多段階評価制度

　消費者が機器を購入する際には、省エネルギーラベリング制度により、省エネルギー基準達成率およびエネルギー消費効率などの情報を入手することができますが、それぞれの機器が市場に供給されている機器の中でどの位置にあるのかは、省エネルギーラベリング制度だけでは判断できません。当該製品の省エネ性能が、市場に供給されている機器の中でどこに位置づけられているかを表示する制度が、多段階評価制度です。

① 対象機種（2023年9月現在）

　エアコン、テレビ、電気冷蔵庫、電気冷凍庫、電気便座、照明器具、ガス温水機器、石油温水機器、電気温水機器（ヒートポンプ給湯機）の9製品が対象となっています。

② 多段階評価基準

　多段階評価制度では、「★による5段階の評価」を「5.0から1.0までの0.1きざみの評価（41段階）」に見直しました。これまでは製品の省エネ基準達成率に応じて5段階を決めていたものを機器や区分が異なる場合でも比較できるよう、製品の省エネ性能そのもの（kWh/年・lm/W など）を評価基準に変更し、41段階の多段階評価点を算出しています。多段階評価点としてより詳しい性能評価をするとともに、統一省エネラベルはこれを表示したデザインに変更されました（図6-18参照）。また、製品のサイズやインターネット取引などの限られたスペースでも省エネ情報の提供機会を確保するため、ミニラベルが新設されました（図6-20参照）。

図6-20　ミニラベルの例

- テレビは、2021年5月に新たな基準エネルギー消費効率（省エネ基準）等を定めた省令が公布され、2021年10月から新統一省エネラベルが施行されました。
- エアコンは、2022年5月に新たな基準エネルギー消費効率（省エネ基準）等が公布されました。2022年10月1日には新統一省エネラベルが施行され、新たに寒冷地仕様ラベルも追加されました。
- 温水機器の統一省エネラベルは、エネルギー種別（電気・ガス・石油）を問わず、東京・大阪の外気温度を前提に4人世帯を想定した横断的な多段階評価点と年間目安エネルギー料金を表示することで、温水機器全体の省エネ性能を同じ基準で評価できるように、2021年10月から施行されました（図6-21参照）。また、温水機器については、使用する地域の外気温および世帯人数によってエネルギー消費量に差が生じるため、地域および世帯人数に応じた年間目安エネルギー料金を算出するためのWebページを作成し、ラベル上に当該WebページのQRコードを掲載することで小売り事業者等や消費者が容易に情報を

図6-21　統一省エネラベルの例（温水機器）

取得できるようにしました。

（3）年間の目安電気料金等の表示

　年間消費電力量などのエネルギー消費効率は、製品の省エネ性能を表す指標としては適当ですが、必ずしも分かりやすいものではありません。そのため、省エネルギー効果を身近に実感できる年間の目安電気料金等を表示することになっています。簡易版ラベルのガス調理機器では年間目安燃料使用量を表示します。目安電気料金および目安燃料使用量を表示する際には、算出の前提条件を注意事項として情報提供することになっています。年間目安エネルギー料金の算出には、小売事業者表示制度用に定められたエネルギー単価が使用されます（表6-4参照）。

表6-4　目安年間エネルギー使用料金の単価一覧（小売事業者表示制度　参照）

電気単価	電気単価 （電気温水機器）	都市ガス単価	LPガス単価	灯油単価
27円/kWh	寒冷地仕様以外 23円/kWh 寒冷地仕様 20円/kWh	156円/m³	706円/m³	88円/L

出典：資源エネルギー庁「省エネ性能カタログ2022年版」

6.6　電気・電子機器の特定の化学物質の含有表示（J-Moss）

　欧州における特定化学物質の制限（RoHS指令＝電気・電子機器に含まれる特定有害物質の使用制限に関する指令）がスタートし、電子機器への鉛、水銀、カドミウム、六価クロム、PBB（ポリブロモビフェニル）、PBDE（ポリブロモジフェニルエーテル）の含有が原則禁止されたことから、日本においても2006年に資源有効利用促進法に基づく環境配慮設計措置のひとつとして、上記6物質を管理の対象とした管理・表示が義務づけられました。

1.　化学物質の含有表示（J-Moss）対象製品

　①パーソナルコンピューター
　②ユニット形エアコンディショナー
　③テレビ受像機
　④電気冷蔵庫
　⑤電気洗濯機
　⑥電子レンジ
　⑦衣類乾燥機

2.　特定有害物質の対象物質

　①鉛およびその化合物
　②水銀およびその化合物
　③カドミウムおよびその化合物
　④六価クロム化合物
　⑤PBB（ポリブロモビフェニル）
　⑥PBDE（ポリブロモジフェニルエーテル）

3.　J-Moss

　これらの情報開示方法として、日本産業規格「電気・電子機器の特定の化学物質の含有表示方法」が制定され、J-Moss※と呼ばれています。規格はその後2008年に改定され、現在では下記のとおり、「含有マーク（図6-22参照）」「グリーンマーク（J-Mossグリーンマーク）（図6-23参照）」によって、対象物質の有無が識別できる運用となっています。

　※ J-Mossの「J」はJapan（日本）、「Moss」は「電気・電子機器の特定の化学物質の含有表示方法（the Marking for presence Of the Specific chemical Substances for electrical and electronic equipment)」の略。

（1）含有マーク

　電気・電子機器に含まれる算出対象物質の含有率が基準値を超えている場合は、ホームページにおいて含有状況の表示を行い、そのホームページの掲載サイトのURLをカタログや取扱説明書に記載する義務があります。また、「含有マーク」を機器の型式などの記載と同時に確認できる場所に表示しなければなりません。ただし、基準値を超えているのが「含有マークの除外項目」に該当するもの（例えば、実装基板やハードディスクに含まれる鉛やLCDバックライト用の蛍光管に含まれる水銀など）のみの場合は、「含有マーク」の表示を行う必要はありません。また、2021年度版で含有マークの除外項目の物質に変更が生じたため、含有マークの下部または右にJISの改正発行年度を西暦4桁で併記しなければなりません。

図6-22　含有マーク

　含有マークの色は規定の「オレンジ」とし、背景色と区分できるようにする必要があります。機器本体、包装箱には「含有マーク」のみ、カタログ類（カタログ、取扱説明書などの印刷物）には、化学物質記号を付けた含有マークを表示しなければなりません。また、Webサイトには、表などを用いてユニット別などに大まかに分類して、化学物質記号ごとに含有状況を記載し、基準値を超えている化学物質も記載しなければなりません。表6-5は、2023年9月現在

表6-5　特定の化学物質、化学物質記号、算出対象物質および含有率基準値

特定の化学物質	化学物質記号	算出対象物質	含有率基準値 wt%
鉛及びその化合物	Pb	鉛	0.1
水銀及びその化合物	Hg	水銀	0.1
カドミウム及びその化合物	Cd	カドミウム	0.01
六価クロム化合物	Cr (VI)	六価クロム	0.1
ポリブロモビフェニル	PBB	ポリブロモビフェニル	0.1
ポリブロモジフェニルエーテル	PBDE	ポリブロモジフェニルエーテル	0.1

の特定の化学物質の含有基準値を示す。

(2) グリーンマーク（略称 J-Moss グリーンマーク）

2005年に J-Moss の規制が開始された際に、対象物質の含有率がいずれも含有率基準値以下である場合は「グリーンマーク」を任意に表示してもよいと規定されました。その後、2008年の JIS 規格改定の際に、「グリーンマーク」は規格から削除され、一般社団法人 電子情報技術産業協会（JEITA）、一般社団法人 日本電機工業会（JEMA）、一般社団法人 日本冷凍空調工業会（JRAIA）が協同で「電気・電子機器の特定の化学物質に関するグリーンマーク表示ガイドライン」（略称：J-Moss グリーンマーク・ガイドライン）によって規定されることになりました。「グリーンマーク（J-Moss グリーンマーク）」は、J-Moss 対象の7製品について、特定の化学物質の含有率が基準値以下か除外項目である場合は、上記ガイドラインに基づいてマークを表示してよいことになっています。「グリーンマーク（J-Moss グリーンマーク）」は JEITA の登録商標です。

図6-23　グリーンマーク
（J-Moss グリーンマーク）

6.7　電力システム改革およびそれらに関連する法規

東日本大震災を契機として、大規模集中電源の停止に伴う供給力不足や、計画停電等の画一的な需要抑制といった、現行の電力システムの課題が顕在化しました。

このような課題の解決のため、「電気事業法等の一部を改正する法律」として電力システムに関する改革が段階的に進んでいます。

電力システム改革の主たる目的は、「電力の安定供給の確保」、「電気料金の最大限の抑制」、「電気利用の選択肢や企業の事業機会の拡大」の3つです。これらの実現により電気が足りない地域に柔軟に電力が供給できるよう、広域的な電力融通の体制を構築したり、事業者間の競争を促進することで電気代をできるだけ抑制したり、また一般家庭や企業を含めすべての利用者がどこの会社から、いくらで電気を購入するかを自由に選択できるようになることなどが期待されます。

1.　電力の小売全面自由化

従来家庭向けの電気は、各地域を供給区域とする電力会社だけが販売しており、電気をどの会社から買うかは選択できませんでしたが、2016年4月に改正電気事業法が施行され、家庭向け電気の小売が全面的に自由化されることになりました。これにより、特別高圧・高圧区分に続き、低圧区分の小売りが自由化され、家庭を含むすべての消費者が、電力会社や料金メニューを自由に選択できるようになりました。

この小売自由化では、これまで特定の事業者が独占していた電力事業を広く開放することで事業者間の競争を促し、電気料金の抑制につなげることを狙いのひとつとしています。

2.　電力供給の仕組み

電力は、「発電所→送電線→変電所→配電線」の経路をたどり、消費者へ供給されており、電力の供給システムは大まかに以下の3つの部門に分類されます。

（A）発電部門

水力、火力、原子力、太陽光、風力、地熱などの発電所を運営し、電気を作る部門

（B）送配電部門

　発電所から消費者までつながる送電線・配電線などの送配電ネットワークを管理する部門。物理的に電気を消費者に届けるのはこの部門の役割であり、また、ネットワーク全体で電力のバランス（周波数など）を調整し、停電を防ぎ、電気の安定供給を守る要となる部門

（C）小売部門

　消費者と直接やりとりをして、料金メニューの設定や契約手続などのサービスと、消費者が必要とするだけの電力を発電部門から調達も行う部門

　電力の小売全面自由化では、この（C）小売部門において、新たに事業者が自由に参入できるようになりました。

　（A）発電部門はすでに原則参入自由ですが、（B）送配電部門は安定供給を担う要のため、引き続き政府が許可した企業（各地域の電力会社）が担当します。そのため、どの小売事業者から電気を買っても、これまでと同じ送配電ネットワークを使って電気は届けられるので、電気の品質や信頼性（停電の可能性など）は変わりません。

　なお、電気の特性上、電気の需要（消費）と供給（発電）は、送配電ネットワーク全体で一致させないと、ネットワーク全体の電力供給が不安定になってしまいます。そのため、もし小売部門の事業者が、契約している消費者が必要とするだけの電力を調達できなかった場合には、送配電部門の事業者がそれを補い、消費者に確実に電力が届くように調整します。

3.　電力の小売全面自由化のメリット

　電力の小売全面自由化により、業種を問わずさまざまな事業者が電気の小売市場に参入してくることで、競争が活性化してさまざまな料金メニューやサービスが登場し、消費者はより安価に電気が使用できるようになりました。

- 時間帯別の電気料金など、消費者のライフスタイルに合わせた多様な料金メニュー
- 電気とガス、電気と携帯電話などの組み合わせによるセット割引や、ポイントサービスなど

また、料金メニューやサービス以外でも、さまざまな新電力会社が選択できます。

- 太陽光や風力・水力・バイオマス発電など、環境への負荷が低い再生可能エネルギーを中心とした電気を供給する事業者から電気を買うことで、環境保全に貢献する
- 都市部に住んでいる人が地方で発電した電気を選ぶことで、地域の活性化につなげる
- 近くの自治体が運営する事業者から電気を買うことで、電気の地産地消につなげる

例えば、電力事業に自治体が出資する事例などの新たなビジネスモデルも生まれつつあります。ある地域内で電力事業を行おうとする場合、事業に対する地域の理解と信頼を得て、密接な関係をつくるということは不可欠です。自治体の出資はそうした関係づくりに役立つほか、公共施設側は電力の供給源を確保でき、事業者側は安定的な資金を確保することができるなど、さまざまな面にメリットがあります。

6.8　太陽光発電システム導入に係る関連法規

　太陽光発電システム導入に係る主な法律には、「建築基準法」と「電気事業法」などがあります。太陽電池モジュールの設置形態や設置方式、システムの規模によって対応が異なるので、設置する場合は、以下の点に注意が必要です。

1.　建築基準法
- 太陽光パネルは、屋根材・外壁材として使用される場合を除き、建築基準法に定める建築物とはみなされません。
- 建築物の屋根材や外壁材として太陽電池モジュールを用いる場合は、建築基準法が定める構造耐力、防火性、耐久性、安全性に関する要求基準を十分に検討・確認してモジュールの選定を行うことが必要です。

2.　電気事業法
- 太陽光発電は、発電システムであり電気事業法による規制を受けます。
- 50kW 未満の家庭用発電設備は、一般用電気工作物であり、届出などの手続きは不要ですが、経済産業省令で定める技術基準に適合させる必要があります。設置の工事にあたっては電気工事士法に基づいて、電気工事士（第一種または第二種）が作業を行う必要があります。
- 50kW 以上、または 50kW 未満でも高圧配電線との連係や使用用途によっては自家用電気工作物となり、届出などが必要となります。

3.　電気事業者による再生可能エネルギー電気の調達に関する特別措置法（通称、FIT 法）
（1）固定価格買取制度（FIT：Feed-in Tariff）
　2012 年 7 月より電気事業者による再生可能エネルギー電気の調達に関する特別措置法（再生可能エネルギー特別措置法）が施行され、固定価格買取制度がスタートしました※。制度のねらいは、下記のとおりとなっています。
- 太陽光や風力などの再生可能エネルギーによって発電された電気を、法令で定められた価格・期間で電力会社などが買い取ります。
- 電気事業者が電力の買い取りに要した費用は、原則「賦課金」（サーチャージ）として国民が広く負担します。
- 買取価格・期間については、再生可能エネルギー源の種類や規模などに応じて、中立的な第三者委員会（調達価格等算定委員会）が公開の場で審議を行い、その意見を受けて、経済産業大臣が告示します。一度売電がスタートした買取価格・期間は、当初の特定契約の内容で期間中継続されます。
- 買取価格・期間は、再生可能エネルギーの種類ごとに、通常必要となる設置コストなどの実態を反映して見直します。
  ※ 2009 年から開始された「太陽光発電の余剰電力買取制度」は 2012 年に FIT 法に移行しました。

（2）固定価格買取制度の見直し

　再生可能エネルギーの固定価格買取制度開始から5年間で太陽光発電を中心に導入量が大幅に増加した一方で、国民負担（賦課金）の増加や発電設備が長期間運転開始されない未稼働案件の増加、地域とのトラブルが増加するなど種々の問題が明らかになってきました。再生可能エネルギーを一層普及させながら、これらの問題を解決するために法改正が行われ、2017年4月から新しい固定価格買取制度がスタートしました。

　ポイントは以下のとおりです。

- 再生可能エネルギー発電事業を適切に実施できるかどうか、事前に事業計画を通して確認することになりました。また、太陽光発電については運転開始期限が付与されることになりました（例. 10kW未満の場合は認定取得から1年以内に運転を開始しない場合、認定が失効する）。
- コストを下げながらも再生可能エネルギーへの投資をより促すため、中長期的な目標や数年先の買取価格の設定、大規模太陽光発電の入札制度導入を行うことになりました。

表 6-6　2023年度以降の調達価格／基準価格と調達期間／交付期間

電源	区分	1kWhあたり調達価格／基準価格[1]				調達期間／交付期間[2]
		2022年度(参考)	2023年度(4月~9月)	2023年度(10月~3月)	2024年度	
太陽光	入札制度適用区分	入札制度により決定 (第12回10円/第13回9.88円/ 第14回9.75円/第15回9.63円)	入札制度により決定[4] (第16回9.5円/第17回9.43円/ 第18回9.35円/第19回9.28円)		入札制度により決定	20年間
	50kW以上（地上設置）（入札制度対象外）	10円	9.5円		9.2円	
	10kW以上50kW未満（地上設置）[3]	11円	10円		10円	
	50kW以上（屋根設置）	10円	9.5円	12円	12円	
	10kW以上50kW未満（屋根設置）[3]	11円	10円	12円	12円	
	10kW未満	17円	16円			10年間

※1　FIT制度（太陽光10kW未満及び入札制度適用区分を除く）は税を加えた額が調達価格、FIT制度の太陽光10kW未満は調達価格、FIP制度（入札制度適用区分を除く）は基準価格、入札制度適用区分は上限価格。
※2　FIT制度であれば調達期間、FIP制度であれば交付期間。
※3　10kW以上50kW未満の事業用太陽光発電のFIT新規認定には、2020年度から自家消費型の地域活用要件を設定する。ただし、営農型太陽光は、3年を超える農地転用許可が認められる案件は、自家消費を行わない案件であっても、災害時の活用が可能であればFIT制度の新規認定対象とする。
※4　入札制度適用対象は、FIT新規認定が250kW以上、FIP新規認定が500kW以上。ただし、屋根設置は入札制度の適用対象としない。

出典：資源エネルギー庁　再生可能エネルギーFIT・FIP制度ガイドブック2023年度版

（3）住宅用太陽光発電に関わる2019年以降のFIT買取期間終了を契機とした対応

　2009年に開始された余剰電力買取制度の適用を受け導入された住宅用太陽光発電設備は、2019年以降、順次10年間の買取期間を終えることになります。これに対して、経済産業省資源エネルギー庁から下記のとおり基本的な考え方が示されました。

　FIT制度による買取期間が終了した太陽光発電設備については、法律に基づく買取義務はなくなるため、

　①蓄電池や電気自動車と組み合わせるなどして自家消費すること。

　②小売電気事業者やアグリゲーター※に対し、相対・自由契約で余剰電力を売電すること。

　FIT制度による電力の買取価格は年々下がっており、電力会社から購入する電気単価に近づいています。また、民間の調査などでは、住宅用太陽光発電システムの発電コストが電力会社から購入する電気代と同等以下になる「グリッドパリティ」を一部達成したともいわれています。こうした背景から、今後売電から自家消費へのシフトが加速していくことが予想され、本格的なゼロ・エネルギー時代が始まろうとしています。

※アグリゲーター：需要家の需要量を制御して電力の需要と供給のバランスを保つディマンドレスポンスにおいて、電力会社と需要者の間に立ってうまくバランスをコントロールする事業者

4. エネルギー供給強靱化法

2020年6月に電気の供給体制を強く持続的なものにする目的で、強靱かつ持続可能な電気供給体制の確立を図るための電気事業法等の一部を改正する法律（エネルギー供給強靱化法）が国会で可決・成立しました。

(1) 市場連動型の導入支援（FIP制度）

2022年4月にエネルギー供給強靱化法の施行によりFIP制度がスタートしました。FIP制度とは「フィードインプレミアム（Feed-in Premium）」の略称でFIT制度のように固定価格で買い取るのではなく、再エネ発電事業者が卸市場などで売電したとき、その売電価格に対して一定のプレミアム（補助額）を上乗せすることで再エネ導入を促進します。FIT制度と違い市場価格と連動するため、再エネ発電事業者が需要が大きく市場価格が高くなるような季節や時間帯に電気供給する工夫をすることが期待されます。

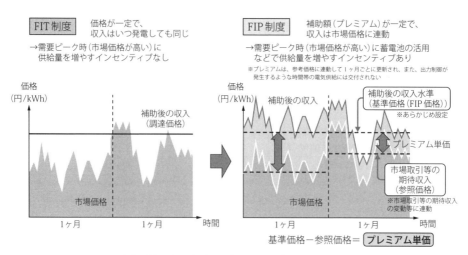

出典：資源エネルギー庁　再生可能エネルギー FIT・FIP制度ガイドブック 2023年度版

図6-24　FIT制度とFIP制度の比較

(2) 太陽光発電設備の廃棄等費用積立制度について

太陽光発電事業者が太陽光発電の廃棄費用を確保することは当然の責任ですが、発電事業の終了後、設備の放置や不法投棄がされるのではないかといった懸念が潜在化していました。その対策として、2022年7月から、改正再エネ特措法（再エネ促進法）において、太陽光発電設備の廃棄等に関する費用のため、原則、源泉徴収的な外部積立てを求める制度が始まりました。

その概略は、廃棄処理の責任は最終的に排出者が廃棄処理の責任を負うことを大前提とし、10kW以上の太陽光発電の認定業者は電力を電力会社に販売する際に、廃棄等費用を自動的に差し引かれ、電力広域的運営推進機関が積立金として管理するというものです。

この章でのポイント!!

循環型社会を形成する法律は、環境基本法を頂点とした体系になっています。有効資源利用促進法などにより、3R の推進や各家電品のリサイクルが推進されており、メーカー・小売業者・排出者・地方自治体の役割と責務が定められています。省エネ法では、トップランナー制度で製造事業者等に努力義務としての判断基準を示すことにより、対象製品の省エネ化が推進されています。また、省エネラベリング制度や統一省エネラベルにより、消費者にそれぞれの機器の省エネ達成度合いや年間の目安消費電力料金を表示し、消費者が省エネ製品を購入する際の目安となるように定めています。電力の小売全面自由化や固定価格買取制度（FIT）、FIP などの動向にも注目する必要があります。

キーポイントは
- 地球環境保全の取り組み
- 環境基本法と循環型社会を形成する法律
- 有効資源利用促進法と 3R
- 家電リサイクルの仕組みとメーカー・小売業者・排出者・地方自治体の役割と責務
- 省エネ法（省エネへの取り組みと諸制度）
- 電力システム改革、太陽光発電に関する法規

キーワードは
- 地球温暖化への対応
- 3R（リデュース・リユース・リサイクル）
- 家電リサイクル券
- トップランナー制度
- 統一省エネラベル、省エネ性マーク、多段階評価点
- 電力の小売全面自由化
- 固定価格買取制度（FIT）、FIP 制度

7章 消費者とのコミュニケーションに際し留意すべき法規

7.1 消費者の生活に関する法規

1. 消費者基本法

消費者基本法は、「消費者の権利の尊重」と「消費者の自立の支援」を基本理念とした、消費者政策の基本となる事項を定めた法律です。「消費者の権利の尊重およびその自立の支援その他の基本理念を定め、消費者の利益の擁護および増進に関する総合的な施策の推進を図り、もって国民の消費生活の安定および向上を確保すること」を目的にしています。

我が国の消費者政策はこの法律に沿って進められます。消費者と事業者との情報の質、量、交渉力などの格差に鑑み、消費者の保護から消費者の自立の支援を軸足にしています。また、消費者団体の役割も記され、消費者被害の防止、救済のために活動することとしています。

（1）消費者政策の基本理念

消費者の権利が尊重されること、消費者が自らの利益の擁護などのために自主的かつ合理的に行動することができるよう消費者の自立を支援すること、を基本理念として規定しています。

消費者の権利

消費者基本法では、6つの項目が消費者の権利として位置づけられています。

①安全が確保されること
②選択の機会が確保されること
③必要な情報が提供されること
④教育の機会が確保されること
⑤意見が政策に反映されること
⑥被害の救済がなされること

（2）消費者基本法における各主体の責務

国、地方公共団体、事業者、事業者団体、消費者、消費者団体のそれぞれについて責務を定めています。事業者については、「消費者の安全および消費者との取り引きにおける公正を確保すること」、「消費者に対し必要な情報を明確かつ、平易に提供すること」、「消費者との取り引きに際して消費者の知識、経験および財産の状況等に配慮すること」、また事業者団体については「消費者との間に生じた苦情を適切かつ迅速に処理するために必要な体制の整備等に努め、当該苦情を適切に処理すること」、「国または地方公共団体が実施する消費者政策に協力すること」と、より踏み込んだ責務の内容を具体的に示しています。消費者は、進んで情報・知識を習得するなど自主的、合理的な行動と環境保全、知的財産の適切な保護に配慮することが求められています。消費者団体は、情報収集、提供、意見表明、啓発、教育、被害防止および救済など自主活動に努力することが求められています。また、国は基本計画を策定し、消費者教育の充実等を促進すること、さらに都道府県と協力し、苦情処理、紛争解決が迅速に処理されるよう努めることが求められています。

2. 消費者基本計画

　政府は、長期的な展望を視野に入れつつ、消費者を取り巻く環境の変化や新たな課題などに適切に対応した消費者政策を推進していくために、消費者基本法の規定に基づいた「消費者基本計画」を定め、本計画に基づいて消費者政策を強力に推進することとしています。

　消費者政策は、商品やサービスの種類を限定することなく、消費者の安全の確保、消費者契約の適正化、表示の適正化、消費生活に関する教育・啓発、消費者と事業者との間の苦情処理・紛争解決など、多岐にわたる施策を内容とするものであって、多くの府省庁などが一体となって取り組むべきものであり、政府はこれまで第1期から第3期まで15年間にわたり、消費者基本計画に基づいて消費者政策を展開してきました。

(1) 第4期消費者基本計画

　政府は2020年3月、2020年度～2024年度の消費者政策の柱となる「第4期消費者基本計画」を策定、公表しました。この基本計画では、消費者被害防止、事業者の自主的取組や協働の推進、デジタル社会への対応など5つの柱で構成されています。

　計画では、社会情勢の変化として、デジタル化が進展し電子商取り引き（EC）が拡大していることを挙げ、制度・政策面からの対応が必要であると指摘しました。また、高齢者人口の増加や、成人年齢の引き下げにより、トラブルに遭いやすい消費者（ぜい弱な消費者）が増加していることを指摘し、若年層や地域への消費者教育を充実させるとしています。さらに新型コロナウイルス感染症拡大の影響を受け、生活物資が品薄になったり、消費者の弱みにつけ込んだ悪質な事業者が現れたりする可能性を指摘し、悪質な事業者に対しては厳正な法執行を行う方針を示しています。

＜政策の基本方針＞

① 消費者被害の防止

- 生命・身体に係る被害から消費者を守るため、事故情報を一元的に集約・分析し、その結果などを踏まえ、注意喚起や生命身体事故などの原因究明調査などを実施し、事故の未然防止・拡大防止・再発防止の各段階での取組を徹底する。
- 近年のぜい弱な消費者の増加などによる消費者の多様化や、デジタル化の進展・電子商取り引きの拡大などに伴う新たな消費者トラブルの発生などを踏まえ、適正な取り引きの実現のため、厳格な法執行や、必要な制度見直しを進める。
- 商品やサービスの選択の基礎である表示の適切さを確保するため、景品表示法などの厳格な執行を行うほか、新たな食品表示制度や原料原産地表示制度などの普及啓発・厳格な執行を図る。

② 消費者の自立と事業者の自主的取組の加速

- 民法上の成年年齢が20歳から18歳に引き下げられたことなどを踏まえ、若年者などに対する消費者教育を充実する。
- 消費者教育を通じ、地域の活性化や雇用なども含む、人や社会・環境に配慮して消費者が自ら考える賢い消費行動の普及啓発を図る。
- 消費者教育コーディネーターの配置促進など、地域における消費者教育の推進体制の構築を促す。

③ 協働による豊かな社会の実現

- 持続可能な社会の実現に向けた社会的課題を解決するため、消費者と事業者との連携・

協働を促進することにより、食品ロスの削減に係る取り組みなど、人や社会・環境に配慮して消費者が自ら考える賢い消費行動の普及啓発などに関する取組を推進する。

④ デジタル化・国際化に伴う新しい課題への対応

- デジタル化の進展に伴い近年活発化している電子商取り引きについては、非対面取り引きであることやデジタル・プラットフォームを介した商取り引きであることなど、従来の商取り引きとは異なる特徴を有していることを踏まえ、消費者トラブルの防止を徹底する観点から、政策面・制度面からの対応を推進する。
- 電子商取り引きの活発化に伴う国境を越えた消費者トラブルにも着実に対応する。

⑤ 災害・感染症拡大など緊急時対応

- 大規模災害の発生時や感染症の拡大などの消費者が感じる不安が増大する緊急時において、誤った風説や心理的に不安定な状態となっている消費者につけ込む悪質商法など、情報化社会の特性も踏まえ、従前には見られなかったリスク・課題が発生することに対し、柔軟かつ迅速に対応できるよう必要な施策を推進する。

3. 消費者契約法

　消費者契約法は、消費者と事業者との間の情報の質および量ならびに交渉力などの格差を考慮し、消費者を不当な勧誘や契約条項から守るために、消費者契約に関する包括的な民事ルールとして制定されました。なお、消費者契約法は労働契約には適用されません。

（1）消費者契約

①消費者と事業者との間のすべての消費者契約に適用されます。

　　家電製品の購入、電子書籍や音楽配信の利用、賃貸住宅の契約など、モノを買ったり有料サービスを受けたりする場合に、消費者と事業者との間で締結される契約を「消費者契約」といい、これらの契約すべてに適用されます。

②事業者の不当な勧誘（消費者を誤認・困惑させる勧誘）によって契約をしたときは、消費者はその契約の「取消し」が可能です。

- 重要事項について事実と異なる説明があった場合（不実告知）
- 通常の量を著しく超えることを知りながら勧誘した場合
  分量や回数などが多過ぎる場合　（過量契約）
- 不確かなことを「確実だ」と説明された場合（断定的判断の提供）
- 消費者に不利な情報を故意に告げなかった場合（不利益事実の不告知）
- 営業マンなどが強引に居座った場合（不退去）
- 販売店などで強引に引き留められた場合（退去妨害）

　なお、「取消し」ができる期間は、追認ができるとき（消費者が誤認をしたことに気付いたときや事業者の行為による困惑を脱したときなど、取消しの原因となっていた状況が消滅したとき）から1年間です。ただし、契約を締結した日から5年が過ぎると、時効により取消権が消滅するため、取消しができなくなります。

③消費者の権利を不当に害する契約条項は無効です。

　消費者の利益を不当に害する条項は、契約書に書かれていても無効です。

- 事業者に責任がある場合でも、「損害賠償責任はない」とする条項
  （事業者の損害賠償責任を免除する条項）

- 「一切のキャンセルや返品・交換などを認めない」とする条項
  （消費者の解除権を放棄させる条項）
- 消費者が負う損害金やキャンセル料が高過ぎる場合
  （消費者が支払う損害賠償の額を予定する条項等）
- 消費者が一方的に不利になる条項（消費者の利益を一方的に害する条項）

（2）消費者契約法の改正

「消費者契約法の一部を改正する法律」が2019年6月に施行されました。改正の主なポイントは、以下のとおりです。

① 取り消しうる不当な勧誘行為の追加等

- 社会生活上の経験不足の不当な利用
  例：就活中の学生の不安を知りつつ、「このままでは一生成功しない、この就職セミナーが必要」と告げ勧誘（不安をあおる告知）
  例：消費者の恋愛感情を知りつつ、「契約してくれないと関係を続けない」と告げて勧誘（恋愛感情等に乗じた人間関係の濫用）
- 加齢等による判断力の低下の不当な利用
  例：認知症で判断力が著しく低下した消費者の不安を知りつつ「この食品を買って食べなければ、今の健康は維持できない」と告げて勧誘
- 霊感等による知見を用いた告知
  例：「私は霊が見える。あなたには悪霊が憑いておりそのままでは病状が悪化する。この数珠を買えば悪霊が去る」と告げて勧誘
- 契約締結前に債務の内容を実施等
  例：注文を受ける前に、消費者が必要な寸法にさお竹を切断し、代金を請求
- 不利益事実の不告知の要件緩和
  例：「日照良好」と説明しつつ、隣地にマンションが建つことを故意に告げず、マンションを販売→ 故意要件に重過失を追加

② 無効となる不当な契約条項の追加等

- 消費者の後見等を理由とする解除条項
  例：「賃借人（消費者）が成年被後見人になった場合、直ちに賃貸人（事業者）は契約を解除できる」
- 事業者が自分の責任を自ら決める条項
  例：「当社が過失のあることを認めた場合に限り、当社は損害賠償責任を負う」

③ 事業者の努力義務の明示

- 条項の作成：解釈に疑義が生じない明確なもので平易なものになるよう配慮
- 情報の提供：個々の消費者の知識および経験を考慮した上で必要な情報を提供

4. 消費者の財産的被害の集団的な回復のための民事の裁判手続の特例に関する法律（消費者裁判手続特例法）

消費者裁判手続特例法は、消費者契約に関して相当多数の消費者に生じた財産的被害を適切に回復し、消費者の利益擁護を図ることを目的に2016年10月に施行されました。本制度を活用することにより、消費者の財産的被害を適切に回復し、消費者の利益の擁護を図るだけで

はなく、消費の活性化、健全な事業者の発展や公正な競争をもたらすことが期待できます。

（1）制度創設の背景

　被害に遭った際の消費者の行動については、消費者と事業者との情報の質および量や交渉力の格差などにより、消費者が自ら被害回復を図ることには困難を伴う場合があります。最終的な被害回復手段である訴訟制度においても、相応の費用・労力を必要とし、被害も少額な場合が多く、返還請求や被害に遭っていることの認識を持っていなかったり、泣き寝入りをしてしまったりしている実情があります。このような背景から個々の消費者が、簡易・迅速に請求権を主張することができる新たな訴訟制度が創設されました。

（2）制度の概要および対象となる請求

　本制度は、同種の被害が拡散的に多発するという消費者被害の特性に鑑み、消費者被害の集団的な回復を図るための二段階型の訴訟制度になっています。具体的には、①一段階目の手続き（共通義務確認訴訟）では、特定適格消費者団体※が原告となり、相当多数の消費者と事業者との間の共通義務（第2条第4号に規定する義務）の存否について裁判所が判断し、②一段階目の手続きで消費者側が勝訴した場合、個々の消費者が二段階目の手続き（対象債権の確定手続き）に加入して、簡易な手続きによってそれぞれの債権の有無や金額を迅速に決定することで、消費者被害回復の実効性の確保を図るという構造になっています。消費者は、特定適格消費者団体による第一段階目の裁判に参加する必要がないので、被害回復に要する時間・費用・労力等の面での負担が大幅に軽減されることになります。

　　※不特定かつ多数の消費者の利益を擁護するために、差止請求権を行使するのに必要な適格性を有する適格消費者団体のうちから、新たな認定要件を満たす団体として内閣総理大臣の認定を受けた法人を「特定適格消費者団体」といいます。

　また、本制度の対象となる請求は、消費者と事業者との間で締結される消費者契約に関して、事業者に対して一定の金銭の支払請求権が生ずる以下の事案を対象としています。

　　①消費者契約に関する契約上の債務の履行の請求
　　②消費者契約に関する不当利得に係る請求
　　③消費者契約に関する契約上の債務の不履行による損害賠償
　　④消費者契約に関する不法行為に基づく民法の規定による損害賠償の請求

（3）対象外の損害

　対象事案を限定することにより、事業者がおおむね係争利益を把握し得るようにする観点などから、以下の損害は対象外となっています。

　　①いわゆる拡大損害（消費者契約の目的となるもの以外の財産が滅失・損傷したことによる損害）
　　②逸失利益（消費者契約の目的物の提供があれば得るはずであった利益を喪失したことによる損害）
　　③人身損害（人の生命または身体を害されたことによる損害）
　　④慰謝料（精神上の苦痛を受けたことによる損害）

5.　消費者教育の推進に関する法律（消費者教育推進法）

　食の安全・安心に関する問題、環境問題、悪質商法による被害や多重債務など、消費生活に関する社会問題は数多く存在します。国民が自立した消費者として安心して安全で豊かな消費

生活を営み、自らの利益を守るために自主的かつ合理的に行動できるために、消費者教育を重要な役割を担うものと位置づけ、消費生活に関する教育や啓発活動を推進することを目的とした消費者教育推進法が施行されました。

「消費者教育を推進する多様な主体の連携を確保しつつ、効果的に行うこと」が定められたほか、消費者教育推進地域協議会の設置などが都道府県・市区町村の努力義務とされました。また、2013年には「消費者教育の推進に関する基本的な方針」が閣議決定され、地域における消費者教育の推進体制づくりが一層求められています。地域における消費者教育が一層推進されることとなるよう、消費者教育アドバイザーの派遣や社会教育の仕組みや取り組みを活用した実証的調査研究の実施、さらに、さまざまな関係者の交流の場としてのフェスタの開催などを行うこととしています。

6.　消費者安全法

消費者安全法は、消費生活における消費者被害を防止し、その安全を確保するため、①消費生活センターの設置、②消費者事故等に関する情報の集約、③消費者被害の発生・拡大防止措置等を講じ、消費者が安心して安全で豊かな消費生活を営むことができる社会の実現に寄与することを目的として制定されました。高齢者などの消費者被害の件数の増加ならびに何度も被害に遭う高齢者も増加していることを背景に、以下のようなことが規定されています。

1）地域の見守りネットワークの構築
- 地方公共団体による「消費者安全確保地域協議会」の設置
- 「消費生活協力員」、「消費生活協力団体」の育成・確保

2）消費生活相談等により得られた情報の活用に向けた基盤整備
- 消費生活上、特に配慮を要する消費者の見守り等必要な取り組みを行う（消費者安全確保のために必要な限度において、過去に悪質商法の被害に遭った高齢者の名簿などを市区町村に提供することができる。個人情報保護法の例外措置とし、罰則付きの秘密保持義務を課す）

3）消費生活相談体制の強化

4）消費者行政職員および消費生活相談員の確保と資質向上

現在、消費生活センターの消費生活相談員の多くは、主に独立行政法人 国民生活センターと一般財団法人2団体がそれぞれ設けた資格（消費生活専門相談員、消費生活コンサルタント、消費生活アドバイザー）を取得しています。この資格を国家資格として専門職化し、消費者相談の質の確保と向上を目指します。

7.2　改正民法（債権分野）

民法は六法のひとつで、契約や家族関係に関するルールなど社会のあり方を規定した法律です。内容は5編（総則、物権、債権、親族、相続）に分かれており、契約などに関する最も基本的なルールを定めた部分は「債権法」と呼ばれています。

債権法は1896年に制定されてから約120年間にわたり実質的な見直しがほとんど行われていませんでしたが、①約120年間の社会経済の変化への対応を図るために実質的にルールを変更する改正と、②現在の裁判や取り引きの実務で通用している基本的なルールを法律の条文上

も明確にし、読み取りやすくする改正が行われ、2020年4月に施行されました。日常生活のさまざまな場面で登場する契約ルールが現代版にアップデートされたほか、消費者トラブルの回避につながる項目も盛り込まれています。

　ここでは、事件や事故によって発生する損害賠償請求権や、売買に関する契約の改定について説明します。

1.　損害賠償請求権に関する改正

　事件や事故に遭った人は、その事件や事故によって受けた損害を回復するため、事件や事故を起こした者に対し、不法行為または債務不履行に基づき、損害賠償を請求することができます。

（1）不法行為責任

　不法行為責任とは、「故意または過失により他人の権利や利益を侵害した者が負う責任」とされています。過失とは、事故などが起こらないように注意する義務があったのに、この義務に違反することなどをいい、そのような注意義務違反によって他人の生命・身体、財産などに損害を与えた場合、過失があった者がこれを賠償する責任を負います。この不法行為責任は契約関係がなくても、故意または過失のある者に対して損害賠償を求めることができるため、消費者は契約当事者の販売店だけでなく、過失のある代理店、メーカーに対しても不法行為による損害賠償を求めることができます。例えば、以下のような行為の結果、（　）内に示すような事故が発生した場合は不法行為責任を問われるおそれがあるので注意が必要です。

- 「安全のため」の警告ラベルをはがして販売した（そのため使用者が誤った使い方をして人身事故が発生した）。
- 修理の際、定格容量のヒューズを持っていなかったので、大きな容量のヒューズで代用した（そのため製品が過熱、発煙し、家具や壁を損傷した）。
- 工事部材の手持ちがなかったので作業工程を一部省略した（そのため水漏れが発生し、家具やじゅうたんが汚損した）。

（2）債務不履行責任

　約束（契約）したことは責任を持って果たす必要がある（契約で定めたところにより誠実に履行する義務がある）というもので、約束（契約）したにもかかわらずこれが履行されない場合、債権者は債務者に対して損害賠償を請求することができます。約束（契約）は書面ではなく口約束でも成立します。したがって、できないことを簡単に安請け合いすることは避けなければなりません。たとえ損害賠償を請求されない場合でも、買主の信頼を失いかねません。できること、できないことは、買主に明確に伝える必要があります。

（3）権利を行使することができる期間に関する見直し

　改正前の民法では、不法行為責任または債務不履行責任の権利を行使することができる期間について、人の生命または身体が侵害された場合であるか、その他の利益が侵害された場合であるかの区別はされていませんでした。しかし、人の生命・身体という利益は、財産的な利益などと比べて保護すべき度合いが強く、その侵害による損害賠償請求権については、権利を行使する機会を確保する必要性が高いといえます。

　改正民法では、不法行為に基づく損害賠償請求権と債務不履行に基づく損害賠償請求権の双方について、人の生命または身体が侵害された場合の権利行使期間を長期化する特例が設けられました。

	不法行為	債務不履行
改正前の民法	損害及び加害者を知った時から3年以内であり、かつ、不法行為の時から20年以内	権利を行使することができる時から10年以内
改正後の民法 ①損害賠償請求権 　一般（②を除く） 例）事件・事故によって 　被害者の物が壊され 　てしまった場合 	改正前と同じ	権利を行使することができることを知った時から5年以内であり、かつ、権利を行使することができる時から10年以内
②人の生命又は身体の侵害による損害賠償請求権 例）事件・事故によって 　被害者がケガをして 　しまった場合 	損害及び加害者を知った時から5年以内であり、かつ、不法行為の時から20年以内	権利を行使することができることを知った時から5年以内であり、かつ、権利を行使することができる時から20年以内

出典：法務省 民法の一部を改定する法律（債権法改正）について

図7-1　改正民法による権利行使期間の変化

2. 瑕疵担保責任から契約不適合責任へ

　改正民法では「瑕疵担保責任」の概念がなくなり、新たに「契約不適合責任」の概念が追加されました。

　従来の民法における瑕疵担保責任（瑕疵とは欠陥、キズの意味）とは、物件に「隠れた瑕疵」（買主が通常の注意を払ったのにもかかわらず発見できなかった瑕疵）があった場合、買主は売主に対して損害賠償請求、契約の解除などができるというものでした。一方、改正民法では「契約の内容に適合しないもの」を買主に引き渡した場合、その責任を売主が負うことになるというもので、それが「契約不適合責任」です。「契約の内容に適合しているかどうか」が焦点になります。つまり、瑕疵担保責任を問う概念そのものが廃止され、その代わり、買主保護のために「契約不適合責任」という新たな責任が売主に課されることになりました。

　契約不適合とは、目的物が種類、品質または数量に関して契約の内容に適合しないものであることを指します。改正民法では、売主は契約内容に合う欠陥のない目的物を給付する義務があるという考えに立ち、契約不適合責任を債務不履行責任のひとつと位置づけました。簡単に言うと、「契約の内容とは何か」、「目的物が契約内容に適合しているかどうか」が問われるということです。例えば製品に何らかの不具合がある場合には、そのことをはっきりと契約書に明記し、買主が同意していれば、それが契約内容となり、責任は問われないということになります。契約不適合責任では、隠れた瑕疵かどうかは関係ありません。あくまでも契約書に書かれている内容と合致しているかいないかが問題となり、買主が発見できなかったかどうかは問題にはならないということです。

　また、契約不適合責任では、買主は「損害賠償請求」と「契約の解除」に加え、新たに瑕疵担保責任ではできなかった「追完請求」と「代金減額請求」などができるようになりました。

・追完請求

　　目的物が契約内容に合致していないときは、買主は売主に対して追完請求をすることが

できます。追完請求とは、端的に言うと「直してください」という請求です。

・代金減額請求

　　買主が修補請求をしても売主が修補しないとき、あるいは修補が不能であるときなどについては、代金減額請求ができるようになりました。目的物に問題があるのなら、その見合わない部分は代金を減らして欲しいという当然の主張ができるようになりました。

3.　約款（定型約款）を用いた取り引き

　インターネットサイトの利用規約や保険約款、鉄道・バスの旅客運送約款など、現代の社会では、不特定多数の顧客を相手方として取り引きを行う事業者などが、あらかじめ詳細な契約条項を「約款」として定めておき、この約款に基づいて契約を締結することが少なくありません。このような約款を用いた取り引きにおいては、顧客はその詳細な内容を確認しないまま契約を締結することが通例となっています。しかし、民法には約款を用いた取り引きに関する基本的なルールが何も定められていませんでした。改正民法では、このような実情を踏まえ、新たに「定型約款」に関して次のようなルールを新しく定めています。

　定型約款が契約の内容となる要件

　　顧客が定型約款にどのような条項が含まれるのかを認識していなくても、以下の条件が満たされると、個別の条項について合意をしたものとみなされます。

　　①当事者の間で定型約款を契約の内容とする旨の合意がある

　　②取り引きを実際に行う際に、定型約款を契約の内容とする旨を顧客に「表示」する（取り引きを実際に行う際に、顧客である相手方に対して定型約款を契約の内容とする旨を個別に表示することが必要）

　　①や②が満たされると、顧客が定型約款にどのような条項が含まれるのかを知らなくても、個別の条項について合意をしたものとみなされます。他方で、信義則※に反して顧客の利益を一方的に害する不当な条項が含まれる場合は、①や②を満たしても契約内容にはなりません。

　　※信義則（信義誠実の原則）：社会共同生活において、権利の行使や義務の履行は、互いに相手の信頼や期待を裏切らないように誠実に行わなければならないとする法理。

4.　消滅時効に関する改正

　消滅時効とは、債権者が一定期間権利を行使しないことによって債権が消滅するという制度をいいます。長期間が経過すると証拠が散逸し、債務者であるとされた者が債務を負っていないことを立証することも困難になるため、このような制度が設けられています。

　民法は消滅時効により債権が消滅するまでの期間（消滅時効期間）は原則10年であるとしつつ、例外的に、職業別のより短期の消滅時効期間（弁護士報酬は2年、医師の診療報酬は3年など）を設けていました。

　改正民法では、消滅時効期間について、より合理的で分かりやすいものとするため、職業別の短期消滅時効の特例を廃止するとともに、消滅時効期間を原則として5年※としています。

　　※債権者自身が、自分が権利を行使することができることを知らないような債権（例えば、債権者に返済金を過払したため、過払金の返還を求める債権については、過払いの時点では、その権利を有することがよく分からないことがあります）については、権利を行使することができる時から10年で時効になります。

7.3 特定商取引に関する法律（特定商取引法）

「特定商取引に関する法律（特定商取引法）」は、訪問販売、通信販売、電話勧誘販売などの消費者トラブルを生じやすい特定の取引類型を対象として、消費者保護と、健全な市場形成の観点から取り引きの適性化を図ることを目的として制定されています。この法律では、事業者の不適正な勧誘・取り引きを取り締まるための行政規制とトラブル防止・解決のための民事ルールが特定商取引ごとに定められています。また、2017年に特定商取引に関する法律の一部を改正した法律が施行され、SNSを利用したアポイントメントセールスなどの誘引方法の規制追加、規制対象の拡大、金銭借入や預貯金の引出しなどに関する禁止行為の導入、不実告知・事実不告知についての取消権の行使期間の伸長、通信販売におけるファクシミリ広告への規制の導入、定期購入契約に関する表示義務の追加・明確化、電話勧誘販売における過量販売規制の導入、美容医療契約の特定継続役務提供への追加、業務禁止命令の創設などが定められました。

1. 特定商取引法の対象となる取り引き

① 訪問販売

営業所以外の場所で行う商品の販売や役務提供のことで、最も一般的なものは、消費者の住居へセールスマンが訪問し契約を行うなどの販売方法です。また、営業所等で行われた契約であっても、路上などで消費者を呼びとめた後、営業所等に同行させて行う取り引き（キャッチセールス）や、電話・SNSなどで勧誘し、販売目的を告げずに営業所等に呼び出して行う取り引き（アポイントメントセールス）も含まれます。

② 通信販売

新聞、雑誌、テレビ、インターネット、ファクシミリなどで広告し、郵便、電話、FAX、インターネットなどの通信手段により申し込みを受ける取り引きのことで、一般的にインターネット・オークションなども含まれます。例えば、テレビによる広告を見た消費者が、電話などで購入の申し込みを行う取り引き方法（テレビショッピング）などが該当します。

③ 電話勧誘販売

電話で勧誘し、申し込みを受ける取り引きのことで、電話を切った後、消費者が郵便や電話などによって申し込みを行う場合も該当します。

④ 連鎖販売取引

個人を販売員として勧誘し、さらに次の販売員へと勧誘させ、販売組織を連鎖的に拡大させて行う取り引きで、いわゆるマルチ商法などを指します。

⑤ 特定継続的役務提供

継続的に役務（サービス）提供と、これに対する高額の対価を約する取り引きで、エステティックサロン、美容医療、語学教室、家庭教師、学習塾、パソコン教室、結婚相手紹介サービスの役務が対象となっています。

⑥ 業務提供誘引販売取引

仕事を提供するので収入が得られるなどの口実で消費者を誘引し、仕事に必要であるとして、商品などを販売し金銭負担を負わせる取り引きです。例えば、ホームページ作成の仕事を斡旋するといってパソコンを販売する取り引きなどが該当します。

⑦ 訪問購入

　物品の購入業者が営業所等以外の場所で、売買契約を締結して行う物品の購入取り引きのことで、例えば、貴金属の購入業者が消費者の住居を訪問し、強引に訪問買取する取り引き（いわゆる押し買い）などが該当します。訪問購入によって取り引きされるすべての物品が規制対象となっていますが、自動車（二輪のものを除く）、家庭用電気機械器具（携行が容易なものを除く）、家具、書籍、CD や DVD、ゲームソフト類、有価証券は適用除外となっています。

2.　特定商取引法の行政規制

　特定商取引法では、事業者に対して消費者への適正な情報提供などの観点から、各取り引きの特性に応じて行政規制が定められており、違反行為は業務改善の指示や業務停止命令・業務禁止命令の行政処分のほか罰則の対象となります。また、従来の指定されていた権利（指定権利※）のほか、社債等の金銭債権、株式等の社員権を規制対象として追加して、これらを「特定権利」と呼ぶとともに、従来の「指定権利」の名称は廃止しました。

※指定権利では、保養のための施設またはスポーツ施設を利用する権利（例：リゾート会員権、ゴルフ会員権）、映画、観劇、音楽等を鑑賞・観覧する権利（例：映画チケット、演劇チケット）、語学の教授を受ける権利（例：英会話、サロン利用権）を規制対象としていました。

　規制は特定商取引ごとに異なっていますが、概要としては、下記のとおりです。

① 氏名等の明示の義務づけ

　勧誘開始前に事業者の氏名（名称）や、勧誘目的であることなどを消費者に告げるよう事業者に義務づけています。また、定期購入契約に関しては、定期契約である旨および金額（支払代金の総額）、契約期間、引渡時期や支払時期の表示を義務づけています。

② 不当な勧誘行為の禁止

　虚偽の説明や、商品・役務（サービス）の価格、支払条件などの重要事項を故意に告知しなかったり、消費者をおどして困惑させたりするような勧誘行為は、禁止されています。また、訪問販売に係る売買契約などの相手方に対して、契約に基づく債務を履行させるため、支払能力に関して虚偽の申告をさせること、意に反して貸金業者の営業所、銀行の支店（ATM）などに連行する行為などを禁止しました。

③ 広告規制

　事業者が広告をする場合は、商品・役務（サービス）の種類や価格、支払条件などの重要事項を表示することが義務づけられており、虚偽・誇大な広告を禁止しています。また、電子メール広告やファクシミリ広告など、事前の請求や承諾なしに消費者に対する広告の禁止、送信を拒否する方法の表示義務と送信を拒否した消費者への送信停止を義務づけています。

④ 書面交付義務

　事業者は、契約の申し込みを受けたときや契約を結んだときに、重要事項を記載した書面を交付することが義務づけられています。

3.　特定商取引法の民事ルール

　特定商取引法では、消費者と事業者とのトラブルを防止し、その救済を容易にするため、一定期間内における消費者側からの申し込みの撤回および解除（クーリング・オフ）、契約の取り消しなどを認め、事業者による法外な損害賠償請求を制限するなどのルールを定めています。

　① クーリング・オフ

　　消費者が契約を申し込んだり実際に契約したりした後に、法律で定められた書面を受け取ってから一定期間内であれば、消費者は事業者に対し契約を解除することができます。一定期間とは、訪問販売、電話勧誘販売、特定継続的役務提供、訪問購入においては 8 日間、連鎖販売取引、業務提供誘引販売取引においては 20 日間となっています。なお、通信販売にはクーリング・オフは適用されません。また、訪問購入の場合は、クーリング・オフ期間中は物品の引き渡しを拒むことができます。

　② 意思表示の取り消し

　　事業者が契約の締結について勧誘する際、事実と異なることを告げたり、故意に事実を告げなかったりしたことにより消費者が誤認し、それによって契約の申し込み、または承諾の意思表示をしたときや、通常必要とする分量を著しく超える商品の販売（過量販売）をしたときには、消費者はその意思表示を取り消すことができます。意思表示を取り消すことができる行使期間は、「追認できるとき」すなわち誤認に気付いたときから 6 か月間とされていたところ、2017 年の改正特定商取引法では、誤認に気付いたときから 1 年間に伸長されました。

　③ 損害賠償等の制限

　　消費者が中途解約する場合など、事業者が請求できる損害賠償額に上限が設定されています。

4.　特定商取引法の一部改正

　　（消費者被害の防止及びその回復の促進を図るための特定商取引に関する法律等の一部を改正する法律）

　消費者のぜい弱性につけ込む悪質商法に対する抜本的な対策強化、新たな日常における社会経済情勢等の変化への対応のため、消費者被害の防止・取り引きの公正を図る目的で特定商取引法の改正による制度改革が行われました。（2021 年 6 月 1 日公布）

　主な改正内容

　（1）通販の「詐欺的な定期購入商法」対策（2022 年 6 月 1 日施行）

　・定期購入でないと誤認させる表示等に対する直罰化

　・上記の表示によって申し込みをした場合に申し込みの取消しを認める制度の創設

　・通信販売の契約の解除の妨害に当たる行為の禁止

　・上記の誤認させる表示や解除の妨害等を適格消費者団体の差止請求の対象に追加

　　改正特定商取引法により、通信販売でのサブスクリプションサービス（以下サブスク）の申し込み時に、最終確認画面※において、有料プランへの移行時期やその価格、解約に関する事項等の表示、無期限・自動更新であればその旨の表示が事業者に義務づけられました。具体的には、以下のような項目です。

①提供するサービスの期間、回数等に関する事項

- サービスの提供期間や提供時期を明示（無期限や自動更新の場合は、その旨も記載）
- 期間内に利用可能な回数が決まっている場合には、その内容も明示
- どのサービスプランを申し込んでいるかも明示

②提供するサービスの料金に関する事項

- 無料で使える期間が終了すると自動で有料プランに移行するなど、途中から金額が変わる場合には、有料プランに切り替わる時期や、有料プランで支払う金額を明示
- 支払い時期、方法（いつ、いくら払うのか、どのような方法で支払うのか）を明示

③キャンセル、解約に関する事項

- キャンセル、解約の方法（連絡方法・連絡先）や条件を明示する。特に申込時と比べて制限的、複雑な方法である場合には、その旨の最終画面が必要
- 解約等の申出期限がある場合には、いつまでに申し出る必要があるかを明示
- 違約金が発生するなど不利益が生ずる場合には、その旨と内容を明示
  ※最終確認画面とは、サブスク契約を含むECにおいて、消費者がその画面に設けられている申し込みボタン等をクリックすることにより、契約の申し込みが完了することとなる画面が該当します（アプリ経由でのサブスク契約を含む）。

　2022年6月1日以降、誤認させる表示により申し込みした消費者は、契約を取り消せる可能性があります。改正消費者契約法（2023年6月施行）により、消費者の求めに応じて必要な情報を提供することが事業者の努力義務となりました。

（2）送り付け商法対策（2021年7月施行）

- 売買契約に基づかないで送付された商品について、送付した事業者が返還請求できない規定の整備等（改正前の規定では、注文や契約をしていないにもかかわらず、金銭を得ようとして一方的に送付された商品について、消費者は、その商品の送付があった日から起算して14日が経過するまでは、その商品を処分することはできませんでした。今回の改正により、事業者は送付した商品について直ちに返還請求できなくなるため、注文や契約をしていないにもかかわらず、金銭を得ようとして一方的に送り付けられた商品については、消費者は直ちに処分することができるようになります）
- 売買契約の申し込みも締結もしていないのに、自分宛てに身に覚えのない商品が送付されてきても、（売買契約に基づかないで一方的に商品の送付があったとしても）それにより売買契約は成立しておらず、代金を支払う必要はありません。
- また、事業者が金銭を得る目的で、売買契約に基づかないで一方的に送付した商品については、所有権が消費者に移転するため、直ちに処分できるものであり、開封や処分を行ったことによって、消費者に支払義務が生じることはありません。
- さらには、処分したことを理由に代金の支払を請求され、誤って金銭を支払ってしまった場合、事業者に対して、その誤って支払った金銭の返還を請求することが可能です。
- 上記のことは、海外から日本国内に居住する消費者に送り付けられた商品についても適用されます。

（3）クーリング・オフの通知（2022年6月施行）

　上述のクーリング・オフについて、これまでは書面による通知が必要でしたが、改正によりこの通知が電子メール等の電磁的方法によることが可能になりました。

7.4　消費税法

1.　消費税率の変更および軽減税率制度の導入について

　2019年10月1日から、消費税（地方消費税を含む）の税率が8％から10％に引き上げられたのと同時に、消費税の軽減税率制度が導入されました。

　軽減税率の対象となるのは、飲食料品および新聞です。飲食料品とは、食品表示法に規定する食品（酒類を除く）をいい、一定の一体資産（例えば紅茶とカップのセット）を含みます。外食やケータリングなどは、軽減税率の対象品目には含まれません。また新聞とは、一定の題号を用い、政治、経済、社会、文化などに関する一般社会的事実を掲載する週2回以上発行されるもので、定期購読契約に基づくものです。

　軽減税率制度の実施に伴い、消費税（地方消費税を含む）の税率は、標準税率（10％）と軽減税率（8％）の複数税率となりました。

2.　消費税転嫁対策特別措置法の失効と総額表示義務の復活

　消費税法では、事業者は、不特定かつ多数の者に課税資産の譲渡を行う場合においては、当該資産または役務に係る消費税額および地方消費税額の合計額を含めた価格を表示しなければならないとされ、2004年4月から「総額表示方式」がスタートしました。

　その後消費税率が段階的に5％から8％、8％から10％へと引き上げられる過程において、「消費税転嫁対策特別措置法」が制定され、消費税の総額表示義務について、表示価格が税込価格であると誤認されないための措置を講じていれば、「税込価格」を表示しなくてもよいとする特例が認められていた時期がありました。

　上述の特例は、2021年3月31日をもって失効し、2021年4月1日以降は総額表示義務が復活していることに気をつけなければなりません。

　以下に総額表示に関するポイントを整理します。

① 総額表示とは

　消費者に商品の販売やサービスの提供を行う課税事業者が、値札やチラシなどにおいて、あらかじめその取り引き価格を表示する際に、消費税額を含めた価格を表示することをいいます。

② 対象となる取り引き

　消費者に対して、商品の販売、役務の提供などを行う場合、いわゆる小売段階の価格表示をするときには総額表示が義務づけられています。

　ただし、事業者間での取り引きは総額表示義務の対象となりません。

③ 具体的な表示例

　例えば、次に掲げるような表示が総額表示に該当します。

　（例示の取り引きは税率10％の場合）

- 11,000円
- 11,000円（税込）
- 11,000円（うち消費税額等1,000円）
- 11,000円（税抜価格10,000円、消費税額等1,000円）

［ポイント］

　支払総額である「11,000円」さえ表示されていれば、「消費税額等」や「税抜価格」が併記されていても構いません。例えば、「10,000円（税込11,000円）」とされた表示も、消費税額を含んだ価格が明瞭に表示されているため、「総額表示」に該当します。

④ 対象となる表示媒体

　対象となる価格表示は、商品本体による表示（商品に添付または貼付される値札等）、店頭における表示、チラシ広告、新聞・テレビによる広告など、消費者に対して行われる価格表示であれば、それがどのような表示媒体により行われるものであるかを問わず、総額表示が義務づけられています。したがって、価格表示していない場合にまで、税込価格の表示を義務づけるものではありません。また、口頭で伝えるような価格は、総額表示義務の対象となりません。

カタログ等に表示される希望小売価格の総額表示

　カタログ等に表示される希望小売価格は、消費税法が規定する、「事業者が一般消費者に対して課税資産の譲渡等を行う場合の価格表示」に該当しないため、総額表示とする義務はありません。しかしながら、販売店による一般消費者に対しての販売価格については総額表示義務があるため、全国家庭電気製品公正取引協議会（家電公取協）では、これとの関連で、カタログ等に表示される希望小売価格についても総額表示とすることが消費者の利便性に資するものと考えられることから、規約の運用上、希望小売価格についても総額表示とすることが妥当としています。

7.5　個人情報の保護に関する法律（個人情報保護法）

　個人情報の漏えい事故は、ネットワーク社会における個人のプライバシー情報管理の重要性と、万が一漏えいした場合の企業・個人の社会的責任の大きさを明らかにしました。個人情報の漏えいを防ぐには、個人情報を保有する者に情報の管理を徹底させることが、何よりも重要です。「個人情報保護法」は、個人情報の適正な取り扱いの仕組みを定めた法律であり、これまでは主に大企業が対象でしたが、2017年5月からは、小規模事業者やNPO、町内会・自治会などの団体も含め、個人情報をデータベース化して事業に利用するすべての事業者・団体も対象となり、同法に基づいた厳重な管理が求められています。

1.　個人情報保護法の目的

　この法律は、2003年5月に成立し、個人情報の有用性に配慮しながら、個人の権利や利益を保護することを目的としており、個人情報の適正な取り扱いに関し、「個人情報を取り扱う事業者の遵守すべき義務等を定めることにより、個人情報の有用性に配慮しつつ、個人の権利利益を保護することを目的とする」として2005年4月に全面施行されました。その後の社会環境の変化などを踏まえて改正法が2017年5月に施行されました。

2.　個人情報保護法の定義

（1）個人情報

個人情報保護法の対象となる個人情報とは、生存する個人に関する情報であって、次の各号のいずれかに該当するものをいいます。

①個人に関する情報で、当該情報に含まれる氏名、生年月日、その他の記述により特定の個人を識別することができるものです。また、生存する個人に関する情報であって、氏名、住所、性別、生年月日、顔画像など個人を識別する情報に限らず、個人の身体、財産、職種、肩書などの属性に関して、事実、判断、評価を表す全ての情報であり、評価情報、公刊物などによって公にされている情報や、映像、音声による情報も含まれ、暗号化等によって秘匿化されているかどうかを問いません。他の情報と照合することで容易に特定の個人を識別することができれば個人情報となります。

なお、個人情報に国籍は関係なく、外国人も含まれます。しかしながら、個人情報という場合の「個人」は、「自然人」を想定しており、企業などの「法人」に関する情報は個人情報に該当しません（ただし、役員、従業員等に関する情報は個人情報です）。

②個人識別符号が含まれるもの

「個人識別符号」とは、その情報だけで特定の個人を識別できる文字、番号、符号などで、以下のものなどが該当します。

- 生態情報を変換した符号（DNA、顔、虹彩、声紋、歩行の態様、手指の静脈、指紋・掌紋など）
- サービス利用や書類において対象者ごとに割り振られる符号（公的な番号として旅券番号、基礎年金番号、免許証番号、住民票コード、マイナンバー、各種保険証など）

（2）要配慮個人情報

「要配慮個人情報」とは、人種、信条、社会的身分、病歴、犯罪の経歴、犯罪により害を被った事実、その他本人に対する不当な差別、偏見その他の不利益が生じないようにその取り扱いに特に配慮を要するものとして政令で定める記述（身体障害、知的障害、精神障害（発達障害を含む）など）が含まれる個人情報をいいます。

（3）個人情報データベース等

「個人情報データベース等」とは、個人情報を含む情報の集合物であって、①特定の個人情報をコンピューターを用いて検索することができるように体系的に構成したもののほか、②コンピューターを用いないものであっても、含まれる個人情報を一定の規則（例：五十音順）に従って整理することにより、特定の個人情報を容易に検索することができるように体系的に構成した情報の集合物であって、目次、索引その他検索を容易にするためのものを有するものとされています。

1）個人情報取扱事業者

個人情報取扱事業者とは、個人情報データベース等を事業の用に供している者のうち、国の機関、地方公共団体、独立行政法人等、地方独立行政法人を除いた者をいいます。ここでいう「事業の用に供している」の「事業」とは、一定の目的の下で継続して遂行される同種の活動のことで、社会通念上事業と認められるものをいい、営利・非営利の別は問いません。また、個人情報データベース等を事業の用に供している者であれば、データベース等に含まれる特定の個人の数の多寡にかかわらず、個人情報取扱事業者に該当します。さらに、法人

格がなく権利能力のない社団（任意団体）または個人であっても、個人情報データベース等を事業の用に供している場合は個人情報取扱事業者に該当します。

2）個人データ

個人データとは、個人情報取扱事業者が管理する「個人情報データベース等」を構成する個人情報をいいます。

【個人データに該当する事例】
- 個人情報データベース等から外部記録媒体に保存された個人情報
- 個人情報データベース等から紙面に出力された帳票等に印字された個人情報

【個人データに該当しない事例】
- 個人情報データベース等を構成する前の入力用の帳票等に記載されている個人情報

3）保有個人データ

保有個人データとは、個人情報取扱事業者が、本人またはその代理人から請求される開示、内容の訂正、追加または削除、利用の停止、消去および第三者への提供の停止の全てに応じることができる権限を有する「個人データ」のことをいいます。つまり、本人は保有個人データに関して、開示、内容の訂正、追加または削除、利用の停止、消去および第三者への提供の停止の請求をすることができます。

（4）匿名加工情報

「匿名加工情報」とは、次の各号に掲げる個人情報の区分に応じて、特定の個人を識別することができないように個人情報を加工して得られる個人に関する情報であって、当該個人情報を復元することができないようにしたものをいいます。

①「個人情報」の匿名加工

当該個人情報に含まれる記述等の一部を削除すること（当該一部の記述等を復元することのできる規則性を有しない方法により他の記述等に置き換えることを含む）。

②「個人識別符号」に係る匿名加工

当該個人情報に含まれる個人識別符号の全部を削除すること（当該個人識別符号を復元することのできる規則性を有しない方法により他の記述等に置き換えることを含む）。

（5）匿名加工情報取扱事業者

「匿名加工情報取扱事業者」とは、「匿名加工情報データベース」を事業の用に供している者をいいます。

3.　個人情報取扱事業者の義務

（1）利用目的の特定

個人情報取扱事業者は、「個人情報を取り扱うに当たっては、その利用の目的（以下、利用目的という）をできる限り特定しなければならない」とされています。できる限り特定するためには、利用目的を単に抽象的、一般的に特定するのではなく、最終的にどのような目的で利用するかを可能な限り具体的に特定する必要があります。

【具体的に利用目的を特定している事例】
- 事業者が商品の販売に伴い、個人から氏名・住所・メールアドレスなどを取得するに当たり、「○○事業における商品の発送、関連するアフターサービス、新商品・サービスに関する情報のお知らせのために利用いたします」などの利用目的を明示している場合

【具体的に利用目的を特定していない事例】
- 事業活動に用いるため
- マーケティング活動に用いるため

（2）利用目的の変更

　個人情報取扱事業者は、「利用目的を変更する場合には、変更前の利用目的と関連性を有すると合理的に認められる範囲を超えて行ってはならない」とされています。また、利用目的を変更した場合は、変更された利用目的について、本人に通知し、または公表しなければなりません。ガイドライン※では、「利用目的の変更に対しては、特定した目的は、社会通念上、本人が通常予期し得る限度と客観的に認められる範囲内で変更することは可能である」とされています。

　※個人情報保護委員会「個人情報の保護に関する法律についてのガイドライン」

（3）利用目的による制限、事業の承継

　個人情報取扱事業者は、法令に基づく場合などを除き、あらかじめ本人の同意を得ないで、「特定された利用目的の達成に必要な範囲を超えて、個人情報を取り扱ってはならない」とされています。また、個人情報取扱事業者は、「合併その他の事由により他の個人情報取扱事業者から事業を承継することに伴って個人情報を取得した場合は、あらかじめ本人の同意を得ないで、承継前における当該個人情報の利用目的の達成に必要な範囲を超えて、当該個人情報を取り扱ってはならない」とされています。

（4）適正な取得

　個人情報取扱事業者は、「偽りその他不正の手段により個人情報を取得してはならない」とされています。「不正の手段」とは、「法律に違反する方法・手段や適正でない方法・手段等」をいいます。ガイドラインでは、不正の手段により個人情報を取得している事例として、「親の同意がなく、十分な判断能力を有していない子供から、親の収入事情などの家族の個人情報を取得する場合」や「個人情報を取得する主体や利用目的等について、意図的に虚偽の情報を示して、本人から個人情報を取得する場合」などが挙げられています。

（5）利用目的の通知または公表

　個人情報取扱事業者は、「個人情報を取得した場合は、あらかじめその利用目的を公表している場合を除き、速やかに、その利用目的を、本人に通知し、または公表しなければならない」とされています。また、「本人との間で契約を締結することに伴って契約書その他の書面（電子的方式、磁気的方式その他人の知覚によっては認識することができない方式で作られる記録を含む）に記載された当該本人の個人情報を取得する場合は、あらかじめ本人に対し、その利用目的を明示しなければならない」とされています。つまり、個人情報取扱事業者は、書面などによる記載、ユーザー入力画面への打ち込みなどにより直接本人から個人情報を取得する場合は、あらかじめ本人に対し、その利用目的を明示しなければならない、ということです。ただし、個人情報が取得される状況から見て利用目的が自明であると認められる場合（商品販売時に当該商品の販売目的として住所・氏名・電話番号などを取得する。一般の慣行として名刺を交換するなど）は、利用目的の通知または公表は不要です。

（6）個人データの管理

　個人情報取扱事業者には、個人データの管理について以下の義務があります。
　① 「利用目的の達成に必要な範囲内において、個人データを正確かつ最新の内容に保つとと

もに、利用する必要がなくなったときは、当該個人データを遅滞なく消去するよう努めなければならない」とされています。

② 「その取り扱う個人データの漏えい、滅失または毀損の防止その他の個人データの安全管理のために必要かつ適切な措置を講じなければならない」とされており、ガイドラインでは組織的、人的、物理的および技術的安全管理措置が求められています。例えば以下のケースは、必要かつ適切な措置を講じられているとはいえないことになります。

- 組織変更が行われ、個人データにアクセスする必要がなくなった従事者が個人データにアクセスできる状態のまま放置され、その従事者が個人データを漏えいした。
- 個人データをバックアップした媒体が、持ち出し許可されていない者により持ち出し可能な状態になっており、その媒体が持ち出されてしまった。

③ 「その従業者に個人データを取扱わせるに当たっては、当該個人データの安全管理が図られるよう、当該従業者に対する必要かつ適切な監督を行わなければならない」とされています。なお、「従業者」とは、事業者の指揮監督を受けて業務に従事している者等をいい、雇用関係にある従業員（正社員、契約社員、嘱託社員、パート社員、アルバイト社員など）のみならず、取締役、執行役、監査役、監事、派遣社員なども含まれます。

④ 「個人データの取り扱いの全部または一部を委託する場合は、その取り扱いを委託された個人データの安全管理が図られるよう、委託を受けた者に対する必要かつ適切な監督を行わなければならない」とされており、個人データの取扱状況などに起因するリスクに応じて、委託契約に個人データの取り扱いに関する内容を盛り込むとともに、取扱状況を適宜確認することなど、必要かつ適切な措置を講じなければなりません。

（7）第三者提供の制限

1）基本原則

個人情報取扱事業者は、「あらかじめ本人の同意を得ないで、個人データを第三者に提供してはならない」とされています。

ここでいう「第三者」とは、本人と個人情報取扱事業者以外の者をいい、個人であるか法人であるかは問われません。

【第三者提供とされる事例】

- 親子兄弟会社、グループ会社の間で個人データを交換する。
- フランチャイズ組織の本部と加盟店の間で個人データを交換する。
- 同業者間で、特定の個人データを交換する。

【第三者提供とされない事例】（ただし、利用目的による制限がある）

- 同一事業者内で他部門へ個人データを提供する

ただし、以下の①～④に掲げる場合はこの規定が適用されません。

①法令に基づく場合

②人の生命、身体または財産を保護するために個人情報の提供が必要ある場合であり、かつ本人の同意を得ることが困難であるとき

　例えば、製造した製品に関連して事故が生じたため、当該製造事業者が当該製品をリコールする場合で、販売事業者が当該製造事業者に対して、当該製品の購入者情報を提供する場合は、この例外規定の適用を受けます。

③公衆衛生の向上または児童の健全な育成の推進のために特に必要がある場合であって、

　　本人の同意を得ることが困難であるとき
　④国の機関若しくは地方公共団体またはその委託を受けた者が法令の定める事務を遂行することに対して協力する必要がある場合であって、本人の同意を得ることにより当該事務の遂行に支障を及ぼすおそれがあるとき

2）オプトアウトによる第三者提供

　個人情報取扱事業者は、個人データ（要配慮個人情報を除く）の第三者への提供に当たり、次の①～⑤に掲げる事項をあらかじめ本人に通知し、または本人が容易に知り得る状態に置くとともに、個人情報保護委員会に届け出た場合には、あらかじめ本人の同意を得ることなく、個人データを第三者に提供することができます（オプトアウトによる第三者提供）。また、個人情報取扱事業者は、必要な事項を個人情報保護委員会に届け出たときは、その内容を自らもインターネットの利用その他の適切な方法により公表するものとしています。
　①第三者への提供を利用目的とすること
　②第三者に提供される個人データの項目
　　　氏名、住所、電話番号、年齢、商品購入履歴など
　③第三者への提供の方法
　　　書籍（電子書籍を含む）として出版、インターネットに掲載、プリントアウトして交付、各種通信手段による配信など
　④本人の求めに応じて第三者への提供を停止すること
　⑤本人の求めを受け付ける方法
　　　郵送、メール送信、ホームページ上の指定フォームへの入力、事業所の窓口での受付、電話など

【オプトアウトの事例】
- 住宅地図業者が表札や郵便受けを調べて受託地図を作成し、販売（不特定多数への第三者提供）
- データベース事業者がダイレクトメール用の名簿等を作成し、販売

4.　個人情報保護法の 2022 年改正

　個人情報に対する意識の高まり、技術革新を踏まえた保護と利用のバランス、個人情報が大量に利活用される時代における事業者責任のあり方および越境移転データの流通増大に伴う新たなリスクへの対応などの観点から、以下の 5 つの視点を踏まえた個人情報保護法の改正が行われ、2022 年 4 月に施行されました。
　1．個人の権利利益を保護するため、必要十分な措置を整備する。
　2．技術革新の成果が、経済成長等と個人の権利利益の保護との両面に行き渡るようにする。
　3．国際的な制度調和や連携に配慮する。
　4．海外事業者によるサービスの利用や、国境を越えて個人情報を扱うビジネスの増大によって個人が直面するリスクの変化に対応する。
　5．AI・ビッグデータ時代を迎え、個人情報の活用が一層多岐に渡る中、事業者が個人情報を取り扱う際に、本人の権利利益との関係で説明責任を果たしつつ、本人が予測可能な範囲内で適正な利用がなされるよう環境を整備する。

これらの視点に基づく具体的な改正ポイントは、以下の6つです。
1. 本人の権利保護が強化される
2. 事業者の責務が追加される
3. 企業の特定分野を対象とする団体の認定団体制度が新設される
4. データの利活用が促進される
5. 法令違反に対する罰則が強化される
6. 外国の事業者に対する報告徴収・立入検査などの罰則が追加される

以下に、順に解説していきます。

ポイント1　本人の権利保護が強化される

（1）短期保有データの保有個人データ化

　個人情報保護法では「保有個人データ」を定義していますが、旧法では、6か月以内に消去されるデータは「保有個人データ」に含まれないとされていました。しかしながら、短期間で消去されるものであっても、消去されるまでの短い間に漏えいなどが発生すれば、それが瞬時に拡散し、本人によっては回復困難な損害が生じる可能性もあります。そこで、今回の改正では、旧個人情報保護法の「1年以内の政令で定める期間以内に消去することとなるもの」という文言が削除され、これにより、6か月以内に消去される短期保有データについても「保有個人データ」に含まれることになりました。

　　改正前：6か月以内に消去する短期保存データは、保有個人データに含まれなかった。
　　改正後：6か月以内に消去する短期保存データも、保有個人データに含まれるように
　　　　　　なった。

（2）保有個人データの開示請求のデジタル化

　本人は、個人情報取扱事業者に対して、保有個人データの開示を請求することができます。開示請求を受けた個人情報取扱事業者は、原則として保有個人データを開示しなくてはなりませんが、この開示は、書面による交付が原則とされていました。しかし、情報量が膨大である場合、書面による交付が適さない場面があります。また、動画や音声データのように、そもそも書面による交付に適さない保有個人データもあります。そこで今回の改正では、開示を受けた保有個人データの利用等における本人の利便性向上の観点から、以下のいずれかの方法のうち「本人が請求した方法」による保有個人データの開示を行うことが原則とされました。

・電磁的記録の提供による方法
・書面の交付による方法
・その他個人情報取扱事業者が定めた方法

　一方で、事業者の負担軽減の観点より、その方法による開示に多額の費用を要するなど、本人が指定した方法による開示が困難であるような場合は、本人の請求した方法にかかわらず、書面の交付による方法での開示も認められています。

　　改正前：個人情報取扱事業者による保有個人データの開示は、原則として書面の交付による方法とされていた。

　　改正後：本人は、電磁的記録の提供による方法など個人情報取扱事業者の開示方法を指定でき、個人情報取扱事業者は、原則として本人が請求した方法によって開示する義務を負うことになった。

（3）利用停止・消去請求権、第三者への提供禁止請求権の要件緩和

　今回の改正では、本人が、保有個人データの利用停止・消去・第三者への提供の停止を請求できる要件を緩和し、本人の権利保護をより強化しました。旧法では、本人が保有個人データの利用停止・消去を請求できる場面は、次の場合に限定されていました。

- 個人情報を目的外利用したとき
- 不正の手段により取得したとき

　また、第三者の提供の停止を請求できる場面は、次の場合に限定されていました。

- 本人の同意なく第三者に提供した場合
- 本人の同意なく外国にある第三者に提供した場合

　改正法では、本人は、次のような3つの場面においても、利用停止・消去・第三者提供の停止を請求できるようになりました。

　利用停止・消去請求について

- 個人情報取扱事業者が、保有個人データを利用する必要がなくなったとき
- 保有個人データの漏えい等が生じたとき
- その他、保有個人データの取扱いにより、本人の権利または正当な利益が害されるおそれがあるとき

　改正前：利用停止・消去請求ができるのは、次の場合に限定されていた。

- 個人情報を目的外利用した場合
- 不正の手段により取得した場合

　改正後：次の場合も、請求できるようになった。

- 違法または不当な行為を助長しまたは誘発するおそれがある方法で利用した場合
- 保有個人データを事業者が利用する必要がなくなった場合
- 保有個人データの漏えい等が生じた場合
- その他、保有個人データの取扱いにより、本人の権利利益が害されるおそれがある場合

　第三者提供の停止請求について

　改正前：第三者提供の停止請求ができるのは、次の場合に限定されていた。

- 本人の同意なく第三者に提供した場合
- 本人の同意なく外国にある第三者に提供した場合

　改正後：次の場合も請求できるようになった。

- 保有個人データを事業者が利用する必要がなくなった場合
- 保有個人データの漏えい等が生じた場合
- その他、保有個人データの取扱いにより、本人の権利利益が害されるおそれがある場合

（4）個人データの授受についての第三者提供記録※の開示請求権

　旧法では、本人は、事業者が作成した第三者提供記録の開示請求ができませんでした。第三者提供記録の作成を義務づけることによって、不正の手段によって取得された個人情報が転々流通することを防止し、また、個人情報の流通に係るトレーサビリティ（追跡可能性）の確保を図ることが期待されています。

※個人情報取扱事業者は、個人データを第三者に提供する際に、法令で定められた記録を

作成しなければなりません。また、第三者提供を受ける者も、同じく、法令で定められた記録を作成しなければなりません。このように、個人データの第三者提供に係る記録と個人データの第三者提供を受ける際の確認の記録のことをあわせて、「第三者提供記録」といいます。

改正前：第三者提供記録は本人による開示請求の対象ではなかった。

改正後：第三者提供記録が本人による開示請求の対象となった。

ポイント2　事業者の責務が追加される

（1）漏えい時の報告義務

今回の改正で、事業者の責務として、個人データの漏えい等の発生時における、個人情報保護委員会に対する報告義務が新たに追加されました。旧法では、個人データの漏えい等の発生時の、個人情報保護委員会に報告する法的義務はありませんでした。しかしながら、諸外国では、漏えい等が発生した際には報告が義務とされている国も多い一方で、日本においては企業の個別対応に委ねる状況でした。このような状況を受けて、今回の改正では漏えい等が発生した際の報告義務が定められました。

報告義務の対象となる漏えい等の事態は、以下のとおりです。

- 要配慮個人情報が含まれる個人データの漏えい、滅失もしくは毀損が発生し、または発生したおそれがある事態
- 不正に利用されることにより財産的被害が生じるおそれがある個人データの漏えい、滅失もしくは毀損が発生し、または発生したおそれがある事態
- 不正の目的をもって行われたおそれがある個人データの漏えい、滅失もしくは毀損が発生し、または発生したおそれがある事態
- 個人データに係る本人の数が千人を超える漏えい、滅失もしくは毀損が発生し、または発生したおそれがある事態

また、個人情報保護委員会に対する漏えい等の報告義務が課される事態が発生した場合、個人情報取扱事業者には本人に通知する義務も課されます。

改正前：個人情報取扱事業者による、個人情報の漏えい等の発生時の個人情報保護委員会への報告、本人への通知は法定の義務ではなかった。

改正後：個人情報取扱事業者は、個人情報の漏えい等の発生時は、個人情報保護委員会に報告し、本人に通知する義務を負う。

（2）不適正な利用の禁止

今回の改正では、個人情報取扱事業者の義務として、個人情報の不適正な利用の禁止が定められました。

旧法では、個人情報の不適正な利用の禁止、つまり、違法・不当な行為を助長・誘発するおそれがある方法によって個人情報を利用することが、明文で禁止されていませんでした。今回の改正では、個人情報取扱事業者が不適正な方法で個人情報を利用することが禁止されました。不適正な方法で個人情報を利用した場合、利用停止等の対象になります。

改正前：違法・不当な行為を助長・誘発するおそれがある方法による個人情報の利用、について明文で禁止されていなかった。

改正後：違法・不当な行為を助長・誘発するおそれがある方法による個人情報の利用、が明文で禁止された。

ポイント3　企業の特定分野を対象とする団体の認定団体制度※が新設される

　旧法では、認定団体制度は、対象事業者の全ての事業・業務において、適正に個人情報等を取り扱う団体を認定する制度でした。今回の改正では、対象事業者の事業・業務のうち、特定の事業・業務に限定して認定を行うことが可能となりました。事業単位での認定団体を認めることによって、さらに認定団体の活用が進み、特定の事業を対象に活動する団体による、専門性を生かした個人情報の保護のための取り組みなどが期待されます。

　※個人情報保護法では、個人情報保護委員会の他に、民間団体を利用した情報保護を図っており、認定団体制度を設けています。個人情報の取り扱いに関する苦情の処理、事業者への個人情報の適正な取り扱いに関する情報の提供などを行う団体は、個人情報保護委員会の認定を受けて、「認定個人情報保護団体」になることができます。

　　改正前：認定団体制度は、事業者の全ての事業・業務における個人情報等の取り扱いを対象とする団体の認定を行っていた。

　　改正後：認定団体制度において、事業者の特定の事業・業務における個人情報の取り扱いを対象とする団体を認定することが可能となった。

ポイント4：データの利活用が促進される

（1）仮名加工情報※について義務を緩和

　旧法では、事業者が自社内部で利用するために、個人情報を加工して個人を特定できない情報に変換した場合でも、変換後の情報は個人情報に該当したため、以下の対応をしなければなりませんでした。

- 利用目的を特定
- 目的外利用の禁止
- 取得時の利用目的の本人に対する通知と公表
- データ内容の正確性の確保

　個人を特定できないように変換した情報は、個人の権利利益の侵害のおそれは低いにもかかわらず、通常の個人情報と同様に取り扱わなければならないことについて、データの利活用の観点から疑問が生じていました。

　そこで、データの利活用を促進する観点から、「仮名加工情報」制度が新設されました。仮名加工情報については、通常の個人情報に比して、事業者の義務が緩和されることとなりました。

　※記述の一部の削除、個人識別符号の全部の削除などの措置が講じられて、他の情報と照合しない限り特定の個人を識別することができないように個人情報を加工して得られる個人に関する情報のこと。

（2）提供先で個人データとなることが想定される場合の確認義務を新設

　旧法では、提供元では個人データではないものの、提供先で個人データとして取得されることが想定される場合の規制はありませんでした。今回の改正により、提供元で個人データとして取り扱っていなくても、提供先で個人データとして取得されることが想定される個人データを第三者提供する場合、提供元は提供先に、本人の同意が得られているか等の確認を行わなければなりません。

ポイント5　法令違反に対する罰則が強化される

（1）措置命令・報告義務違反の罰則について法定刑を引き上げた

　　今回の改正において、措置命令・報告義務違反の罰則について法定刑が引き上げられました。これにより、制裁の実効性が上がり、命令違反や虚偽報告の抑止が期待されます。

　　改正前：罰則は、それぞれ以下のとおりであった。

- 措置命令の違反の罰則：6か月以下の懲役または30万円以下の罰金
- 個人情報データベース等の不正流用：1年以下の懲役または50万円以下の罰金
- 報告義務違反の罰則：30万円以下の罰金

　　改正後：それぞれ以下のとおり強化された。

- 措置命令違反の罰則：1年以下の懲役または100万円以下の罰金
- 個人情報データベース等の不正流用：1年以下の懲役または50万円以下の罰金
- 報告義務違反の罰則：50万円以下の罰金

（2）法人に対する罰金刑を引き上げた

　　今回の改正においては、重罰化による抑止効果期待を目指し、法人に対する罰金刑を引き上げました。

　　改正前：法人への罰則は、それぞれ以下のとおりであった。

- 措置命令の違反の罰則：30万円以下の罰金
- 個人情報データベース等の不正流用：50万円以下の罰金
- 報告義務違反の罰則：30万円以下の罰則

　　改正後：それぞれ以下のとおり強化された。

- 措置命令違反の罰則：1億円以下の罰金
- 個人情報データベース等の不正流用：1億円以下の罰金
- 報告義務違反の罰則：50万円の罰則

ポイント6　外国の事業者に対する報告徴収・立入検査などの罰則が追加される

　　外国の事業者への域外適用について示したものです。今回の改正によって、域外適用の範囲が変更されました。すなわち、日本国内にある者に係る個人情報などを取り扱う外国の事業者も、罰則によって担保された報告徴収・命令および立入検査などの対象となりました。

　　改正前：日本国内にある者の個人情報を取り扱う外国の事業者は、報告徴収・立入検査などの対象ではなかった。

　　改正後：日本国内にある者の個人情報を取り扱う外国の事業者も、報告徴収・立入検査などの対象となった。

7.6　デジタル社会形成基本法

　　デジタル社会形成基本法は、2000年に成立した「高度情報通信ネットワーク社会形成基本法」のいわば後継法として、「誰一人取り残さない」、「人に優しいデジタル化」といった考え方のもと、デジタル社会の形成に向けた基本理念や施策の策定に係る基本方針等を定めるものです。

1.　趣旨

　デジタル社会の形成が、我が国の国際競争力の強化および国民の利便性の向上に資するとともに、急速な少子高齢化の進展への対応その他の我が国が直面する課題を解決する上で極めて重要であることに鑑み、デジタル社会の形成に関する施策を迅速かつ重点的に推進し、もって我が国経済の持続的かつ健全な発展と国民の幸福な生活の実現に寄与するため、デジタル社会の形成に関し、基本理念および施策の策定に係る基本方針、国、地方公共団体及び事業者の責務、デジタル庁の設置並びに重点計画の作成について定めています。

2.　概要

(1) デジタル社会

　「デジタル社会」を、インターネットその他の高度情報通信ネットワークを通じて自由かつ安全に多様な情報または知識を世界的規模で入手し、共有し、または発信するとともに、先端的な技術をはじめとする情報通信技術を用いて電磁的記録として記録された多様かつ大量の情報を適正かつ効果的に活用することにより、あらゆる分野における創造的かつ活力ある発展が可能となる社会と定義しています。

(2) 基本理念

　デジタル社会の形成に関し、ゆとりと豊かさを実感できる国民生活の実現、国民が安全で安心して暮らせる社会の実現、利用の機会等の格差の是正、個人および法人の権利利益の保護等の基本理念を規定しています。

(3) 国、地方公共団体および事業者の責務

　デジタル社会の形成に関し、国、地方公共団体及び事業者の責務等を規定しています。

(4) 施策の策定に係る基本方針

　デジタル社会の形成に関する施策の策定にあたっては、多様な主体による情報の円滑な流通の確保（データの標準化等）、アクセシビリティの確保、人材の育成、生産性や国民生活の利便性の向上、国民による国および地方公共団体が保有する情報の活用、公的基礎情報データベース（ベース・レジストリ）の整備、サイバーセキュリティの確保、個人情報の保護等のために必要な措置が講じられるべき旨を規定しています。

(5) デジタル庁の設置等

　別に法律で定めるところにより内閣にデジタル庁を設置し、政府がデジタル社会の形成に関する重点計画を作成します。

(6) 高度情報通信ネットワーク社会形成基本法の廃止等

　高度情報通信ネットワーク社会形成基本法（IT 基本法）を廃止するほか、関係法律の規定の整備を行います。

(7) 施行期日

　2021 年 9 月 1 日

7.7　デジタル社会形成整備法

　「デジタル社会の形成を図るための関係法律の整備に関する法律（以下「デジタル社会形成整備法」)」は、2021 年 5 月 19 日に公布され、2022 年 4 月 1 日に一部が施行されました。

　本法律は、上述のデジタル社会形成基本法に基づき、デジタル社会の形成に関する施策を実施するため、個人情報保護法などの関係法律について所要の整備を行うものです。

　個人情報の保護に関する法律においては、個人情報保護法、行政機関個人情報保護法、独立行政法人等個人情報保護法の3本の法律を1本の法律に統合するとともに、地方公共団体の個人情報保護制度についても統合後の法律において全国的な共通ルールを規定し、全体の所管を個人情報保護委員会に一元化する等の措置を講ずるものです。

1.　趣旨

　デジタル社会形成基本法に基づきデジタル社会の形成に関する施策を実施するため、個人情報の保護に関する法律、行政手続における特定の個人を識別するための番号の利用等に関する法律（マイナンバー法、個人番号法）等の関係法律について所要の整備を行います。

2.　概要

(1)　個人情報保護制度の見直し（個人情報保護法の改正等）

　①個人情報保護法、行政機関個人情報保護法、独立行政法人等個人情報保護法の3本の法律を1本の法律に統合するとともに、地方公共団体の個人情報保護制度についても統合後の法律において全国的な共通ルールを規定し、全体の所管を個人情報保護委員会に一元化。

　②医療分野・学術分野の規制を統一するため、国公立の病院、大学等には原則として民間の病院、大学等と同等の規律を適用。

　③学術研究分野を含めたGDPR（EU一般データ保護規則）の十分性認定への対応を目指し、学術研究に係る適用除外規定について、一律の適用除外ではなく、義務ごとの例外規定として精緻化。

　④個人情報の定義等を国・民間・地方で統一するとともに、行政機関等での匿名加工情報の取扱いに関する規律を明確化。

　（デジタル社会形成整備法より改正された個人情報保護法の施行日は、公布の日から起算して一年を超えない範囲内において政令で定める日としている）

(2)　マイナンバーを活用した情報連携の拡大等による行政手続の効率化（マイナンバー法等の改正）

　①国家資格に関する事務等におけるマイナンバーの利用および情報連携を可能とする。

　②従業員本人の同意があった場合における転職時等の使用者間での特定個人情報の提供を可能とする。

　施行日：公布日（①のうち国家資格関係事務以外（健康増進事業、高等学校等就学支援金、知的障害者など））、公布から4年以内（①のうち国家資格関係事務関連）、2021年9月1日（②）

(3)　マイナンバーカードの利便性の抜本的向上、発行・運営体制の抜本的強化（郵便局事務取扱法、公的個人認証法、住民基本台帳法、マイナンバー法、J-LIS法等の改正）

1)　マイナンバーカードの利便性の抜本的向上

　①住所地市区町村が指定した郵便局において、公的個人認証サービスの電子証明書の発行・更新等を可能とする。

　②公的個人認証サービスにおいて、本人同意に基づき、基本4情報（氏名、生年月日、性

別及び住所）の提供を可能とする。

③マイナンバーカード所持者について、電子証明書のスマートフォン（移動端末設備）への搭載を可能とする。

④マイナンバーカード所持者の転出届に関する情報を、転入地に事前通知する制度を設ける。 等

施行日：公布日（①）、公布から2年以内（①以外）

2）マイナンバーカードの発行・運営体制の抜本的強化

①地方公共団体情報システム機構（J-LIS）による個人番号カード関係事務について、国による目標設定、計画認可、財源措置等の規定を整備。

②J-LISの代表者会議の委員に国の選定した者を追加するとともに、理事長および監事の任免に国の認可を必要とする等、国によるガバナンスを強化。

③電子証明書の発行に係る市町村の事務を法定受託事務化。

施行日：2021年9月1日

3）押印・書面の交付等を求める手続の見直し（48法律の改正）

○押印を求める各種手続についてその押印を不要とするとともに、書面の交付等を求める手続について電磁的方法により行うことを可能とする。（48の法律を一括改正）

施行日：2021年9月1日（施行までに一定の準備期間が必要なものを除く）。

7.8　割賦販売法

　割賦販売法は、いわゆるクレジット三法といわれる法律のひとつで、他の二法「特定商取引に関する法律」、「貸金業の規制等に関する法律」（貸金業規制法）とともに、クレジット業界関係では最も重要な法律です。この法律は、1961年に制定され、1972年改正時における「クーリング・オフ」制度の創設、1984年改正時における「支払停止の抗弁」制度の創設、また、2008年の改正では、ほぼ全ての商品・役務（一部を除く）を規制対象とし、個別クレジット業者を登録制にするとともに、その加盟店の勧誘行為の調査義務づけなど、規制が強化されました。改正のたびに取引秩序法的法律から消費者保護法的法律へ次第にその性格を変化させてきました。

1.　割賦販売法の目的

　割賦販売などに係る取り引きを公正にし、健全な発展を図ることによって、購入者などの利益を保護することと、商品などの流通および役務の提供を円滑にして国民経済の発展に寄与することを目的としています。

2.　割賦販売法が適用される取り引きの内容

　指定商品、指定役務、指定権利の割賦販売、ローン提携販売において、消費者が2か月以上の期間にわたり3回以上に分割して支払うことになる取り引きに適用されます。なお、信用購入斡旋による取り引き（クレジットカードによる取り引き）については、規制が強化され2か月を超える1回払い（ボーナス一括払い等）、2回払いも規制対象になっています。また、商品または役務の代金がリボルビング方式によって支払われる取り引きも適用対象となります。

3. 割賦販売法による業務規制について

消費者保護の観点から、割賦販売法では次のような業務規制が定められています。

① 販売条件等

商品または役務を分割払で販売あるいは分割払で販売することを広告するときは、販売業者および役務提供事業者は購入者が購入方法を比較検討して選択できるように販売条件を表示することが義務づけられています。例えば、割賦販売では、商品または役務の割賦販売価格、支払期間・回数、手数料、利用者が弁済すべき時期および弁済金の額の算定方法などの販売条件の表示が義務づけられます。

② 書面の交付等

割賦販売法では、販売業者および役務提供事業者はクレジット契約を締結したときは遅滞なく、割賦販売およびローン提携販売の場合「契約の内容を明らかにする書面」を、割賦購入斡旋の場合「割賦購入斡旋に関する事項を記載した書面」を購入者等に交付しなければなりません。

③ 契約の解除等（期限の利益喪失）の制限について

信用購入斡旋で、購入者が指定商品または、指定役務の賦払金や弁済金を支払わないために契約を解除したり、残金を一括請求したりできるのは、20日以上の相当な期間を定めてその支払いを書面で催告し、その期間内に支払いのない場合だけに限られます。なお、この契約解除の規定に反する特約をしても無効となります。20日の期間は、催告書が到達した翌日を第1日目として考えます。

④ 損害賠償等の制限について

遅延損害金の上限が定められており、これを超えて請求することはできません。

＊割賦販売と信用購入斡旋（リボルビング方式を除く）では、残金の全額（未払い金を含む）に対して年6％（商事法定利率）までしか遅延損害金の請求ができません。

⑤ その他の規則等

過剰与信（支払い能力の過大評価）の防止、取立て行為の規制（通達）、支払い停止の抗弁権、役務の明示などが規定されています。

4. 改正割賦販売法の概要

近年、クレジットカードを取り扱う加盟店（販売店）におけるクレジットカード番号等の漏えい事件や不正使用被害が増加し、また、カード発行会社ではない別の会社が販売店との加盟店契約を締結する形態（いわゆる「オフアス取り引き」）が増加したことでクレジットカードを取り扱う加盟店の管理が行き届かないケースも出てきているようです。更に、消費者に不当な勧誘を行いクレジット払いで商品などを販売する事例も指摘されています。これらの社会状況を背景に割賦販売法が改正され、2018年6月に施行されました。ここでは新たに規定された加盟店の義務や消費者との関係において留意すべき点を中心に改正法のポイントを記載します。

（1）加盟店にクレジットカード情報の適切な管理などを義務づけ

1）クレジットカード番号等の適切な管理

① クレジットカード番号などの非保持化

非保持化とは、電磁的に送受信しないこと、すなわち、「自社で保有するネットワーク・

機器においてカード情報を電磁的情報として保存、処理、通過しないこと」をいいます。なお、決済専用端末から直接外部の情報処理センターなどにカード情報を伝送している場合は非保持状態にあるとみなされます。

② セキュリティ基準「PCI DSS」への準拠

　クレジットカード情報に関する国際的なセキュリティ規格への準拠

2）不正利用を防止する対策の導入

① 対面取り引きにおけるクレジットカード端末のIC対応化

　ICカードが読み取れない端末を使用している場合には、ICカードに対応した決済専用端末（カードをスワイプするのではなく差し込んでデータを読み取り、暗証番号を入力する方式）を設置し、外部の情報処理センター等に直接伝送する必要があります。

② 非対面取り引きにおける3Dセキュア（なりすましを防止する対策）の導入

（2）過量販売に係る個別クレジット契約の契約解除を新設

　特定商取引法の改正にあわせて、電話勧誘にてクレジットカードを利用せずに、商品などを購入ごとに契約する個別クレジットで購入した場合に、過量を理由とする個別クレジット契約の解除が認められることになります。

（3）不当勧誘に係るクレジット契約の取消権行使期間の延長

　特定商取引法の改正にあわせて、不当な勧誘を理由とする取消権の行使期間が6か月から1年に延長されました。

7.9 携帯音声通信事業者による契約者等の本人確認等及び携帯音声通信役務の不正な利用の防止に関する法律（携帯電話不正利用防止法）

　携帯電話不正利用防止法とは、振り込め詐欺対策などの携帯電話の不正利用を防止するため、携帯電話契約時の本人確認の義務づけや携帯電話等の不正な譲渡や貸与の禁止などを内容とする法律です。

　また、特に匿名のレンタル携帯電話が犯罪に利用されるという問題が多発したため、レンタル携帯電話事業者にも身分証明書による本人確認などを義務づけています。

1．携帯電話不正利用防止法の概要

（1）携帯電話事業者関係

　携帯電話等の販売に際しては、運転免許証の提示を受けるなどの方法による契約者の本人確認および、その記録の保存が義務づけられています。本人確認は代理店に行わせることができますが、その場合、携帯電話事業者は代理店に関して監督責任を負います。法定の義務を適切に履行しなかった場合には、是正命令の対象となり、是正命令に従わなかった場合には、罰則を科されることとなります。

　また、警察署長からの求めに応じて、契約者の確認を行うことができ、確認がとれない場合には、役務提供を拒否することができます。

（2）レンタル携帯電話事業者関係

　業として、携帯電話等を貸与する際は、運転免許証の提示を受けるなどの方法による契約者の本人確認および、その記録の保存が義務づけられています。

（3）携帯電話の利用者関係

携帯電話等を購入するときおよび借りるときには、運転免許証等の身分証明書の提示など、本人確認手続への協力を要請しています。

なお、以下の行為を行った場合には、本法に従い罰せられることがあるので、注意が必要です。

- 携帯電話等の契約時（レンタルの場合も含む）に、虚偽の氏名、住居または生年月日を申告すること
- 自己名義の携帯電話等（SIMカードも含む）を携帯電話事業者に無断で譲渡すること
- 他人名義の携帯電話等（SIMカードも含む）を譲渡するまたは譲り受けること

7.10 家庭用品品質表示法

「家庭用品品質表示法」は、一般消費者が製品の品質を正しく認識し、購入に際し不測の損失を被ることのないように、事業者に適正な表示を要請し、消費者保護を図ることを目的に制定された法律です。表示事項や遵守事項を守らない事業者に対して、経済産業大臣は遵守すべき事項を指示し、それに従わない場合はその旨を公表することができると定められています。家電製品は電気機械器具として、それぞれの品目ごとに品質に関する表示、使用上の注意の表示、表示した者の氏名または名称の表示などが規定されています。

1. 品質に関する表示事項

電気機械器具については、下記の17品目について、対象品目ごとの品質に関して表示すべき事項が定められています。

【対象品目】エアコンディショナー、テレビジョン受信機、電気パネルヒーター、電気毛布、ジャー炊飯器、電子レンジ、電気コーヒー沸器、電気ポット、電気ホットプレート、電気ロースター、電気冷蔵庫、換気扇、電気洗濯機、電気掃除機、電気かみそり、電気ジューサーミキサー・電気ジューサーおよび電気ミキサー、卓上スタンド用蛍光灯器具

2. 表示例

電気冷蔵庫の表示例を図7-2に示します。表示は、1台ごとに消費者の見やすい箇所に分かりやすく記載することとなっており、電気冷蔵庫では扉の内側に記載することが多くなっています。

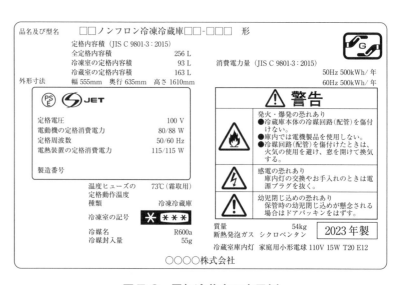

図7-2 電気冷蔵庫の表示例

7.11 産業標準化法とJISマーク表示制度

産業標準化法で規定されるJISマーク表示制度は、国に登録された機関（登録認証機関）から認証を受けた事業者（認証製造業者等）が、認証を受けた製品またはその包装等にJISマークを表示することができる制度のことです。JISマークは、表示された製品が該当するJISに適合していることを示しており、その適合性は認証製造業者等が確認するもので、取り引きの単純化のほか、製品の互換性、安全・安心の確保などに大きく寄与しています。

図7-3　JISマーク

なお、2019年7月の法改正により、従来の工業標準化法から産業標準化法へ法律名が改められており、JIS自体も標準化の対象にデータ、サービスなどが追加され、日本工業規格から日本産業規格へ名称が変更されています。さらには、認証を受けずにJISマークの表示を行った法人などに対する罰金刑の上限が1億円に引き上げられました（改正前は自然人と同額の上限100万円）。

7.12 Sマーク認証制度

Sマーク認証制度は、製造・輸入事業者や販売事業者などと利害関係のない公正・中立な第三者が、電気製品の安全性を確認し、その基準に適合している場合に証となるマーク等を付与する制度をいいます。この制度では、電気用品安全法を補完するため、第三者の認証機関によって、電気用品安全法の技術基準やSマーク認証機関が定める、または認める基準などに適合していることを

図7-4　Sマーク

確認しています。認証製品には図7-4のSマークとともに認証機関のロゴが表示されています。店頭普及調査（2020年電気製品認証協議会調べ）では、68.3％の電気製品にSマークが付いています。法律で義務づけられたものではありませんが、電気製品を購入する際の目安にしていただけるよう認証機関や電気製品認証協議会で広く啓発しています。

この章でのポイント *!!*

消費者基本法は、「消費者の権利の尊重」と「消費者の自立の支援」を基本理念とした、消費者政策の基本となる事項を定めた法律です。消費者基本計画を策定し、さまざまな施策や消費者教育の強化などを実施することで、消費者の権利や自立を支援しています。消費者との取り引きに関しては、民法や特定商取引法に留意する必要があります。また、昨今個人情報の取り扱いが問題となっており、個人情報保護法をしっかりと理解しておく必要があります。

キーポイントは
- 消費者政策の基本理念、消費者の権利とは何か
- 消費者基本計画
- 改正民法（債権分野）
　　不法行為責任、債務不履行責任、契約不適合責任、約款（定型約款）を用いた取り引き
- 特定商取引に関する法律
　　訪問販売、通信販売、電話勧誘販売、訪問購入、クーリング・オフ、送り付け商法
- 個人情報保護法
　　個人情報、要配慮個人情報、個人情報データベース等、匿名加工情報、利用目的による制限、第三者提供の制限、個人情報保護法の 2022 年改正
- デジタル社会形成基本法、デジタル社会形成整備法、マイナンバー、割賦販売法

キーワードは
- 消費者基本法の基本理念
- 消費税法
- 個人情報保護法
- 家庭用品品質表示法
- JIS マーク/S マーク

8章 知的財産保護に関する法規

8.1 商標法

　商標法は、商標を保護することにより、商標を使用する者の業務上の信用の維持を図り、もって産業の発達に寄与し、あわせて需要者の利益を保護することを目的としています。

　商標とは、自己の商品・サービスを他人のものと識別するための標識として用いられる商品・サービス（役務）の目印としての名前（ネーミング）やマークのことをいいます。消費者が商品を購入したり、サービスを受けたりするとき、商品やサービスに付随してその名前やマークが表示されていると、これを目安に中身を判断することができます。さらに、商品・サービスの品質が消費者に認められるようになると、次第にその名前・マークの知名度が上がり、名前・マーク自体の価値も高くなります。つまり、商標の知名度によって商品・サービスの売れ行きが左右される可能性もあるため、商標の果たす役割は非常に重要であるといえます。

　商標は特許庁への出願、審査を通過すると登録商標となり、出願した者には商標権が与えられ商標権者となります。

　権利の存続期間は10年間です。ただし、事業者の営業活動によって蓄積された信用を保護することを目的としていることから、更新登録申請により何度でも更新でき、継続的に権利を持ち続けることができます。商標権の効力は、商標権者が指定商品・サービスについて、登録商標を独占的に使用でき、同業他社の登録や使用を類似範囲において排除するところにまで及びます。商標権を侵害するとみなされる行為3を行った者には、刑事上、5年以下の懲役または5百万以下の罰金もしくは懲役と罰金の両方が科せられます。また商標権を侵害した者には、さらに重い10年以下の懲役または1千万円以下の罰金もしくは懲役と罰金の両方の罰則が科せられます。民事上は、侵害行為の停止や損害賠償を請求されます。損害賠償は、登録されていることを知らなかったとしても、逃れることができないうえに、その商品・サービス企画で得た利益を超える額を請求されるおそれがあるため、注意が必要です。

　なお、商標の類似とは、「外観類似」、「称呼（発音）類似」、「観念（意味）類似」のいずれかに該当する場合を指しますが、商標が類似であっても、使用する商品・サービスが同じか類似するものでなければ、基本的には商標権侵害にはなりません。また商標権者は外部に対し、商標使用についてのライセンス契約や、商標権自体の譲渡もできますので、営業戦略においても有効活用できます。

　このように商標法は、商標を独占権として保護することにより、商品・サービスの混同が発生するのを防止して、自由競争の秩序を維持し、商標使用者の業務上の信用の維持を図ろうとするものです。そして、あわせて需要者の利益を保護するという公共的な役割を担っているのです。

8.2　著作権法

　著作権法は、著作物並びに実演、レコード、放送および有線放送に関し著作者の権利および
これに隣接する権利を定め、これらの文化的所産の公正な利用に留意しつつ、著作者等の権利
の保護を図り、もって文化の発展に寄与することを目的としています。

1.　著作物とは

　著作物とは、「思想または感情を創作的に表現したものであって、文芸、学術、美術、音楽
の範囲に属するもの」と定義されており、例示すると下記のようなものが該当します。

- 小説、脚本、論文、講演その他の著作物
- 音楽の著作物
- 舞踏、無言劇の著作物
- 絵画、版画、彫刻その他の美術の著作物
- 建築の著作物
- 地図または学術的な性質を有する画面、図表、模型その他の図形の著作物
- 映画の著作物
- 写真の著作物
- プログラムの著作物
- データベース　など

　これらのほかにも、アニメのキャラクターなどもこれに含まれます。この場合、このキャラ
クターの絵と同一であるか否かは問題とはならず、そのキャラクターを連想させるような手法
を使う場合には、著作権者の許諾を得る必要があります。

2.　著作権侵害にあたる場合とあたらない場合

　上記のような著作物を勝手にコピーしたり、無断で商業用に利用したりすることは著作権の
侵害にあたりますが、下記のような私的使用に限ってはコピー（複製）などを行うことは認め
られています。

- CDの音楽ソフトをパソコンや携帯端末にダウンロードした。
- パソコン用ソフトを、バックアップのためにコピーした。

　しかし、下記のような行動は禁止されていますので、注意が必要です。

- DVDなどのソフトを無届けにて貸し出し業を始めた。
- パソコン用ソフトを、新たに購入することなしに、既に購入済みのものを顧客のパソコ
　ンにインストールした（1ユーザーに1ソフトが原則）。
- 自社のチラシに、著作権者に無許可でアニメのキャラクターを書いてしまった（この場
　合、絵が似ているか否かは問題ではない）。
- パソコン用ソフトをバックアップ用に1枚コピーをしたあと、原本を友達に譲り、コ
　ピーしたものを自分で使用している。（バックアップ用にコピーすること自体は適法だ
　が、原本を譲った時点でコピーのほうを破棄しなければならない）
- コピープロテクションを技術的に回避し、コピーして使用している（技術的保護手段を
　回避してコピーすることは、私的使用のための複製であっても複製権の侵害となる）。

- 違法なインターネット配信から、販売または有料配信されている音楽や映像を、自らその事実を知りながら、著作権者に無断でダウンロードした（このような「違法ダウンロード」は、私的に使用する目的であっても刑罰の対象となる）。

3. 著作物の保護期間

　著作権などの著作権法上の権利には一定の存続期間が定められており，この期間を「保護期間」といいます。

　これは、著作権者等に権利を認め保護することが大切である一方、一定期間が経過した著作物等については、その権利を消滅させることにより、社会全体の共有財産として自由に利用できるようにすべきであると考えられるためです。

　改正前の著作権法においては、著作物等の保護期間は原則として著作権者の死後50年までとされていましたが、環太平洋パートナーシップ協定の締結および「環太平洋パートナーシップに関する包括的および先進的な協定の締結に伴う関係法律の整備に関する法律」による著作権法の改正により、2018年12月より原則として著作者の死後70年までとなりました。

　著作権者の死後70年までを保護期間の原則とし、映画の著作物、無名または周知ではない変名（実名に代えて用いられるもの）の著作物、および団体名義の著作物の著作権の保護期間は、公表後ないし創作後70年までとなりました。著作隣接権（著作物の伝道に重要な役割を果たした実演家、レコード制作者など）の保護期間も併せて実演後またはレコード発行後70年となりました（ただし放送、有線放送については放送後50年のまま変更なし）。

4. 著作権法改正（違法ダウンロード）

　漫画などの海賊版対策として、全著作物を対象に、インターネット上に無断で公開されたと知りながらダウンロードする行為を違法とする改正著作権法が2021年1月1日に施行されました。従来は音楽や映像などに限っていましたが、漫画や雑誌、論文なども対象とし、悪質な場合は刑事罰を科すことになりました。

　また、海賊版サイトに誘導する「リーチサイト」の運営も違法化されました（2020年10月1日施行）。

　同法改正は、漫画家や有識者から「ネット利用を萎縮させる」などの懸念が強く出たため、スマートフォンの「スクリーンショット」（画面保存）への写り込みや、数十ページの漫画の1コマなど、軽微なダウンロードは違法としないこととしました。

　違法ダウンロードは継続的または繰り返して行った場合は、2年以下の懲役か200万円以下の罰金、またはその両方が科されます。リーチサイト運営は5年以下の懲役か500万円以下の罰金、またはその両方としています。

5. 著作権法改正（放送番組のインターネット同時配信等※1 に係る権利処理の円滑化）

2022年1月1日、著作権法の一部を改正する法律が施行されました。

【基本的な考え方】

　放送番組のインターネット同時配信等は、高品質なコンテンツの視聴機会を拡大させるものであり、視聴者の利便性向上やコンテンツ産業の振興等の観点から非常に重要です。また、放送番組には、多様かつ大量の著作物等が利用されており、インターネット同時配信等を推

進するに当たっては、これまで以上に迅速・円滑な権利処理を行う必要があります。

　それゆえ、放送事業者の有する権利処理に係るさまざまな課題に総合的に対応し、著作権制度に起因する「フタかぶせ」[2] を解消する必要があります。

　視聴者から見た利便性を第一としつつ、「一元的な権利処理の推進」と「権利保護・権利者への適切な対価の還元」のバランスを図り、視聴者・放送事業者・クリエイターの全てにとって利益となるような措置を講じます。

　[1]　同時配信等とは「同時配信」のほか、「追っかけ配信」（放送が終了するまでの間に配信が開始されるもの）、一定期間の「見逃し配信」をさします。

　[2]　フタかぶせ（かぶせ放送、かぶせ配信ともいう）は、権利処理未了のために生じる映像の差し替えなどで、特定放送局の番組を他社で放送する場合、権利上の関係、政治・文化的な問題から、一部を静止画に切り替えて放送を行うことです。動画をフタで覆い隠すように静止画を画面に映すことから「かぶせ」という語が使われます。

　放送されたニュース映像をインターネット動画で配信する際もフタかぶせを行う場合があります。権利上インターネットでの映像配信ができない海外の映像のほか、他社（ケーブルテレビ事業者からの映像提供など）が所有する映像が流れる場合に行われます。

課題1

放送では許諾が不要となっている場合も配信では許諾を得る必要がある

・権利制限規定の拡充

　　放送では権利者の許諾なく著作物等を利用できることを定める権利制限規定について、同時配信等にも適用できるよう拡充されました。

課題2

放送の許諾を得る際に、あわせて配信の許諾を得るのが負担

・許諾推定規定の創設

　　権利者が、同時配信等を業として実施している放送事業者※と、放送番組での著作物等の利用を認める契約を行う際、権利者が別段の意思表示をしていなければ、放送に加え同時配信等での利用も許諾したものと推定する規定が創設されました。

　　⇒ 放送と同時配信等の権利処理のワンストップ化

　　※その旨を公表していることが必要。放送事業者から委託を受けて放送番組を制作する者を含みます。

課題3

権利の集中管理等がされておらず、個別に配信の許諾を得るのが負担

・レコード・レコード実演の利用円滑化

　　同時配信等に関して、集中管理等が行われておらず、円滑に諾諾を得られないと認められるレコード・レコード実演について、通常の使用料額に相当する補償金を支払うことで、事前の許諾なく利用することができるようになりました。

・映像実演の利用円滑化

　　①初回の同時配信等の許諾を得た場合、契約に別段の定めがない限り、再放送の同時配信等について、集中管理等が行われておらず、円滑に許諾を得られないと認められる映像実演について、通常の使用料額に相当する報酬を支払うことで、事前の許諾なく利用することができるようになりました。

②初回の同時配信等の許諾を得ていない場合（初回放送時に同時配信等がされていない場合）にも、契約に別段の定めがない限り、実演家と連絡がつかない場合には、あらかじめ、文化庁長官の指定する著作権等管理事業者に通常の使用料額に相当する補償金を支払うことで、事前の許諾なく利用することができるようになりました。

課題4

利用条件等の契約交渉が折り合わず、許諾を得られない

- 協議不調の場合の裁定制度の拡充

　著作物を同時配信等するにあたっての協議が不調に終わった場合にも、裁定制度を活用することができるようになりました。

8.3　不正競争防止法

　不正競争防止法は、事業者間の公正な競争およびこれに関する国際約束の的確な実施を確保するため、不正競争の防止および不正競争に係る損害賠償に関する措置等を講じ、もって国民経済の健全な発展に寄与することを目的としています。

　禁止されている不正競争の行為類型としては、以下の行為などがあります。

① 周知表示混同惹起行為

　他人の商品・営業の表示（商品等表示）として需要者の間に広く認識されているものと同一または類似の表示を使用し、その他人の商品・営業と混同を生じさせる行為

- 事例：ソニー株式会社の登録商標である「ウォークマン」と同一の表示を看板等に使用や「有限会社ウォークマン」という商号として使用

② 著名表示冒用行為

　他人の商品・営業の表示（商品等表示）として著名なものを、自己の商品・営業の表示として使用する行為（例：アリナビック25）

- 事例：武田薬品工業株式会社の商品「アリナミンA25」の表示に似た「アリナビック25」

③ 形態模倣商品の提供行為

　他人の商品の形態を模倣した商品を譲渡等する行為

- 事例：株式会社バンダイの商品「たまごっち」の形態を模倣した「ニュータマゴウォッチ」

④ 営業秘密の侵害

　窃取等の不正の手段によって営業秘密を取得し、自ら使用し、もしくは第三者に開示する行為等

- 事例：退社し独立起業する際に、営業秘密である顧客情報を持ち出し

⑤ 限定提供データの不正取得等の行為

　他者との共有を前提に一定の条件下で利用可能な情報を不正取得等する行為

⑥ 技術的制限手段の効果を妨げる装置等の提供行為

　技術的制限手段により視聴や記録、複製などが制限されているコンテンツやデータの処理について、その制限行為を可能にする（技術的制限手段の効果を無効化する）または、効果を妨げる一定の装置またはプログラムを譲渡等する行為、および、役務の提供等行為

- 事例：B-CASカードの不正改変、Blu-ray Discソフトのコピープロテクション外し

⑦ ドメイン名の不正取得等の行為

　不正の利益を得る目的で、または他人に損害を加える目的（これらを図利加害目的という）で、他人の特定商品等表示（人の業務に係る氏名、商号、商標、標章その他の商品または役務を表示するものをいう）と同一もしくは類似のドメイン名を使用する権利を取得し、もしくは保有し、またはそのドメイン名を使用する行為

- 事例：マクセル株式会社の「maxell」と類似する「maxellgrp.com」ドメイン名を飲食店経営者が図利加害目的で使用

⑧ 誤認惹起行為

　商品、役務またはその広告等に、その原産地、品質、内容等について誤認させるような表示をする行為、またはその表示をした商品を譲渡等する行為

- 事例：富山県氷見市内での製造でも原材料の氷見市内での産出でもないうどんに「氷見うどん」の表示を付しての販売

　過去には、食肉加工業者が鶏や豚などを混ぜて製造したミンチ肉を「牛100％」などと表示し取り引き先に出荷して不正に代金を搾取した会社の社長に懲役4年の刑が科せられた事案や、大阪の有名なかに料理店の「動くかにの看板」を使用した同業者に対して、看板の使用禁止と損害賠償を認めた事案なども不正競争防止法が適用された事例です。

　このように同法は多様な類型に対応する法律ですが、ここでは、「営業秘密」と「限定提供データ」について記述します。

1.　営業秘密

　この法律に対しては、「営業秘密を管理する法人として」および「営業情報に接触する個人として」という2つの観点で考察しておく必要があります。

（1）営業秘密を管理する法人としての留意事項

　この法律により、営業秘密として保護を受けるためにはいくつかの重要なポイントがあります。営業秘密を管理する立場にある者は、これらの基本を踏まえた管理を徹底する必要があります。

営業秘密の定義

①秘密として管理されていること（秘密管理性）

- 情報にアクセスできる者を制限すること
- 情報にアクセスした者にそれが秘密であると認識できること

②有用な営業上または技術上の情報であること（有用性）

○	×
・設計図、製法、製造ノウハウ ・顧客名簿、仕入先リスト ・販売マニュアル	・有害物質の垂れ流し、脱税等の反社会的な活動についての情報は、法が保護すべき正当な事業活動ではないため、有用性があるとはいえない。

③公然と知られていないこと（非公知性）

○	×
・第三者が偶然同じ情報を開発して保有していた場合でも、当該第三者も当該情報を秘密として管理していれば、非公知といえる。	・刊行物等に記載された情報

情報の管理方法

　営業秘密としての法的な保護を受けるためには、必ずしも一律に高度な管理水準が要求されるわけではありません。各営業秘密のレベルや性質を踏まえ、秘密であるということを明言して、合理的な管理がされていることが必要です。

- 施錠可能な金庫などに施錠して保管する。
- 紙の資料の隅に「厳秘」や「秘」などのスタンプを押して秘密であることを明示する。
- コンピューターの閲覧に関するIDやパスワードを設定してアクセスを制限する。

　など

（2）営業秘密に接触する個人としての留意事項

　前述の営業秘密として管理されている情報（紙・電子データ等形式を問わない）を勝手に持ち出して自ら使用したり、第三者に提供したりするとこの法律により罰則が科せられます。国の基幹技術の流出事案が続発するなか、2015年7月、刑事・民事両面で、改正不正競争防止法が成立しました。そのポイントは次のとおりです。

　＜主な法改正事項＞

　処罰対象になる行為の範囲と罰則の見直し

　【対象範囲の拡大】以下の行為も処罰対象になりました。

- 営業秘密の取得等の未遂行為
- 不正に取得・開示されたものと知りながら行う、転売等されてきた営業秘密の使用や転売など
- 海外のサーバーに保管された情報の不正取得

　【罰則の強化】以下のように罰則が強化されました。

- 懲役：10年以下、罰金：個人2千万円以下、法人5億円以下、不当な収益・報酬は没収。
- 営業秘密を侵害して生産された物品の譲渡・輸出入等に対して、損害賠償や差止請求ができるようになりました。
- これらの譲渡・輸出入等の行為は刑事罰の対象にもなりました。
- 営業秘密侵害の訴訟では、加害者（被告）が当該秘密の不使用を立証しなくてはならなくなり、被害者（原告）の立証責任が軽減されました（立証責任転換）。

2.　限定提供データ

　IoTやAIの普及に伴い、ビッグデータを始めとするさまざまなデータの利活用が行われています。ただし、価値のあるデータであっても、創作性が認められる情報を保護する著作権法の対象とならず、また、他者との共有を前提とするため営業秘密には該当しないデータの場合、その不正流通を法的に差し止めることは困難でした。このため、2019年7月施行の改正不正競争防止法では、有用で価値のあるデータのうち一定の要件を満たしたデータを「限定提供データ」として、そのデータに対して悪質性の高いデータの不正取得・不正使用などを不正競争防止法に基づく不正競争行為と位置づけることにより、救済措置として差止請求権等の民事措置を創設しました。

限定提供データの定義

　限定提供データとは、業として特定の者に提供する情報として電磁的方法により相当量蓄積され、および管理されている技術上または営業上の情報（秘密として管理されているものを除く）をいいます。

　複数の企業間で提供・共有されることで、新たな事業の創出につながったり、サービスや製品の付加価値を高めたりするなど、その利活用が期待されているデータを想定しています。

①相手方を限定して提供するデータ（限定提供性）

② ID やパスワードなどの電磁的管理を施しているデータ（電磁的管理性）

③データを相当量蓄積していることで商用的価値があるデータ（相当蓄積性）

例えば、以下の具体例などが「限定提供データ」とみなされます。

・消費動向データ

　消費者データの収集・分析する企業が、購買データや小売店からの POS データを加工したものを各メーカーに提供しており、各メーカーは商品開発や販売戦略に有用で役立てている。

・人流データ

　携帯電話会社が、携帯電話の位置情報データを収集した人流データをイベント会社、自治体、小売などに提供して、提供を受けた事業者は、イベントの際の交通渋滞緩和や観光ビジネスなどに有用で役立てている。

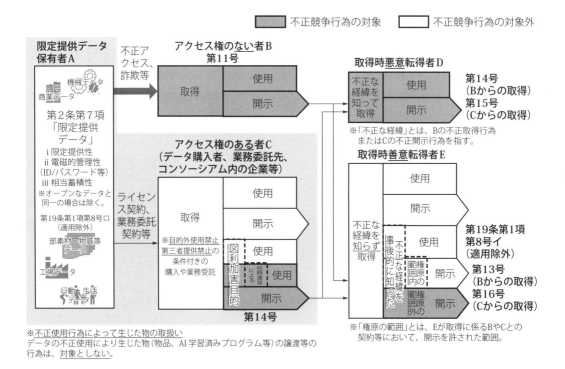

図8-1　不正競争行為の対象判定条件図

この章でのポイント *!!*

キーポイントは

- 商標法　登録商標、商標権とは何か
- 著作権法　著作物とは何か、著作権侵害にあたる場合とあたらない場合
- 不正競争防止法　禁止されている行為類型は何か

キーワードは

- 商標法　商標権の効力と侵害行為
- 著作権法　ダビング、バックアップ、インストール、コピー、コピープロテクション、ダウンロード
- インターネット同時配信
- 不正競争防止法　営業秘密と限定提供データ

9章 独占禁止法・景品表示法とそれらに関連するルール

9.1 私的独占の禁止及び公正取引の確保に関する法律（独占禁止法）

1. 独占禁止法の概要

　独占禁止法は、公正で自由な競争が確保されるために企業が競争市場において守るべき基本ルールを定めたものです。私的独占（支配型・排除型）、不当な取り引き制限（カルテル、談合など）、不公正な取り引き方法（再販売価格の拘束、優越的地位の濫用など）、競争制限的な企業結合（合併・株式取得など）などを禁止し、事業支配力の過度の集中を防止して、結合、協定等の方法による生産、販売、価格、技術等の不当な制限その他一切の事業活動の不当な拘束を排除することにより、公正かつ自由な競争を促進し、事業者の創意を発揮させ、事業活動を盛んにし、雇用および国民実所得の水準を高め、もって、一般消費者の利益を確保するとともに、国民経済の民主的で健全な発達を促進することを目的としています。

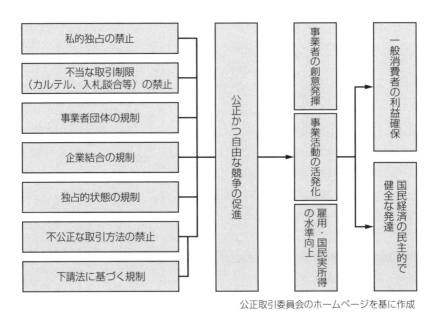

公正取引委員会のホームページを基に作成

図 9-1　独占禁止法の概要

2. 市場の独占に関する行為・状態の禁止

（1）私的独占の禁止

　事業者が単独または少数の事業者だけで、不当な低価格販売や差別価格により、競争相手をその市場から排除したり、新規参入事業者を妨害して市場を独占しようとしたりする行為は「排除型私的独占」として禁止されています。また、有力な事業者が、株式の取得、役員の派遣などにより、他の事業者の事業活動に制約を与えて、不当に市場を支配しようとする行為も

「支配型私的独占」として禁止されています。

（2）独占的状態に対する措置

　寡占状態にある事業分野において、一部の事業者が特に大規模であるなどの理由で、その市場での競争が有効に機能しておらず、市場に弊害がある場合には、独占的な状態にあるとして、公正かつ自由な競争を回復するため、国（公正取引委員会）は当該事業の差止め、事業の一部譲渡その他これらの規定に違反する行為を排除するために必要な措置を命ずることができます。

3.　不当な取り引き制限の禁止

（1）カルテル行為の禁止

　競争関係にある事業者または業界団体の構成事業者が、本来、各事業者が自主的に決めるべき商品の販売価格や販売・生産数量などを共同で取り決め、競争を制限する行為は「カルテル行為」として禁止されています。また、通常、競争関係にある複数の販売店が共同で配送料金や修理料金などを、話し合いで統一することも違法となり、いずれも不当な取り引き制限として禁止されています。

（2）入札談合の禁止

　国や地方公共団体の公共工事や物品の公共調達に関する入札の際、入札に参加する事業者が事前に相談して、受注業者や受注金額などを決めてしまう行為は、いわゆる「入札談合」とされ、不当な取り引き制限の一種として禁止されています。

4.　不公正な取り引き方法の禁止（主な規制内容）

　市場の活性化のためには、事業者が互いに競争相手より良質・廉価な商品を提供しようとする公正な競争状態を維持することが大切です。このため、独占禁止法は、自由な競争を減殺する行為、競争の基盤を侵害するような行為を不公正な取り引き方法として禁止しています。不公正な取り引き方法には法律で定められているものと、公正取引委員会の指定で定められているものがあります。また、公正取引委員会の指定には、すべての業種に適用される「一般指定」と特定の業種（大規模小売業、物流業、新聞業）にのみ適用される「特殊指定」があります。（後述の「大規模小売業告示」は、この特殊指定に相当します）

（1）取り引き拒絶の禁止

　正当な理由がないのに、複数の事業者が共同で特定の事業者との取り引きを拒絶したり、第三者に特定の事業者との取り引きを拒絶させたりする行為は禁止されています。例えば、新規事業者の開業を妨害するため、複数の事業者がメーカー等に新規事業者への商品供給をしないよう共同で申し入れる行為などが、共同の取り引き拒絶に該当します。

（2）差別対価・取り引き条件等の差別取り扱いの禁止

　メーカー、卸、販売会社が、合理的な理由がないにもかかわらず、小売業者や販売地域によって商品やサービスの対価に不当に著しい差をつけたり、その他取り引き条件を不当に差別したりすることは差別対価として禁止されています。例えば、競争相手を排除する目的で、競争相手の取り引き先に対してのみ廉売をしたり、競争相手と競合する地域でのみダンピング（不当な廉売）を行ったりする行為などが該当します。

（3）不当廉売の禁止

　正当な理由がないのに、商品または役務をその供給に要する費用を著しく下回る対価で継続

して供給し、他の事業者の事業活動を困難にさせるおそれがある行為は、不当廉売として禁止されています。ただし、品質が低下するおそれのある生鮮食料品、有効期限が切迫した商品、最盛期を過ぎた季節商品、旧型・流行遅れの商品、キズ物・はんぱ物といった商品を処分するなど、正当な理由がある場合には、仕入価格を下回る価格で販売しても違法とはなりません。

(4) 再販売価格の拘束の禁止

　本来、販売価格は販売する事業者が独自に設定するものであって、メーカーなどが指定した価格で販売しない小売業者等に経済上の不利益を課したり、出荷を停止したりするなどして価格を拘束することは禁止されています。また、メーカー、卸、販売会社が小売業者等と合意して、自社の商品を指定した価格で販売することも禁止されています。ただし、著作物のうち、書籍、雑誌、新聞、音楽ソフト（音楽用CD・レコード・音楽テープ）はこの規制の適用除外となっており、再販商品として定価販売が認められています。著作物でも映像ソフトやコンピューターソフト、ゲームソフトは対象ではなく、ダウンロード形式により販売される電子書籍や電子データ、音楽配信なども含まれません。また、再販商品であっても非再販商品をセットにして再販商品として価格を拘束して販売することは認められていません（書籍とフィギュアとのセットなど）。

(5) 優越的地位の濫用の禁止

　取り引き上の優越的な地位にある事業者が、取り引き先に対して不当に不利益を与える行為は、優越的地位の濫用として禁止されています。例えば、発注元の一方的な都合による、押しつけ販売、返品、従業員の派遣要請、協賛金の負担要請の行為などが、優越的地位の濫用に該当します。このほか、大規模小売業者による優越的地位の濫用行為を抑制・規制するため、大規模小売業者による特定の行為が不公正なものとして定められています。（本章9.2「大規模小売業者による納入業者との取り引きにおける特定の不公正な取り引き方法（大規模小売業告示）」を参照）

　なお、優越的地位の濫用の実例として、大規模小売業者が商品を販売してしまった後に、月次あるいは年度などで計画していた利益率や利益額が足りないという理由で、納入業者に対し追加リベートなどの利益補てんを要求することなどは禁止されています。

(6) 抱き合わせ販売の禁止

　商品やサービスを販売する際に、不当に他の商品やサービスも同時に購入させる「抱き合わせ販売」は、取り引きの強制にあたり禁止されています。例えば、人気商品と滞留在庫商品をセットで販売し、購入者が不必要な商品を買わざるを得ない状況にするような行為などが該当します。

(7) 非価格制限行為（排他条件付取引・拘束条件付取引）の禁止

　メーカー、卸・販売会社がマーケティング活動の手段として行う、小売業者の取扱商品、販売地域、販売先、販売方法などを制限する非価格制限行為（総称して垂直的制限行為という）は、競争に与える影響のいかんによっては、独占禁止法上問題となるおそれがあります。例えば、自社が供給する商品のみを取り扱い、不当に競合関係にある商品を取り扱わないことを条件として取り引きを行うことは、排他条件付取引として禁止されています。また、取り引き相手の事業活動を不当に拘束するような条件をつけて取り引きを行うことは、拘束条件付取引として禁止されています。例えば、テリトリー制によって販売地域を不当に制限したり、安売り表示を禁止したりするなど、販売地域や販売方法などを不当に拘束するような行為などが該当します。

（8）ぎまん的顧客誘引、不当な利益による顧客誘引の禁止

　自社の商品やサービスが実際より、あるいは競争相手のものよりも著しく優良・有利であるように見せかける虚偽や誇大な表示や広告によって、不当に顧客を誘引したり、過大な景品を付けて商品を販売したりするような行為は、消費者の適切な商品選択を妨げるため禁止されています。このような行為は、独占禁止法の補完法である「不当景品類及び不当表示防止法」（景品表示法）によっても規制されています。

5.　合併や株式取得などの企業結合規制

　独占禁止法は、株式保有や合併等の企業結合により、それまで独立して活動を行っていた企業間に結合関係が生まれ、当該企業結合を行った会社グループが単独で、または他の会社と協調的行動をとることによって、ある程度自由に市場における価格、供給数量などを左右することができるようになる場合（競争を実質的に制限することとなる場合）には、当該企業結合を禁止しています。一定の要件に該当する企業結合を行う場合、公正取引委員会に届出・報告を行うこととされています。

6.　課徴金制度

　独占禁止法に違反する行為が行われている疑いがある場合、公正取引委員会は事業者への立入検査や事情聴取などの調査を実施し、その結果、違反行為が認められると、違反を行っていた事業者に対して違反行為を速やかに排除するように排除措置命令を下すことができます。また、カルテルや入札談合のような悪質な行為については、課徴金納付命令や刑事罰などの厳しい措置がとられています。

　課徴金制度において課徴金額は、違反行為に係る期間中の対象商品または役務の売上額を基に決められた算定率を掛けて算出されます。また、事業者が自ら関与した違反行為について、その違反内容を公正取引委員会に自主的に報告した場合には、課徴金が減免される課徴金減免制度（リニエンシー制度）が適用されます。この課徴金減免制度は報告時期の順などによって課徴金の減額率が決まる仕組みになっています。

7.　独占禁止法の改正

　事業者による調査協力を促進し、適切な課徴金を課すことができることなどにより、不当な取り引き制限等を一層抑止し、公正で自由な競争による我が国経済の活性化と消費者利益の増進を図るため、「私的独占の禁止及び公正取引の確保に関する法律の一部を改正する法律」が2020年12月に施行されました。

　改正前の課徴金制度では、一律かつ画一的に課徴金を算定・賦課するものであったため、事業者が公正取引委員会の調査に協力した度合いにかかわらず一律の減算率であることや、違反行為の実態に応じて適切な課徴金を課すことができない、といった課題を抱えていました。それに対し改正法では、公正取引委員会の調査に協力するインセンティブを高める仕組みを導入し、事業者と公正取引委員会の協力による効率的・効果的な実態解明・事件処理を行う領域を拡大するとともに、複雑化する経済環境に応じて適切な課徴金を課せるように改正されました。

　これにより、事業者と公正取引委員会が対立した関係ではなく、同じ方向性で協力して独占禁止法違反行為を排除することや、必要十分な課徴金の賦課による違反行為に対する抑止力の

向上が期待されます。

9.2　大規模小売業者による納入業者との取引における特定の不公正な取引方法（大規模小売業告示）

　大規模小売業告示は、大型専門店、コンビニエンスストア、ホームセンターなどの大型小売業を対象に、大規模小売業者による優越的地位の濫用を抑制、規制するために独占禁止法第19条「不公正な取引方法」に関する規定をさらに具体的に示したものであり、独占禁止法を補完するものといえます。

1.　大規模小売業者の定義

　大規模小売業者とは、一般消費者により日常使用される商品の小売業者※で、次の①または②のいずれかに該当する者です。

　①前事業年度の売上高が 100 億円以上の者

　②次のいずれかの店舗を有する者

　　• 東京都特別区および政令指定都市においては店舗面積が 3,000m² 以上

　　• その他の市町村においては店舗面積が 1,500m² 以上

　　　※コンビニエンスストア本部などのフランチャイズチェーンの形態をとる事業者を含みます。

2.　納入業者の定義

　納入業者とは、大規模小売業者が販売（委託販売を含む）する商品を納入する事業者を指します。ただし、その取り引き上の地位が当該大規模小売業者に対して劣っていないと認められる者を除きます。

3.　大規模小売業告示で規定する禁止事項

（1）不当な返品

　大規模小売業者が納入業者から購入した商品の全部または一部を返品することは、原則として禁止されています。

【例外】

　①納入業者の責めに帰すべき事由がある場合

　②商品の購入にあたって納入業者との合意により返品の条件を定め、その条件に従って返品する場合

　③あらかじめ納入業者の同意を得て、かつ、商品の返品によって当該納入業者に通常生ずべき損失を大規模小売業者が負担する場合

　④納入業者から商品の返品を受けたい旨の申し出があり、かつ、当該納入業者が当該商品を処分することが当該納入業者の直接の利益となる場合

【不当な返品の事例】

　• 展示に用いたために汚損した商品を返品すること。

　• 大規模小売業者のプライベート・ブランド商品を返品すること。

- 購入者から大規模小売業者に返品されたことを理由に返品すること。
- 小売用の値札が貼られており、商品を傷めることなくはがすことが困難な商品を返品すること。
- 月末または期末の在庫調整のために返品すること。

（2）不当な値引き

　大規模小売業者が納入業者から商品を購入した後に、当該商品の納入価格の値引きをさせることは、原則として禁止されています。

【例外】

　納入業者の責めに帰すべき事由がある場合

【不当な値引きの事例】

- セールで値引き販売したことを理由に、値引き販売した額に相当する額を納入業者に値引きさせること。
- 在庫商品について、従来の店頭表示価格から値引き販売し、当該値引き販売に伴う利益の減少に対処するために必要な額を納入業者に値引きさせること。
- 毎月、一定の利益率を確保するため、当該利益率の確保に必要な金額を計算して、それに相当する額を納入業者に値引きさせること。

（3）不当な委託販売取り引き

　大規模小売業者が正常な商慣習に照らして、納入業者に著しく不利益となるような条件で、委託販売取り引きをさせることを禁止しています。

【不当な委託販売の事例】

　買取仕入れにより仕入れていた商品を、突然、仕入方法を買取仕入れから委託仕入れに変更し、他の取り引き条件等が変わらないのにもかかわらず、委託仕入れにおける手数料を従前の買取仕入れにより仕入れていた商品の粗利額と同じ額とすること。

（4）特売商品等の買いたたき

　大規模小売業者がセールなどを行うために購入する商品について、通常の納入価格と比べて、著しく低い価格を定めて納入させることを禁止しています。

【特売商品等の買いたたきの事例】

　自社のセールに供する商品について、納入業者と協議することなく、納入業者の仕入価格を下回る納入価格を定め、その価格で納入するよう一方的に指示して、当該価格をもって納入させること。

（5）特別注文品の受領拒否

　大規模小売業者がプライベート・ブランド商品（PB 商品）など特別の規格等を指定した上で、納入業者に商品を納入させることを契約した後において、当該商品の受領を拒むことを原則として禁止しています。

【例外】

　①納入業者の責めに帰すべき事由がある場合

　②あらかじめ納入業者の同意を得て、かつ、商品の受領を拒むことによって当該納入業者に通常生ずべき損失を大規模小売業者が負担する場合

【特別注文品の受領拒否の事例】

- 納入業者が大規模小売業者の発注に基づきプライベート・ブランド商品を製造し、当該

商品を納入しようとしたところ、売れ行き不振を理由に当該商品の受領を拒否された。
- 納入業者が大規模小売業者の発注に基づきプライベート・ブランド商品を製造し、当該商品を納入しようとしたところ、売り場の改装や棚替えに伴い当該商品が不要になったとして、当該商品の受領を拒否された。

（6）押しつけ販売等

　正当な理由がある場合を除き、大規模小売業者が、納入業者が希望しないにもかかわらず、自己の指定する商品を購入させ、または役務を利用させることを禁止しています。

【押しつけ販売等の事例】
- 仕入担当者から納入業者に対して、自社で販売する中元商品、歳暮商品の購入を要請すること。
- 納入業者に対し、組織的または計画的に購入を要請すること。
- 購入する意思がないとの表明があった場合、またはその表明がなくとも明らかに購入する意思がないと認められる場合に、重ねて購入を要請し、または商品を一方的に送付すること。
- 購入しなければ今後の納入取り引きに影響すると受け取られるような要請をし、またはそのように受け取られるような販売の方法を用いること。

（7）納入業者の従業員等の不当使用等

　大規模小売業者が自己等の業務に従事させるために、納入業者の従業員等を派遣させ使用すること、または自己等が雇用する従業員等の人件費を納入業者に負担させることを原則として禁止しています。

【例外】
①あらかじめ納入業者の同意を得て、その従業員等を当該納入業者の納入に係る商品の販売業務のみに従事させる場合。ただし、納入業者の従業員等が有する販売に関する技術または能力が当該業務に有効に活用されることにより、当該納入業者の直接の利益となる場合に限る。
②派遣を受ける従業員等の業務内容、労働時間、派遣期間等の派遣の条件についてあらかじめ納入業者と合意し、かつ、その従業員等の派遣のために通常必要な費用を大規模小売業者が負担する場合

【納入業者の従業員等の不当使用等の事例】
- 自社の店舗の新規オープンに際し、あらかじめ納入業者の同意を得ることなく一方的に、当該納入業者が納入する商品の陳列補充の作業を行うよう納入業者に要請し、当該納入業者にその従業員を派遣させること。
- 自社の店舗の改装オープンに際し、納入業者との間で当該納入業者の納入する商品のみの販売業務に従事させることを条件として、当該納入業者の従業員を派遣させることとしたにもかかわらず、その従業員を他社の商品の販売業務に従事させること。
- 自社の棚卸業務のために、派遣のための費用を負担することなく、当該業務を行うよう納入業者に要請し、当該納入業者にその従業員を派遣させること。
- 大規模小売業者が従業員の派遣のための費用を負担する場合において、個々の納入業者の事情により交通費、宿泊費等の費用が発生するにもかかわらず、派遣のための費用として一律に日当の額を定め、交通費、宿泊費等の費用を負担することなく、当該納入業

者にその従業員を派遣させること。

・自社の棚卸業務のために雇用したアルバイトの賃金を納入業者に負担させること。

(8) 不当な経済上の利益の収受等

　大規模小売業者が納入業者に、本来当該納入業者が提供する必要のない金銭などを提供させること、または納入業者が得る利益等を勘案して合理的であると認められる範囲を超えて、金銭、役務その他の経済上の利益を提供させることを禁止しています。

　【不当な経済上の利益の収受等の事例】

- 大規模小売業者の決算対策のために協賛金を要請し、納入業者にこれを負担させること。
- 一定期間に一定の販売量を達成した場合に大規模小売業者にリベートを供与することをあらかじめ定めていた場合において、当該販売量を達成しないのに当該リベートを要請し、納入業者にこれを負担させること。
- 店舗の新規オープン時のセールにおける広告について、実際に要する費用を超える額の協賛金を要請し、納入業者にこれを負担させること。
- 物流センター等の流通業務用の施設の使用料について、その額や算出根拠などについて納入業者と十分協議することなく一方的に負担を要請し、当該施設の運営コストについて納入業者の当該施設の利用などに応じた合理的な負担分を超える額を負担させること。
- 納入業者が納期までに納品できなかった場合に当該納入業者に対して課すペナルティについて、その額や算出根拠などについて納入業者と十分協議することなく一方的に定め、納品されて販売していれば得られた利益相当額を超える額を負担させること。
- 配送条件を変更することにより、納入業者の費用が大幅に増加するにもかかわらず、納入業者と十分協議することなく一方的に配送条件の変更を要請し、配送条件の変更に伴う費用増加を加味することなく、従来と同様の取り引き条件で配送させること。

(9) 要求拒否の場合の不利益な取り扱い

　大規模小売業者が、納入業者が前述の (1) ～ (8) の要求に応じないことを理由に、代金の支払い遅延、取り引きの停止その他の不利益な取り扱いをすることは禁止されています。

　【要求拒否の場合の不利益な取り扱いの事例】

- 従業員の派遣要請を拒否した納入業者に対し、拒否したことを理由に一方的に、これまでの当該納入業者から仕入れていた商品の一部の発注を停止すること。
- 決算対策のための協賛金の負担を拒否した納入業者に対し、拒否したことを理由に一方的に、当該納入業者からの仕入数量を減らすこと。

(10) 公正取引委員会への報告に対する不利益な取り扱い

　納入業者が前述の (1) ～ (9) の事実を公正取引委員会に知らせ、または知らせようとしたことを理由に、代金の支払い遅延、取り引きの停止その他の不利益な取り扱いをすることは禁止されています。

9.3 家庭用電気製品の流通における不当廉売、差別対価等への対応について（家電ガイドライン）

　公正取引委員会は、大手の家電量販店間の激しい低価格競争により、地域家電小売店の事業活動に与える影響が深刻化している状況を踏まえ、不当廉売や差別対価等の規制についての考

え方を具体的に示すべく、「家電ガイドライン」を公表しています。同委員会では、同ガイドラインを事業者等に十分周知し、事業者等からの相談に適切に対応することにより、独占禁止法違反行為の未然防止を図るとともに、同法の規定に違反する事実が認められた場合には、適切かつ迅速に対処することとしています。同ガイドラインは、「第1　不当廉売への対応について」「第2　差別対価等への対応について」「第3　その他」からなり、次のように記述されています。

1.　不当廉売への対応について
（1）不当廉売の規制の内容
1）独占禁止法が禁止する不当廉売
　　正当な理由がないのに、商品または役務をその供給に要する費用を著しく下回る対価で継続して供給し、他の事業者の事業活動を困難にさせるおそれがある行為は、不当廉売として禁止されています。ただし、品質が低下するおそれのある生鮮食料品、有効期限が切迫した商品、最盛期を過ぎた季節商品、旧型・流行遅れの商品、キズ物・はんぱ物といった商品を処分するなど、正当な理由がある場合には、仕入価格を下回る価格で販売しても違法とはなりません。

2）家庭用電気製品の取り引き実態を踏まえた考え方
　　問題となる廉売の態様としては、「正当な理由がないのに、供給に要する費用を著しく下回る対価で継続して供給」する場合と、「不当に低い対価で供給」する場合の2つがあり、このような廉売によって、「他の事業者の事業活動を困難にさせるおそれ」がある場合に不当廉売に該当します。
①「供給に要する費用を著しく下回る対価で継続して供給」する場合
　・「供給に要する費用を著しく下回る対価」の考え方
　　　「供給に要する費用」とは、総販売原価を指します。通常の販売業における総販売原価とは、仕入原価に販売費および一般管理費を加えたものです。また、廉売対象商品を供給しなければ発生しない費用（可変的性質を持つ費用）を下回る価格は、「供給に要する費用を著しく下回る対価」であると推定されます。
　・ポイントの提供について
　　　小売業者は、商品を販売する際に、消費者に対し販売価格の一部または全部の減額に充当できるポイント（1ポイントを一定の率で金額に換算するなどの方法による）を提供する場合があります。家庭用電気製品についてのこのようなポイントの提供は、一般的に値引きと同等の機能を有すると認められ、対価の実質的な値引きと判断されます。ただし、ポイントを利用する消費者の割合、ポイントの提供条件、ポイントの利用条件といった要素を勘案し、ポイントの提供が値引きと同等の機能を有すると認められない場合についてはこの限りではありません。
　・「継続して」の考え方
　　　「継続して」とは、相当期間にわたって繰り返し廉売を行い、または廉売を行っている事業者の営業方針などから客観的にそれが予測されることですが、毎日継続して行われることを必ずしも要しません。例えば、毎週末などに日を定めて行う廉売であっても、消費者の購買状況によっては継続して供給しているとみることができます。

②「他の事業者の事業活動を困難にさせるおそれ」の考え方

　廉売によって他の小売業者の事業活動を困難にさせるおそれがあるかどうかについては、次の事項などを総合的に考慮して判断することになります。

- 廉売を行っている事業者の規模および態様
- 廉売対象商品の数量、廉売期間

③「不当に低い対価で供給」する場合

　不当に低い対価で供給する場合に該当し得る行為態様としては、小売業者が可変的性質を持つ費用以上の価格（総販売原価を下回ることが前提）で販売する場合や、可変的性質を持つ費用を下回る価格で短期間販売する場合があります。このような場合であっても、廉売対象商品の特性、廉売行為者の意図・目的、廉売の効果、市場全体の状況などからみて、周辺の小売業者の事業活動を困難にさせるおそれが生じ、公正な競争秩序に悪影響を与えるときは、不公正な取り引き方法の規定に該当し、不当廉売として規制されます。

（2）公正取引委員会の対応

　申告のあった事案に関しては、処理結果を通知するまでの目標処理期間を原則2か月以内として、迅速に処理を行います。

2.　差別対価等への対応

（1）差別対価等の規制の内容

1）独占禁止法が禁止する差別対価等

　メーカー、卸、販売会社が、合理的な理由がないにもかかわらず、小売業者や販売地域によって商品やサービスの対価に不当に著しい差をつけたり、その他取り引き条件を不当に差別したりすることは差別対価として禁止されています。例えば、競争相手を排除する目的で、競争相手の取り引き先に対してのみ廉売をしたり、競争相手と競合する地域でのみダンピング（不当な廉売）を行ったりする行為などが該当します。

2）差別対価等の規制の基本的な考え方

　取り引き価格や取り引き条件に差異が設けられても、それが取り引き数量の相違等正当なコスト差に基づくものである場合や、商品の需給関係を反映したものである場合などにおいては、本質的に公正な競争を阻害するおそれがあるとはいえないものと考えられます。しかし、例えば、有力な事業者が、競争者を排除するため、当該競争者と競合する販売地域または顧客に限って廉売を行い、公正な競争秩序に悪影響を与える場合は、独占禁止法上問題となります。また、有力な事業者が同一の商品について、合理的な理由なく差別的な扱いをし、差別を受ける相手方の競争機能に直接かつ重大な影響を及ぼすことにより公正な競争秩序に悪影響を与える場合にも、独占禁止法上問題となります。

（2）公正取引委員会の対応

　公正取引委員会としては、家庭用電気製品の取り引きにおける差別対価等の問題については、申告の疎明資料等により、次のような事実があると思料する場合には、必要な調査を開始し、前記（1）の考え方に照らし判断するものとしています。

- メーカーＡ社と継続的な取り引き関係にある小売業者甲社および乙社が同一の商圏内に所在している場合において、Ａ社と甲社またはＡ社と乙社との取り引き内容が同等とはみられないものの、Ａ社の甲社または乙社に対する同一品目の家庭用電気製品の実質的な卸売

価格にその取り引き内容の相違を超えた著しい相違がみられる疑いがあり、それによって、甲社または乙社の競争機能に直接かつ重大な影響を及ぼすことにより公正な競争秩序に悪影響を与えるおそれがある場合

3.　その他

　有力な小売業者が納入業者に対し、その地位を利用して不当に不利益を与えることとなるような従業員等の派遣を要請することなどは、独占禁止法の「優越的地位の濫用」に該当するおそれがあります。また、大規模小売業者による納入業者に対する優越的地位の濫用行為については、前述の「大規模小売業告示」によっても規制されます。公正取引委員会としては、有力な小売業者による納入業者に対する優越的地位の濫用行為に対し、「大規模小売業告示」の運用基準、「優越的地位の濫用に関する独占禁止法上の考え方」で明らかにした考え方などを踏まえ、厳正に対処する、としています。

9.4　流通・取引慣行に関する独占禁止法上の指針（流通・取引慣行ガイドライン）

　公正取引委員会は、我が国の流通・取り引き慣行について、どのような行為が公正かつ自由な競争を妨げ、独占禁止法に違反するのかを具体的に明らかにすることによって、事業者および事業者団体の独占禁止法違反行為の未然防止とその適切な活動の展開に役立てることを目的として、「流通・取引慣行ガイドライン」を策定し、公表していました。しかし、このガイドラインは制定された1991年から四半世紀が経過しており、メーカーと流通業者との相対的な力関係が変化したり電子商取り引きが発展・拡大したりするなど、我が国における流通・取り引き慣行の実態が大きく変化していることから、そうした実態に即したガイドラインの見直しを3度にわたって行い、公表しました。

　＜2014年度改正の主なポイント＞（2015年3月公表）
①垂直的制限行為が市場に及ぼす効果（メーカーが流通業者の販売価格、取り扱い商品、販売地域、取り引き先等の制限を行う行為）
　・「競争制限的な効果」だけでなく、「競争促進的な効果」を有することもある。
②「非価格制限行為」の考え方（メーカーが流通業者の取り扱い商品、販売地域、取り引き先等の制限を行う行為）
　・その制限により、取り引きされる商品の「価格が維持されるおそれがない」場合は、通常、問題とならない。
③「商品の価格が維持されるおそれがある場合」の定義
　・非価格制限行為により、流通業者間の競争が妨げられ、流通業者が自由に価格を維持し、または引き上げることができる状態をもたらすおそれが生じる場合。
④「流通調査」について
　・メーカーによる流通業者の販売価格等の調査は、販売価格に関する制限を伴うものでない限り、通常、問題とならない。
⑤いわゆる「選択的流通」について（一定の基準を満たす流通業者に限定して商品を取り扱わせようとし、取り扱いを認めた流通業者以外への転売を禁止すること）

・品質の保持、適切な使用の確保等、消費者の利益の観点からそれなりの合理性があり、その設定基準が全ての流通業者に同等に適用される場合には、通常、問題とならない。
⑥再販売価格維持行為における「正当な理由」（合法となる場合）の明確化がなされた。

＜2015年度改正の主なポイント＞（2016年5月公表）
　2016年5月、公正取引委員会は「流通・取引慣行ガイドライン」の一部改正を発表しました。その中で、いわゆるセーフ・ハーバー（競争を実質的に制限することとなるとは通常考えられない範囲）に関する基準や要件などについても見直されました。従来「市場シェア10％未満、かつ、上位4位以下である事業者が特定の非価格制限行為を行う場合には、通常、市場閉鎖や価格維持のおそれはなく、違法とはならない」とされていたものを「市場シェアが20％以下であれば、通常、問題とならない」とした点が主要な見直しポイントです。

＜2016年度改正の主なポイント＞（2017年6月公表）
　3年連続のガイドライン改正の最終年度の改正では、「分かりやすく、汎用性のある、事業者および事業者団体にとって利便性の高いガイドラインを目指したものである」としています。主な改正ポイントは以下のとおりです。

① 全体の構成の見直し
　事業者および事業者団体の利便性向上の観点等から、同一の適法・違法性判断基準に基づき判断される行為類型を統合するなどして、「流通分野における取引に関する独占禁止法上の指針」を中心として再構築されました。また、非価格制限行為のひとつとして「抱き合わせ販売」が項目として追加されました。

② 適法・違法性判断基準の更なる明確化
　「違法・適法性基準の考え方」、「公正な競争を阻害するおそれ」といった分析プロセスの明確化、オンライン取り引きに関連する垂直的制限行為（インターネットを利用した取り引きは、実店舗の場合と比べ、より広い地域やさまざまな顧客と取り引きすることができるため、事業者にとっても顧客にとっても有用な手段である旨明記）、審判決例や相談事例の積極的な活用（相談事例において独占禁止法上問題となるものではないと回答した事例等、可能な限り事業者の理解の助けになるようなものを追加）などが追記されました。

9.5　特定デジタルプラットフォームの透明性及び公正性の向上に関する法律（デジタルプラットフォーム取引透明化法）

　近年、インターネットやスマートフォンの急激な進歩と利便性・快適性の向上により、オンラインモール・アプリストアといったデジタル技術を用いた取り引きが利用者の市場アクセスを飛躍的に向上させています。中でもデジタルプラットフォーム（もしくはデジタルプラットフォーマー）と呼ばれる内外の巨大IT企業は、市場に対して大きな影響力をもっています。

　他方、デジタルプラットフォームを巡っては、取り引きの透明性や公正性などについての懸念なども見られます。

　こうした背景を踏まえ、デジタルプラットフォームを巡る市場のルール整備や、取り引き上の課題を関係者間で共有するための仕組みづくりが急務でした。

　デジタルプラットフォームにおける取り引きの透明性と公正性の向上を図るために、デジタルプラットフォーム取引透明化法）」が2021年2月1日に施行されました。

　同法では、デジタルプラットフォーム提供者に対し、取り引き条件等の情報の開示、運営における公正性確保、運営状況の報告を義務づけ、評価・評価結果の公表などの必要な措置を講じるようにしています。

基本理念

　デジタルプラットフォーム提供者が透明性および公正性の向上のための取組を自主的かつ積極的に行うことを基本とし、国の関与や規制は必要最小限のものとすることを規定しています。

規制の対象

　デジタルプラットフォームのうち、特に取り引きの透明性・公正性を高める必要性の高いプラットフォームを提供する事業者を「特定デジタルプラットフォーム提供者」として指定し、規制の対象としています。

表9-1　「特定デジタルプラットフォーム提供者」として指定された事業者（2023年9月現在）

総合物販のオンラインモール運営事業者（五十音順）

運営事業者	（参考）当該事業者が提供するオンラインモール
アマゾンジャパン合同会社	Amazon.co.jp
楽天グループ株式会社	楽天市場
ヤフー株式会社	Yahoo!ショッピング

アプリストア運営事業者（五十音順）

運営事業者	（参考）当該事業者が提供するアプリストア
Apple Inc. 及び iTunes 株式会社	App Store
Google LLC	Google Play ストア

特定デジタルプラットフォーム提供者が行うべきこと

　取り引き条件等の情報の開示及び自主的な手続・体制の整備を行い、実施した措置や事業の概要について、毎年度、自己評価を付した報告書を提出する必要があります。

　＊利用者に対する取り引き条件変更時の事前通知や苦情・紛争処理のための自主的な体制整備などを義務づけ

期待される効果

①不透明な出品拒否・アプリ拒否への対応

　　拒絶された際には、拒絶の判断を行う基準が開示されます。

②不透明なアカウント停止等への対応

　　アカウント停止等をされた際には、時間的余裕をもって事前（30日）にその旨・理由が開示されます。

③利用規約等の一方的な変更への対応

　　提供条件を変更された際には、時間的余裕をもって事前（30日）に変更内容・理由が開示されます。

④検索結果の表示に関する懸念への対応

　　検索の順位を決定するための主要な事項が開示されます。

⑤商品データの流用・不公正な取り扱いへの対応

　　プラットフォーム上の商品等に係るデータをプラットフォーム提供者が取得・利用す

る場合、内容、取得・利用の方法・使用条件が開示されます。

⑥他の提供経路と同等以上の条件（最恵国待遇）を要請されることへの対応

　　他の提供経路と同等以上の提供条件を求められた場合は、その内容・理由が開示されます。

⑦返品・返金への対応の強制への対応

　　返品・返金の負担を負わせられた場合、その内容・条件が開示されます。

⑧提供条件に含まれない行為の要請への対応

　　提供条件によらない取り引きの実施を要請された際には、内容・理由が開示されます。

⑨有償の付属サービス利用の強制への対応

　　デジタルプラットフォームの提供に併せて、他のサービスの利用を有償で要請された場合、その内容・理由が開示されます。

⑩自己または自己の関連会社と異なる取り扱いへの対応

　　自己または自己の関連会社について、提供条件が異なる場合、その内容・理由が開示されます。

⑪売上金の支払留保への対策

　　支払を留保する場合、その内容・条件が開示されます。

9.6　不当景品類及び不当表示防止法（景品表示法）

1.　景品表示法の目的と仕組み

　景品表示法は、商品および役務の取り引きに関連する不当な景品類および表示による顧客の誘引を防止するため、一般消費者による自主的かつ合理的な選択を阻害するおそれのある行為の制限および禁止について定めることにより、一般消費者の利益を保護することを目的としています。規制内容は「不当な表示の禁止」と「過大な景品類の提供の禁止」の2つですが、具体的な規制内容については、不当表示告示や業種別景品制限告示などによっても示されています。また各業界は、内閣総理大臣の委任を受けた消費者庁長官および公正取引委員会の認定を受けて、業界の自主ルールである公正競争規約を制定することができます。公正競争規約については、次節の「9.7　家電業界の公正競争規約」で説明します。

　景品表示法の仕組みをまとめると、図9-2のようになります。

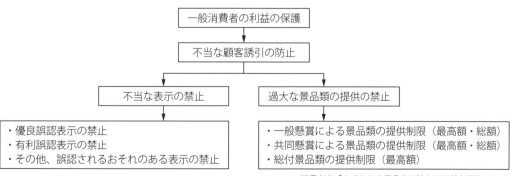

消費者庁「よくわかる景品表示法と公正競争規約」より

図9-2　景品表示法の仕組み

2.　景品表示法の主な規制内容

（1）過大な景品類の提供の禁止

　商品やサービスの販売促進のため、景品類の提供が盛んになっています。しかし、一般消費者が景品によって商品やサービスを選ぶようになると、質のよくない商品や価格の高いものを買わされて不利益を受けてしまうおそれがあるため、景品表示法では、このような不利益を一般消費者が受けることがないよう、景品類の最高額、総額などを規制しています。

　景品類とは、事業者が顧客を誘引するための手段として、商品やサービスの取り引きに付随して提供する物品、金銭などのことをいいます。ただし、一般的に値引きやアフターサービスなどは除かれます。

　景品類の規制の対象には、懸賞景品（一般懸賞、共同懸賞）、総付景品（ベタ付け景品）に関するものがあります。

　① 一般懸賞

　　商品やサービスの利用者に対し、くじなどの偶然性、特定行為の優劣などによって景品類を提供することをいい、景品類の限度額（最高額、総額）が規制されています。例えば、抽せん券、じゃんけんなどによる景品類の提供や、パズル、クイズなどの解答の正誤などにより景品類を提供する方法が対象です。

　② 共同懸賞

　　商店街や一定の地域内の同業者が共同して行う懸賞であり、景品類の限度額（最高額、総額）が規制されています。例えば、一定の地域（市町村など）の小売業者またはサービス業者が共同で実施する場合や、中元・歳末セールなど、商店街が共同で実施する場合が対象です。

　③ 総付景品

　　商品の購入者や来店者に対し、懸賞によらずにもれなく提供する景品類を総付景品（ベタ付け景品）といい、景品類の最高額が規制されています。例えば、商品の購入者や来店者全員にプレゼント、申し込みや来店の先着順にプレゼントなどがこれにあたります。ただし、商品やサービスの販売に必要な物品やサービスには適用されません。

（2）不当な表示の禁止

　品質や価格についての情報は、一般消費者が商品やサービスを選択する際の重要な判断材料であり、一般消費者に正しく伝わる必要があります。ところが、商品やサービスの品質や価格について、実際よりも著しく優良または有利であると見せかける表示が行われると、一般消費者の適正な選択が妨げられることになるため、景品表示法では、一般消費者に誤認される不当な表示を禁止しています。

　① 優良誤認表示

　　商品やサービスの品質、規格、その他の内容についての不当表示

　• 一般消費者に対して、実際のものよりも著しく優良であると示す表示を禁止しています。

　　　例えば、電球形 LED ランプの明るさについて、実際には全光束（光源がすべての方向に対して放出する光の量）が白熱電球 60 ワット形の全光束を大きく下回っているにもかかわらず、あたかも「白熱電球 60 ワット相当」の明るさであるかのように表示することなどは優良誤認表示に該当します。

- 事実に相違して競争事業者に係るものよりも著しく優良であると示す表示を禁止していま
す。

　　例えば、「この技術は日本で当社だけ」と表示しているが、実際には競争事業者でも同
じ技術を使っていた場合などは優良誤認表示に該当します。

② 有利誤認表示

　商品やサービスの価格、その他の取り引き条件（数量、アフターサービス、保証期間、支
払条件など）についての不当表示

- 実際のものよりも、取り引きの相手方に著しく有利であると、一般消費者に誤認される表
示を禁止しています。

　　例えば、「新型ブルーレイディスクレコーダーを特別価格5万円で提供」と表示してい
るが、実際は通常価格と変わらない場合などは有利誤認表示に該当します。

- 競争事業者に係るものよりも、取り引きの相手方に著しく有利であると、一般消費者に誤
認される表示を禁止しています。

　　例えば、「他社商品の1.5倍の量」と表示しているが、実際は他社商品と同程度の内容
量しかない場合などは有利誤認表示に該当します。

③ その他、誤認されるおそれのある表示

　商品・サービスの取り引きに関する事項について、一般消費者に誤認をされるおそれがあ
ると認められる表示について、内閣総理大臣が指定する表示。

　2020年9月現在、6つが指定されていますが、家電業界に特に関連性の高いものとして
は、以下のようなものがあります。

- 商品の原産国に関する不当な表示

　　例えば、A国製の商品に、B国の国名、国旗、事業者名などを表示することにより、一
般消費者が当該商品の原産国をB国と誤認するような場合には、不当な表示となるおそれ
があります。

- おとり広告に関する表示

　　例えば、売り出しセールのチラシに「超特価商品10点限り！」と表示しているにもか
かわらず、実際には当該商品を全く用意していない場合、または表示した数より少ない数
しか用意していない場合にはおとり広告に該当し、不当な表示とみなされます。

（3）措置命令と課徴金納付命令

　景品表示法に違反する行為が行われている疑いがある場合、消費者庁は、事業者への事情聴
取、資料収集などを行い、調査を実施します。これにより違反が認められた場合、事業者に対
し、書面による弁明、証拠の提出の機会を与えた上で、措置命令により一般消費者に与えた認
識を排除すること、再発防止策を講ずること、その違反行為を取りやめることなどを命じるこ
とができます。また、課徴金対象行為（優良誤認表示または有利誤認表示）をした事業者に対
して、課徴金の納付を命じることができます。

ステルスマーケティング（ステマ）

　ステルスマーケティングとは、広告であることを隠して、商品やサービスを宣伝することです。

　近年の消費生活におけるデジタル化の進展に伴い、インターネット広告市場は、マスメディア4媒体（新聞、雑誌、ラジオ、テレビ）の広告市場規模を上回るなど、著しく拡大しています。特に、SNS上で展開される広告については、その傾向が顕著となっており、このような状況の中で、広告主が自らの広告であることを隠したまま出稿または出稿を依頼するといった問題が一層顕在化しています。

　諸外国では、ステルスマーケティングに対する法規制が存在する一方、日本においては法規制の整備が不完全な状況にありました。

　景品表示法は、商品やサービスについて一般消費者の自主的で合理的な選択を妨げるおそれのある広告などを不当表示として禁じていますが、好意的な感想などの形をとったステルスマーケティング自体は従来は規制の対象外でした。こうした現状を踏まえ、政府は、2023年10月1日より、ステルスマーケティングを景品表示法が禁じる不当表示に追加しました。違反した場合は再発防止を求める措置命令の対象となります。悪質な場合は懲役刑などの刑事罰が科される場合もあります。ただし、消費者庁が公表したステマ規制の運用基準によると、規制対象は広告主で、インフルエンサーなどの投稿者側は処分しません。

9.7　家電業界の公正競争規約

　「公正競争規約」は、さまざまな業界において景品類の提供や広告などの表示の内容などについて、景品表示法に基づき設定する業界の自主規制ルールであり、2023年9月現在、全102規約（うち表示関係は家電、不動産、自動車、各種食品など65規約、景品関係は同様に37規約）存在し、各業界の商品特性や取り引きの実態に即して、広告やカタログに必ず表示すべきことや、特定の表現を表示する場合の基準、景品類の提供制限などを定めています。

1．家電業界の公正競争規約の特徴

　家電業界においては、公益社団法人 全国家庭電気製品公正取引協議会（家電公取協）が、内閣総理大臣の委任を受けた消費者庁長官および公正取引委員会の認定を受けた次の①～③の公正競争規約を運用しています。

　　①家庭電気製品製造業における表示に関する公正競争規約（製造業表示規約）
　　②家庭電気製品業における景品類の提供に関する公正競争規約（製品業景品規約）
　　③家庭電気製品小売業における表示に関する公正競争規約（小売業表示規約）

　これら3つの家電業界の公正競争規約のうち、特に製造業表示規約と小売業表示規約には、家電業界特有の事業環境や商習慣などの特殊事情に正しく対応するために、以下のような特徴があります。

（1）家電業界の製造業表示規約の特徴

　一般消費者が安心して家電品※を選択し、購入後も正しく使用していただくためには適切な

情報提供が必要です。そのため、製造業表示規約では、事実と相違する表示や事実を誇張した表示などの不当な表示を禁止しています。

　また、家電品の仕様・性能・特徴などについて必ず表示しなければならない事項を取り決め、これらを広告やカタログ、取扱説明書、保証書、本体などに表示する方法を定めています。このほか、特定用語の使用基準や特定事項の表示、希望小売価格等の表示についても規定しています。

　※家電品とは、一般的に「家電製品」や「家電商品」といわれるものであり、家電公取協の
　　関連規約などで使用される言葉です。

　【例】
　　• カタログでの表示
　　• 製品本体の表示
　　• 原産国の表示
　　• 製造時期の表示
　　• 永久、安全、最安、世界初、ナンバーワンといった特定用語の使用など

(2) 家電業界の小売業表示規約の特徴

　一般消費者による自主的かつ合理的な選択に資するとともに、不当な顧客誘引を防止し、販売店間の公正な競争を確保することを目的に、家電品の販売店が、取り引き（販売）のために行う表示（チラシや店頭の表示、インターネット販売の表示など）に関する事項を細かく規定しています。

　そのため、小売業表示規約では、表示しなければならない事項、表示する際に制限のある事項、表示してはならない事項を具体的に規定しています。

　【例】
　　• チラシや店頭での二重価格表示
　　• チラシでの価格やエアコンなどの付帯据付工事の
　　　費用、保証期間や配送を訴求する場合の表示
　　• 中古品、汚れ物、キズ物商品の表示
　　• 割賦販売の表示
　　• おとり広告など

なお、家電公取協では図9-3の「ただしちゃん」をシンボルマークとし、家電業界において「表示を正しく」を「ちゃんと」行う活動を推進しています。

図9-3　家電公取協シンボル
マーク「ただしちゃん」

2. 製造業表示規約

　メーカーが行う広告およびカタログ、取扱説明書、保証書、本体表示などの表示方法について定めた公正競争規約で、主に以下の内容から成り立っています。

(1) 不当表示の禁止

　家電製品の品質性能その他の内容や、価格・取り引き条件などについて、実際のものまたは他の事業者のものより著しく優良または有利であると、一般消費者に誤認されるおそれのある表示を不当表示として禁止しています。

① 事実と相違する表示

　事実と相違する表現を用いることにより、実際のものより優良または有利であると消費者に誤認をあたえるおそれのある表示

② 事実を著しく誇張した表示

　事実を著しく誇張した表示を用いることにより、実際のものより優良または有利であると消費者に誤認をあたえるおそれのある表示

③ 家電製品の選択、購入または使用にあたり、重要な事項についての不表示または不明瞭な表示

- 文字が小さい、または配色で見にくい表示
- 離れて表示されていて分かりにくい表示
- 曖昧な表示

④ 合理的な根拠のない表示

　合理的な根拠なく、著しい優良性、有利性を示す表示

【誤認されるおそれのある主な表示例】

- 品質、性能、取り引き条件などについて、「永久」、「完全」など完璧性を意味する用語を断定的に使用すること。
- 省エネルギー、節約、静音などの用語を商品名、愛称などに冠的に使用すること。
- 人の身体・生命・財産にかかわる健康、安全、環境保全などの用語を直接的または暗示的に商品名、愛称などに冠的に使用すること。
- 客観的事実または根拠に基づかずに No.1、最高、世界初などの用語を使用すること。
- No.1、最高、新製品などの状態が終了しているにもかかわらず、継続して使用すること。
- 品質、性能、取り引き条件に関し、商品の選択、購入に重要な影響を及ぼす事項についての不表示または不明瞭な表示。
- 使用環境、使用条件によって性能・効果が著しく低下する場合で、その旨を明瞭に表示しないこと。
- 表示価格に含まれていない別売品について、別売りである旨を明示しないこと。

(2) 必要表示事項

　一般消費者への情報提供の観点から、カタログ、取扱説明書、保証書、家電製品本体には、次に掲げる事項を明瞭に表示することになっています。

① カタログへの必要事項表示

　カタログには、事業者の名称および所在地、品名および形名、仕様、カタログの作成時期、補修用性能部品の保有期間などを表示すること。

② 取扱説明書への必要表示事項

　取扱説明書には、事業者の名称および所在地、品名および形名、仕様、主要部品の名称、働きおよび操作方法、付属品の名称および数、取り扱い上の注意事項、修理等に関する事項、事業者の消費者窓口に関する事項を表示すること。

③ 保証書への必要表示事項

　保証書についても、保証書である旨、保証者の名称、所在地、電話番号、品名および形名、保証期間、保証対象となる部分、保証の態様、消費者の費用負担のある場合はその内容、保

証を受けるための手続き、適用除外に関する事項、無料修理等の実施者などを表示すること。

④ 本体への必要表示事項

家電製品本体には、電気用品安全法、家庭用品品質表示法、消費生活用製品安全法、フロン類の使用の合理化及び管理の適正化に関する法律などの関連法令に基づく表示を行うほかに、原産国名、製造時期を表示すること。

(3) 特定用語の使用基準・特定事項の表示基準

広告表現上、消費者の誤認のおそれのある特定用語や特定事項については、その用語の使用基準が定められています。

① 特定用語の使用基準

- 永久を意味する用語は断定的に使用することはできません（永久、永遠、パーマネント、いつまでもなど、永久に持続することを意味する用語が該当します）。
- 完全を意味する用語は断定的に使用することはできません（完ぺき、パーフェクト、100%、万能、オールマイティーなど、全く欠けるところがないことを意味する用語が該当します）。
- 安全性を意味する用語は強調して使用することはできません（安心、安全、セーフティなど、どんな条件下でも安全を意味する用語が該当します）。
- 最上級および優位性を意味する用語は、客観的事実に基づく具体的根拠を表示しなければなりません（最高、最大、最小、最高級、世界一、日本一、第一位、ナンバーワン、トップをゆく、他の追随を許さない、世界初、日本で初めて、いち早くなどの用語が該当します）。

② 特定事項の表示基準

家電製品の品質、性能、取り引き条件などについて比較表示する場合や数値表示する場合は、次の要件を満たす必要があります。

- 比較対象事項は、客観的に実証され、測定または評価できる数値や事実を使用すること。
- 実証される数値や事実を正確かつ適正に引用すること。
- 比較の方法が公正であること。
- 数値は客観的に測定または評価できるものとし、測定方法など具体的根拠を表示すること。

(4) 希望小売価格等の表示

希望小売価格（あらかじめカタログなどにより消費者に公表されているもの）などの表示については、公正競争規約で次のように定められています。

- 希望小売価格がある場合は、「希望小売価格」の名称を用いて表示すること。
- 希望小売価格を表示する場合であって、当該希望小売価格には含まれない別途の費用がかかる場合には、その旨を明瞭に表示すること。
- 希望小売価格がない場合は、カタログなどにその旨を明瞭に表示すること。
- 希望小売価格がない場合において、小売業者向けカタログなどで、一般消費者が希望小売価格と誤認するおそれのある名称を用いて価格表示をしないこと。

また、事業者は、市場価格と著しくかけ離れた希望小売価格を表示してはならないとされています。

（5）ホームページ上での商品情報表示の留意事項

　インターネットの普及とともに、多くの消費者が製造事業者のホームページから商品情報を得るようになり、ホームページはカタログ同様に、消費者にとって重要な情報源となっています。製造業表示規約では、インターネットによる表示も規約の対象としており、ホームページ上の商品情報を作成する際の留意事項を以下のように取り決めています。

1）対象範囲

　製造事業者がインターネットを利用して一般消費者向けに家電製品の商品紹介をするもので、家電製品の選択または購入に際して一般消費者の参考となる仕様、性能、特徴などの諸情報を掲載したホームページ上の表示としています。

2）基本的留意事項

①前提条件（表示する数値および内容が成り立つための事項）は、表示する情報に近接して明瞭に表示しなければならないとされ、リンク先への表示は不可とされています。

②重要な事項（家電製品の選択・購入・使用に重要な影響を及ぼす事項、デメリット情報を含む）は、訴求内容に近接して明瞭に表示しなければならないとされ、リンク先への表示は不可とされています。

③商品選択上必要とされる事項（事業者名、品名、型名、仕様など、下記の表示事項例参照）は、ホームページ上においても表示することが望まれ、その重要度に応じて掲載場所・内容が消費者に明瞭に確認できるよう配慮して掲載することが必要とされています。

【表示事項例】

（a）事業者の名称および所在地

（b）品名および型名

（c）仕様

（d）修理等に関連する事項

（e）その他の家電製品の選択または購入において参考となる事項

- 使用条件および設置条件がある場合はその旨
- 購入時に価格に関して誤認を与えるおそれのあるものに対する説明（別売り、工事費、配送費など）
- 使用に際して法律その他の制限がある場合はその旨（例：著作権）
- 使用に際して免許、届出、許可、契約などを必要とする場合はその旨
- 表示する特徴と不離一体の関係にある事項
- 保証書を添付する場合はその旨

（f）表示内容の問い合わせ先

（g）希望小売価格の表示、それに含まれないものがある場合はその旨、希望小売価格がない場合はその旨

3）ホームページの特性上留意すべき事項

　ホームページ上の表示はカタログなどと異なり、一目で表示物全体を見ることができないことや、パソコンの表示能力、動画やリンクなど特有の表示手法もあり、消費者が重要情報の存在に気付かないこともあります。したがって、ホームページ上の商品情報を作成するときには、以下の点に十分留意する必要があります。

　①文字が小さすぎたり、背景色や動画面の動きなどにより不明瞭な表示になったりしない

ように留意すること。

②重要な情報は画面が変わる場合であっても、その都度表示すること。また、レイアウトなどに配慮して分かりやすく表示すること。

③リンクを活用する場合は、消費者にクリックする必要性を認識してもらうため、下記の配慮が必要となる。

- リンク先に何が表示されているのかが明確に分かるようにすること。
- 消費者が見落とさないようにその文字列の大きさ、配色などに配慮すること
- 消費者が見落とさないようにクリックするためのボタンなどを関連情報の近くに配置すること。

④リンク先の事業者が異なる場合は、その旨が容易に判別できるようにすること。

⑤情報の更新がある場合は、速やかに内容を変更すること。

⑥ホームページの情報は、閲覧時点の情報とみなされるため、過去の商品情報を掲載する場合には、掲載年月日を明示すること。

⑦電子商取り引きなどの場合は、特定商取引法に定める必要表示事項があるので留意すること。

4) 報道発表資料のホームページ掲載上の留意事項

報道発表資料※はホームページ上に掲載した時点でカタログなどと同様、消費者に対しての表示物とみなされるため、掲載上の留意事項は上記①、②と同様です。

※報道発表資料には、同意語としてニュースリリース、プレスリリース、広報資料などがあります。しかしながら、報道発表資料は履歴として公開時点の情報をそのまま掲載し続けることが通例ですので、特に下記の配慮が必要となります。

- 公開当初より、いつの時点の情報であるかを表示内容ごとに明示すること。
- 公開当初より、表示内容に変更の可能性があることを明示すること。
- 公開後、前提条件、重要事項の欠落が判明した場合は、速やかに追記すること。この場合、変更日も記載すること。

3. 製品業景品規約（家電景品規約）

過大な景品付販売は、消費者の正しい商品選択をゆがめ、商品本体についての競争が有効に働かなくなるおそれがあり、これを防止する目的から、メーカーや小売業者の景品提供に一定の制限を設けています。

（1）定義

この規約において「家庭電気製品」（以下家電製品）とは、

- 映像・音響機器
- 情報・通信機器
- 冷凍・冷蔵機器
- 調理機器
- 家事関連機器
- 理美容・健康機器
- 空調機器
- 暖房機器（熱源にガスを使用する暖房、採暖のための機器を追加）

- 電球・照明器具（専門的な工事を必要としない照明器具および管球）
- 電池（家庭用機器に使用する電池）

を対象としています。また、景品類とは顧客誘引の手段として、家電製品の取り引きに附随して提供する経済上の利益を指しています。この経済上の利益には、物品、金銭のみなく、金券、役務、供応（催物、旅行など）も含まれます。経済上の利益であっても、通常は商習慣に照らして、値引き、アフターサービス、附属品と認められるものは、一般的に景品類には該当しませんが、懸賞による値引きや特定の商品にしか使えない割引券など、その提供の方法によっては景品類に当たる場合がありますので、注意が必要です。なお、ホームページにアクセスすることでもれなく提供される経済上の利益は、当該経済上の利益の引き渡しが店頭で行われる場合などを除き、景品類には該当しません。

（2）景品提供の規制内容

　景品規制は、一般懸賞に関するもの、共同懸賞に関するもの、総付景品（ベタ付け景品）に関するものがあり、それぞれ提供できる景品類の限度額（最高額と総額）が定められています。なお、企業イメージやブランド名を印象づけるため、一般消費者を対象に、取り引きに附随しないで行う懸賞広告として「オープン懸賞」がありますが、提供限度額などの規制はありません。

1）懸賞景品

　商品・サービスの利用者に対し、くじなどの偶然性、特定行為の優劣などによって景品類を提供することを「懸賞」といい、「一般懸賞」と「共同懸賞」があります。一定の地域（市町村など）の小売業者またはサービス業者などの複数の事業者が参加して行う懸賞を「共同懸賞」といい、それ以外を「一般懸賞」といいます。例えば、商店街で行う懸賞付売り出しなどが「共同懸賞」にあたります。

2）総付景品

　一般消費者に対し、「懸賞」によらずに提供される景品類を「総付景品（ベタ付け景品）」といい、具体的には、商品・サービスの利用者や来店者に対して、もれなく提供する金品などがこれにあたります。

3）オープン懸賞

　商品・サービスの購入や来店を条件とせず、郵便はがき、電子メールなどで申し込むことができ、抽選で金品などが提供されるものを「オープン懸賞」といいます。景品提供の規制内容は表9-2のとおりです。

　「取引価額」とは、メーカーの場合は景品類提供の実施地域における対象商品の実勢販売価格、小売業の場合は自店販売価格を指します。

　「取引附随」とは、取り引き行為そのものでなく、取り引きを条件として他の経済上の利益を提供する場合が「取り引きに附随」した提供にあたります。取り引きを条件としない場合であっても、経済上の利益を

　①来店（来場）者への提供
　②商品の容器包装で企画を告知し提供
　③商品を購入することによって提供が可能（または容易）
　④取り引きの勧誘に際しての提供

などの場合も取引附随にあたります。また、購入者を紹介した人に対する謝礼は該当しませ

んが、紹介者を商品の購入者に限定した場合は取引附随となります。なお、ホームページ上で実施する懸賞企画は、商取り引きサイトにおいて商品やサービスを購入することにより、ホームページ上の懸賞に応募することが可能または容易になる場合などを除き、オープン懸賞として取り扱われます。

表9-2　景品提供の規制内容

提供方法		景品提供限度額（最高額）	
		購入を条件とした場合	購入を条件としない場合
懸賞景品	一般懸賞	取引価額の20倍以内かつ10万円以内（提供総額は、売り上げ予定総額の2%以内）	4,000円以内（提供できる最高額は、上記の範囲内とし、取引価額は原則として200円）
	共同懸賞	取引価額に関係なく30万円以内（提供総額は売り上げ予定総額の3%以内）	
総付景品		取引価額が1,000円未満の場合は、200円以内 取引価額が1,000円以上の場合は、取引価額の20%以内	あらかじめ招待者を定めて行う特定の売り出し　1,000円以内 それ以外の特定の売り出し　500円以内 特定の売り出し以外　200円以内
オープン懸賞		提供限度額及び総額の規制はない。ただし、取引に附随しない方法で行われることが条件であり、以下のような場合はオープン懸賞とは認められず、懸賞景品として規制を受ける。 ・応募者の資格を取引のあった顧客に限定した場合 ・応募用紙に利用店名を記入させた場合 ・当選者の発表を店頭のみで行う場合 　──など	

（3）景品類の提供に係る不当表示の禁止

　提供する景品類や提供条件などについて、事実と相違したり、事実を誇張した表現などを行ったりすると不当表示となる場合があります。

　① 景品類の提供条件、内容などの表示が不当表示となる場合

　　実際に提供する景品類と異なる絵・写真などを表示したり、実際よりも多い当選本数などを表示したり、景品類の価額を高く表示するなど、景品類の提供条件、内容が事実と相違するような場合がこれに該当します。

　② 実際には景品の提供ではない場合など、事実に反して景品、プレゼントなどの表示が不当表示となる場合

　　景品提供にみせかけながら顧客に特別の負担をさせたり、景品提供の期間中に購入する商品の価格を平常の価格より引き上げたり、提供される景品が常態化しているのに、ことさらプレゼントと強調するなど事実に反するような場合がこれに該当します。

4.　小売業表示規約

　不当な顧客の誘引を防止し、一般消費者による自主的かつ合理的な選択及び事業者間の公正な競争秩序を確保することを目的として、小売事業者が販売に際する表示に関する事項を規定しています。小売業表示規約の概要は、以下のとおりです。

（1）チラシ等の必要表示事項

　販売店が配布するチラシなどには、事業者の住所、氏名または名称および電話番号、取り引き条件の有効期間の始期と終期を具体的な日時で明瞭に表示するとともに、チラシなどに表示されている家電製品ごとに「品名および型名」、「製造事業者名または商標名」、「自店販売価格」

を表示することになっています。据付工事などを必要とする家電製品（エアコンおよび電気食器洗い乾燥機など）について、チラシなどで表示する場合は、その当該家電製品の本体価格のほかに、その工事に必要な部品・部材価格、工事料金およびこれら合計金額ならびに一般消費者の負担の有無を表示することとされています。（ただしビルトイン型のものについては、工事料金等が別途必要であることを示すのみでよい）

（2）家電品の状態の表示

　事業者は、販売する家電品が中古品、店舗展示現品、未使用品などであるときは、その旨表示しなければなりません。また、未使用品については、「未使用品とは、消費のために取り引きされたもので、使用されていないものをいう」旨の説明を表示しなければならないとされています。

（3）チラシ等の家電製品の保証、修理等の取り引き条件に係る必要表示事項等

　チラシなどにおいて家電製品の保証、修理、配送、支払条件、割賦販売条件などについて表示する場合には、次の事項が必要表示事項として定められています。

① 〈保証〉保証の対象となる商品の範囲、保証の限度額、保証の回数、一般消費者の費用負担の有無、保証期間、免責に関する事項その他保証に関する重要事項

② 〈修理〉修理の対象となる商品の範囲、一般消費者の費用負担の有無その他修理に関する重要事項

③ 〈配送〉配送する商品の範囲、一般消費者の費用負担の有無、配送に要する日時、配送の地理的範囲その他配送に関する重要事項

④ 〈支払条件〉一般消費者に費用負担がある場合の支払手段およびその適用条件その他支払条件に関する重要事項

⑤ 〈割賦販売条件〉割賦販売価格、支払回数、支払期間、各回の支払額、金利その他手数料の実質率、その他割賦販売条件に関する重要事項

（4）特定用語の使用基準

　チラシなどの表示で、最上級を意味する「最高」、「最安」などの用語、優位性を意味する「世界一」、「日本一」、「ナンバーワン」などの用語は、いずれも客観的事実に基づくもの以外は使用してはならないことになっています。

（5）二重価格表示の制限

　自店販売価格に他の価格を付して比較対照とする二重価格表示を行う場合には、自店平常（旧）価格とメーカー希望小売価格以外の価格を対比して表示することが禁止されています。また、撤廃されたメーカー希望小売価格や住宅設備ルート向け製品に付されたメーカー希望小売価格を比較対照価格として用いることは認められていません。

- 「メーカー希望小売価格」とは、製造事業者、輸入総代理店等小売販売事業者以外の者が、自己の供給する家電品にその希望する小売価格として付し、かつ公表した価格をいいます。
- 「自店平常（旧）価格」とは、最近相当期間にわたって販売されていた価格で、その価格が、セール開始から遡る8週間のうち過半の期間において実際に販売されていた価格をいいます。ただし、販売されていた期間が8週間未満の場合は、その期間の過半を占めていたかどうかで判断するものとしますが、その場合においても、その価格で販売された期間が2週間以上あり、かつその価格で販売された最後の日から2週間以上経過していない必要があります。

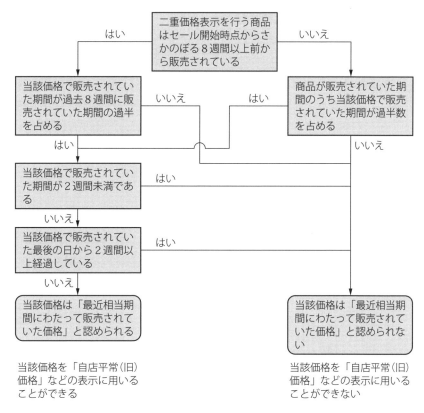

図9-4 「最近相当期間にわたって販売されていた価格」の定義

　つまり、8週間以上であっても8週間未満であっても、旧価格での販売が終了してから2週間以上経過した場合には、旧価格を比較対照価格として表示することは認められていないことに留意しなくてはなりません。

（6）不当表示の禁止

　家電製品の内容または取り引き条件について実際よりも優良または有利であると、一般消費者に誤認されるような表示は不当表示として禁止されています。例えば、メーカー希望小売価格よりも高い価格をメーカー希望小売価格として比較対象価格とすることや、メーカー希望小売価格がないときに、任意の価格をメーカー希望小売価格として比較対象価格とすることは、不当表示に該当します。また、中古品、汚れ物、キズ物など明らかに商品価値が減少しているものであるにもかかわらず、その旨を明示しないことにより、実際のものよりも優良または有利であると一般消費者に誤認されるおそれがある表示についても、不当表示に該当します。

（7）おとり広告の禁止

　小売業者は、チラシなどにおいて行う家電製品の表示に際して、販売数量を明記している場合を除いて、予想される購買数量の大部分に応える数量を用意する必要があります。また、チラシなどに販売数量を記載する場合の最低販売数量は店舗ごとにそれぞれ5台以上となっています。なお、「季節品の処分」、「閉店、店舗改装、在庫一掃処分など」のため、その旨を表示して行うセールはこの限りではありません。また、チラシなどに販売期間を表示する場合は、当該販売期間の少なくとも半分以上の期間は、購入希望客の依頼に応じなければならないとされています。

（8）チラシ等の表示による家電製品の販売方法の基準

　小売業者は、チラシなどに表示する家電製品を販売する場合には、原則として店内に展示して販売しなければなりません。ただし、取り引き通念上妥当な理由のある場合またはやむを得ない場合には、配送センターなどに在庫して、店内においては製造業者等が発行するカタログにより販売することができます。また、店内に製造業者等が発行するカタログを常備し、可能な限り当該家電製品の機能、取り扱いなどの説明に万全を期さなければなりません。

（9）保証書の交付

　規約では、前記の表示行為以外にも、製造業者等が発行した保証書について、その目的を達成するため、原則として当該家電製品の販売時に、販売年月日と自店名を記入した保証書を、当該家電製品を購入した一般消費者に交付することも定めています。ただし、保証書にこれらの事項を記入できない場合には、保証書ならびに当該家電品の販売年月日および自店名を記入した証票を当該一般消費者に交付する必要があります。

この章でのポイント !!

　独占禁止法は、公正で自由な競争が確保されるために企業が守るべき基本ルールです。私的独占、不当な取り引き制限、不公正な取り引き方法、競争制限的な企業結合を禁止することにより、公正かつ自由な競争を促進し、事業者の創意を発揮させ、事業活動を盛んにし、一般消費者の利益を確保するとともに、国民経済の民主的で健全な発達を促進することを目的としています。大規模小売業告示は、大規模小売業者による優越的地位の濫用を抑制、規制するために不公正な取り引き方法に関する規定をさらに具体的に示したものです。また、景品表示法と公正競争規約は、一般消費者による自主的かつ合理的な選択を阻害するおそれのある行為の制限および禁止について定めることにより、一般消費者の利益を保護することを目的としています。

キーポイントは

- 独占禁止法

    私的独占（支配型・排除型）の禁止

    不当な取り引き制限（カルテル、談合など）の禁止

    不公正な取り引き方法（再販売価格の拘束、優越的地位の濫用など）の禁止

    競争制限的な企業結合（合併・株式取得など）の禁止

- 大規模小売業告示

    大規模小売業者による優越的地位の濫用を抑制、規制するための「不公正な取り引き方法」に関する規定

- 家電ガイドライン
- 流通・取引慣行ガイドライン
- デジタルプラットフォーム取引透明化法
- 景品表示法

    不当な表示の禁止　景品類の制限および禁止

- 家電業界の公正競争規約

    製造業表示規約　製品業景品規約　小売業表示規約

キーワードは

- 独占禁止法

    私的独占、カルテル行為、入札談合、取り引き拒絶、差別対価・取り引き条件等の差別取扱、不当廉売、再販価格の拘束、優越的地位の濫用、抱き合わせ販売、非価格制限行為、ぎまん的顧客誘引

- 大規模小売業告示

    不当な返品、不当な値引き、不当な委託販売取り引き、特売商品等の買いたたき、特別注文品の受領拒否、押しつけ販売、納入業者の従業員等の不当使用、不当な経済上の利益の収受

- 家電ガイドライン

    不当廉売、差別対価

- 流通・取引慣行ガイドライン

    垂直的制限行為（非価格制限行為）、流通調査、選択的流通、セーフ・ハーバー

- 景品表示法

    優良誤認・有利誤認・その他、誤認されるおそれのある表示

    不当な表示を行った事業者に対する課徴金制度

- 家電業界の公正競争規約

    製造業表示規約⇒不当表示、必要表示事項、特定用語の使用基準、小売価格等の表示

    製品業景品規約⇒懸賞景品、総付景品、オープン懸賞、景品類の提供に係る不当表示

    小売業表示規約⇒チラシ等の必要表示事項、特定用語の使用基準、二重価格表示の制限、不当表示、おとり広告

10章 製品安全に関する法規

10.1 製品を安全に使用するために

1. 家電製品の事故

　家電製品は消費者に多くの利便性をもたらす一方で、使用状況によっては発煙・発火、水漏れ、感電、やけど、けがなどのおそれがあり、安全に対する注意が不可欠です。適切な手入れをしないまま長期に製品を使用することによる火災などの事故も発生しています。過去には製品の不具合による死亡事故も発生しているため、消費生活用製品安全法では、製品事故報告・公表制度により不具合のある製品のリコールの告知や定期点検など安全な使用方法の周知などについて厳格に定められています。表10-1は、消費生活用製品安全法に定める「重大製品事故」の報告件数の推移です。重大製品事故とは、製品事故の内、死亡事故、重傷病事故、後遺障害事故、一酸化炭素中毒事故や火災など、危害が重大であるものです。今後、高齢化がますます進むなかで、安全についてさらに考慮した対応が必須となっています。

表 10-1　重大製品事故受付件数

年度	2017年	2018年	2019年	2020年	2021年	2022年
件数	873	813	1222	1019	1042	1023
うち、電気製品	595	526	625	636	697	694

経済産業省　製品安全行政を巡る動向（令和5年3月28日）

2. 安全性の向上

　メーカー各社は企業の社会的責任（CSR：Corporate Social Responsibility）の一環として品質の向上に努めており、中でも安全は最重要課題として、開発・設計の段階から使用され、廃棄されるまでにわたり、事故の発生を防ぎかつ発生した場合には被害を最小限に留める努力をしています。

- 多様なリスクの発生の可能性を洗い出し、安全を考慮した設計・開発を目指す
- 使用時から廃却時まで、ライフエンドを考慮した設計・開発を行う
- 過去の不具合情報をデータベース化して情報を共有化する
- 消費者の立場になった情報開示、顧客対応を行う

3. 安全基準と経年劣化

　家電製品の販売にあたっては、製品別に電気用品安全法や消費生活用製品安全法に基づく技術基準への適合確認を示すマーク表示（PSE/PSCマーク）や、経年劣化による事故の防止を目的とした長期使用製品安全表示制度があります。電気用品安全法や消費生活用製品安全法の項目で詳しく説明します。

4. 家電製品と事故

　長期間、家電製品を安全にお使いいただくためには、下記のような事故が起こる可能性をあらかじめ理解し、お客様に説明できるようにしておく必要があります。

① 発煙・発火

　部品の劣化や破損により予想しない場所に電流が流れ、発熱したり放電したりすることがあり、この現象を繰り返すことでその部分が徐々に炭化して、発煙・発火に至るケースがあります。また、冷蔵庫やテレビなどの電源プラグをコンセントに差し込んだまま使い続けることが多い家電製品では、コンセントとプラグとの隙間に徐々にほこりがたまり、ほこりが湿気を帯びるとプラグ両極間で火花放電が繰り返され発煙・発火する「トラッキング現象※」に注意が必要です。発煙・発火が発生したら、製品の電源を切り、電源プラグをコンセントから抜き、発煙・発熱がおさまったことを確認して、販売店またはメーカーの修理窓口に連絡してください。

> ※トラッキング現象による火災や事故に対応するため、電気用品安全法の技術基準では、一般家庭で日常的に使用されるすべての電気製品の電源プラグに耐トラッキング性を義務づけています。ダイレクトプラグイン機器のようにプラグ刃を製品本体に直接埋め込んだ機器や、温水洗浄便座などに使用されている差込形の漏電遮断器などについても同様に、耐トラッキング性を義務づけています。

② 水漏れ

　洗濯機や食器洗い乾燥機、温水器などの水を扱う製品では、部品の破損や腐食により水漏れが発生することがあります。水漏れの場合は、電源を切り電源プラグをコンセントから抜き、止水栓か水道の元栓を締めて水漏れがなくなるのを確認して、修理を依頼してください。

③ 感電

　電子レンジ、洗濯機、エアコンなどは、万が一の感電防止のためアース工事をしてください。

④ やけど

　調理器具や暖房機器などについては、高温になる部分に注意することはもちろん、電気あんかや電気カーペットなどでの低温やけどにも注意が必要です。また、電子レンジやIHクッキングヒーターでは突沸現象（過熱状態にある液体・流動物が振動により急に沸騰する現象）も要注意です。

⑤ けが

　製品の落下・転倒によるけがについては、製品の設置場所や設置方法に注意が必要です。地震が発生することを前提とした工夫が必要です。また、小さなお子様のいる家庭では、熱源部（高温部）やスイッチなどが容易に手の届く位置にないように配慮するなど、危険予知の視点が大切です。

5. 愛情点検と節目点検

　家電製品を長く安全にお使いいただくためには、普段の使い方がとても大切です。家電業界では「愛情点検」をキーワードに、正しい使い方と定期的な点検についての周知を行っています。

- 愛情点検：お客様自身が日常的に家電製品を点検する
- 節目点検：5年、10年などの節目に販売店に依頼して家電製品の点検を行う

　一般財団法人 家電製品協会では家電製品の安全な使用方法について、ビデオやパンフレットによる啓発活動を行っています。

　　家電製品の正しい使い方
　　　https://www.aeha.or.jp/safety/use/

図 10-1　愛情点検マーク

6.　リコール製品回収への対応

　消費生活用製品安全法が規定する重大製品事故のうち、リコール製品による事故が多いため、消費者庁と経済産業省が連携し、下記のようなリコール情報の周知の強化を図っています。

①製造・輸入事業者によるリコール情報の周知徹底

②販売事業者のリコール活動への参画

- 販売事業者から消費者へのリコール情報の周知
- 製造・輸入事業者への積極的な協力（情報の店頭表示、顧客情報の提供）

③消費者への働きかけ・啓発活動

- リコール情報サイトの周知
- リコール情報の積極的な注意喚起
- 製品の経年劣化による事故を防ぐための取り組み（「長期使用製品安全表示制度」の普及・啓発）
- 消費者教育・啓発活動

　製品事故に関する情報は、消費者庁の事故情報データバンクで検索することができます。

　　https://www.jikojoho.caa.go.jp/ai-national/

10.2　電気用品安全法（電安法）

1.　電気用品安全法の目的

　「この法律は、電気用品の製造、輸入、販売などを規制するとともに、電気用品の安全性の確保につき民間事業者の自主的な活動を促進することにより、電気用品による危険および障害の発生を防止することを目的とする。」とされています。

2.　電気用品安全法の対象製品

　この法律の規制を受ける製品（「電気用品」といいます）は、政令で定められた457品目であり、内訳は「特定電気用品」が116品目、「特定電気用品以外の電気用品」が341品目指定されています（2023年9月現在）。「特定電気用品」は、「構造又は使用方法その他の使用状況からみて特に危険又は障害の発生するおそれが多い電気用品」とされています。

3.　電気用品安全法における製造・輸入事業者の義務

　電気用品の製造事業者（日本国内で製造する事業者）及び輸入事業者は、次の義務を履行しなければなりません。

①経済産業局等への届出

②技術基準への適合

③出荷前の最終検査記録の作成と保存（自主検査）

④適合性検査（第三者機関の検査。特定電気用品のみ。）

⑤表示（PSEマーク等）

　製造・輸入事業者は①〜④の義務を履行したときに、**表10-2**に示す記号を付けることができます。

表10-2　PSEマーク

電気用品	
特定電気用品	特定電気用品以外の電気用品
（◇PSE マーク）	（○PSE マーク）
実際は上記マークに加えて、登録検査機関のマーク、製造事業者等の名称（略称、登録商標を含む）、定格電圧、定格消費電力等が表示される。	実際は上記マークに加えて、製造事業者等の名称（略称、登録商標を含む）、定格電圧、定格消費電力等が表示される。
・電気温水器 ・電熱式・電動式おもちゃ ・電気ポンプ ・電気マッサージ器 ・自動販売機 ・直流電源装置 など全116品目	・電気こたつ ・電気がま ・電気冷蔵庫 ・電気歯ブラシ ・電気かみそり ・白熱電灯器具 ・電気スタンド ・テレビジョン受信機 ・音響機器 ・リチウムイオン蓄電池 など全341品目

4. 技術基準適合義務

　製造事業者または輸入事業者は、電気用品を製造または輸入する場合には電気用品安全法に基づく電気用品の技術上の基準を定める省令などに定められた技術上の基準に適合させる義務があります（技術基準適合義務）。また、出荷前の自主検査において国が定めた検査の方式により検査を行い、検査記録の作成と保存の義務を負います。特定電気用品の場合は、製造または輸入前までに登録検査機関※の適合性検査を受けて証明書の交付を受け、これを保存する義務があります。

　※登録検査機関：特定電気用品の適合性検査機関としては、国内外の検査機関が登録されています。国内の登録検査機関としては、一般財団法人 電気安全環境研究所（JET）、一般財団法人 日本品質保証機構（JQA）など9機関があります。また、外国登録検査機関も6機関あります（2023年9月現在）。

5. 改善命令と表示禁止

　技術基準適合確認については、試買品のテストや立ち入り検査が実施されることがあり、基準に違反していると認められる場合は、経済産業大臣は電気用品の製造、輸入または検査など

について改善命令を行うことができます。また場合によっては、PSEマークの表示を禁止することができます。

6.　販売の制限、使用の制限

　電気用品の販売事業者は、表示（PSEマーク等）が付されている電気用品でなければ、販売しまたは販売の目的で陳列してはなりません。販売・展示に際しては、製品にPSEマークが表示されていることを確認する必要があります。また、電気工事をする者は、表示（PSEマーク等）が付されているものでなければ、電気工事に使用してはなりません。

7.　長期使用製品安全表示制度

　電気用品安全法技術基準省令では、経年劣化による重大事故発生率は高くないものの、事故件数が多い5品目（扇風機、エアコン、換気扇、洗濯機（乾燥機能付きは除く）、ブラウン管式テレビ）について、製造または輸入事業者に対し、下記の「経年劣化に関する注意喚起」などに関する項目を製品の見やすい箇所に表示することを義務づけています。

　①製造年
　②設計上の標準使用期間（標準的な使用条件の下で使用した場合に安全上支障なく使用することができる標準的な期間として、設計上設定された期間）
　③「設計上の標準使用期間を超えて使用されますと、経年劣化による発火・けが等の事故に至るおそれがあります（例）」などの注意

表示サンプル

【製造年】　20XX年
【設計上の標準使用期間】　△△年
設計上の標準使用期間を超えて使用されますと、経年劣化による発火・けが等の事故に至るおそれがあります。

図10-2　長期使用製品安全表示制度

8.　ツーリストモデルに関する例外承認制度

　外国規格に適合しているが電安法技術基準に適合しない製品を国内で製造又は輸入し、外国からの旅行者や日本人海外旅行者等に限定して国内で販売する場合、当該製品は例外承認の対象となります。

　経済産業大臣に申請し承認が得られれば、電気用品安全法の基準適合義務やPSEマークの表示義務は免除されますが、事業届出（電気用品安全法第3条）は必要となります。

　なお、例外承認申請事業者に対しては、販売に当たって取決めた申請内容等について販売事業者と誓約書を締結する（もしくは通知する）、当該申請内容等の措置が確実に実行されているかを定期的に確認し、経済産業省へ報告するなどの厳正な措置を課すとともに、必要に応じて例外承認申請事業者及び販売事業者に対し当該申請内容等の措置の実施状況につき確認をいたします。

　製造、輸入または販売事業者は、出荷するツーリストモデルに「外国向けであり、日本国内仕様ではない」旨を梱包箱に表示しなければなりません。また差込みプラグの形状が国内でも

使用できる形状（平行刃のもの）の場合、「外国向けのものであり、日本国内での使用を前提に製造されたものではない」旨の表示を機器本体に表示しなければなりません。（電源コードセットが本体と外れる場合は、電源コードセットに貼付ける）さらに、「パスポートを携帯している日本人外国旅行者、外国人観光客のみやげ用にのみ販売でき、それ以外の販売は法に違反する」旨を明記した誓約書を小売販売事業者と取り交わすことが求められています。

9. ポータブルリチウムイオン蓄電池に関する解釈の改正

　リチウムイオン蓄電池は、電気用品安全法の規制対象になっていますが、リチウムイオン蓄電池が組み込まれたポータブルリチウムイオン蓄電池（いわゆるモバイルバッテリー）については、リチウムイオン蓄電池は機器に装着された状態であり機器の一部であることから、リチウムイオン蓄電池の輸入・販売行為とは見なされず、対象外として取り扱われていました。

　しかし、市場での事故多発を受けて、2018年2月に「電気用品の範囲等の解釈について」の改正があり、リチウムイオン蓄電池が組み込まれたポータブルリチウムイオン蓄電池は、電子機器類の外付け電源として用いられるリチウムイオン蓄電池そのものであると見なされ、電気用品安全法の規制対象として取り扱われることとなりました。したがって、現在PSEマーク表示のないモバイルバッテリーは販売できません。

　また、主たる機能が外部機器への給電である場合は、モバイルバッテリーと見なされるため、電子タバコやワイヤレスイヤホンに用いる充電ケースなども、その対象となります。

　なお、内蔵する単電池1個当たりの体積エネルギー密度が、400Wh/L（ワット時毎リットル）以上のものが対象です。

10.3 消費生活用製品安全法（消安法）

1. 消費生活用製品安全法の目的

　「消費生活用製品による一般消費者の生命または身体に対する危害の防止を図るため、特定製品の製造及び販売を規制するとともに、特定保守製品の適切な保守を促進し、併せて製品事故に関する情報の収集および提供等の措置を講じ、もつて一般消費者の利益を保護することを目的とする。」とされています。

2. 消費生活用製品安全法の対象製品

　対象となる「消費生活用製品」とは、一般消費者の生活の用に供される製品をいいます。ただし、船舶、消火器具等、食品、毒物・劇物、自動車・原動機付自転車、高圧ガス容器、医薬品・医薬部外品・化粧品・医療器具など他の法令で個別に安全規制を受ける製品は除外されています。

3. 製造・輸入事業者の義務

　消費者の生命・身体に対して特に危害を及ぼすおそれが多いと認められるものは、「特定製品」として、表10-3に示すように、①家庭用の圧力なべおよび圧力がま（電気圧力炊飯器等も含む）、②乗車用ヘルメット、③登山用ロープ、④石油給湯機、⑤石油ふろがま、⑥石油ストーブ、⑦乳幼児用ベッド、⑧携帯用レーザー応用装置（レーザーポインター等）、⑨浴槽用

温水循環器（いわゆるジェットバス）、⑩ライター、⑪磁石製娯楽用品（マグネットセット）、⑫吸水性合成樹脂製玩具の12品目が指定されています。うち、4品目の⑦から⑩は第三者機関の検査が義務付けられている「特別特定製品」に指定されています。また⑪⑫は、2023年6月19日施行の改正消安法により、特定製品に指定され規制対象となり、強力な磁力を有する複数個の磁石を組み合わせて使用するいわゆるマグネットセットや水を吸収することで大きく膨らむ吸水性の玩具は、販売できなくなりました。

　特定製品の製造・輸入事業者は、以下の義務を施行しなければなりません。
　　①経済産業局等への届出
　　②技術基準への適合
　　③出荷前の最終検査記録の作成と保存
　　④適合性検査（特別特定製品のみ）
　　⑤表示（PSCマーク等）

　製造・輸入事業者は①～④の義務を履行し、PSCマークなどの表示を付して販売することが義務付けられています。なお、家電製品は消費生活用製品安全法の規制対象ではあるが、特定製品には指定されていません。

表10-3　特定製品と特別特定製品

特定製品	PSC（丸）	登山用ロープ：身体確保用のものに限る
		家庭用の圧力なべおよび圧力がま：内容積が10L以下のものであって、内部圧力が9.8kPa(キロパスカル)以上のゲージ圧力で使用するように設計したものに限る
		乗車用ヘルメット：自動二輪車または原動機付自転車乗用のものに限る
		石油給湯器：灯油の消費量が70キロワット以下のものであって、熱交換器容量が50リットル以下のものに限る
		石油ふろがま：灯油の消費量が39キロワット以下のものに限る
		石油ストーブ：灯油の消費量が12キロワット（開放燃焼式のものであって自然通気形のものにあっては、7キロワット）以下のものに限る
		磁石性娯楽用品：磁石と他の磁石とを引き合わせることにより玩具その他の娯楽用品として使用するものであって、これを構成する個々の磁石又は磁石を使用する部品が経済産業省令で定める大きさ以下のものに限る。（対象例としてはマグネットセット）
		吸水性合成樹脂製玩具：吸水することにより膨潤する合成樹脂を使用した部分が吸水前において経済産業省令で定める大きさ以下のものに限る。（対象例としては水で膨らむボール）
うち、特別特定製品	PSC（ひし形）	乳幼児用ベッド：主として家庭において出生後24か月以内の乳幼児の睡眠または保育に使用することを目的として設計したものに限るものとし、揺動型のものを除く
		携帯用レーザー応用装置：レーザー光（可視光線に限る）を外部に照射して文字または図形を表示することを目的として設計したものに限る
		浴槽用温水循環器：主として家庭において使用することを目的として設計したものに限るものとし、水の吸入口と噴出口とが構造上一体となっているものであって、専ら加熱のために水を循環させるものおよび循環させることができる水の最大循環流量が毎分10L未満のものを除く
		ライター：たばこ以外のものに点火する器具を含み、燃料の容器と構造上一体となっているものであって当該容器の全部又は一部にプラスチックを用いた家庭用のものに限る

4. 製品事故情報の報告・公表制度

　この制度は、消費生活用製品に係る製品事故に関する情報の収集および提供等の措置により、製品事故の再発防止を図るものです。

(1) 製品事故と重大製品事故

　製品事故とは、消費生活用製品の使用に伴い発生した事故で、①一般消費者の生命または身体に対する危害が発生した場合や、②消費生活用製品が滅失し、またはき損した事故であって、一般消費者の生命または身体に対する危害が発生するおそれのあるものをいいます。製品事故のうちで、死亡事故、重傷病事故、後遺障害事故、一酸化炭素中毒事故や火災等が発生した場合には、重大製品事故として消費生活用製品安全法で対応が規定されています。

(2) 製造・輸入事業者の報告義務

　重大製品事故が発生した場合、事故製品の製造・輸入事業者は、国に対して事故発生を知った日を含め10日以内に当該消費生活用製品の名称及び型式、事故の内容並びに当該消費生活用製品の製造又は輸入数量及び販売数量を、所定の様式にて内閣総理大臣（消費者庁長官）に報告する義務があります（なお、実務的な報告窓口は消費者庁消費者安全課が担当しています）。報告期限の「10日以内」には、土日・祝祭日も含み日数としてカウントされますので、消費者庁へ報告する際は、10日以内の報告期限を超えないよう注意が必要です。

　ただし、10日目が土曜日、日曜日、祝日又は年末年始閉庁日（12月29日〜1月3日）の場合は、その翌日が報告期限となります。

(3) 小売販売事業者、修理事業者または設置事業者の責務

　上記の事業者は、その小売販売、修理または設置工事に係る消費生活用製品について重大製品事故が生じたことを知ったときは、その旨を製造・輸入事業者に通知するよう努めなければなりません。

(4) 国による重大製品事故の公表

　重大な危害の発生および拡大を防止するため必要があると認められるときは、報告後直ちに、製品の名称および型式、事故の内容等が国より公表されます。

 リコール

　事業者にとって、消費者に安全な製品を供給することは、基本的な責務です。しかし、最新の技術進歩を踏まえた周到な製品安全管理態勢を構築し、その運用を行っていても、製品事故等の発生を完全に防止することはできません。このため、製品事故等の発生または兆候を発見した段階で、迅速かつ的確な対応を自主的に実施することが必要不可欠です。欠陥等の兆候や製品事故等の発生を恣意的（しいてき）でないにせよ隠匿する結果となったり、虚偽の情報を公開することは、消費者を危険にさらす行為となり、社会的に許されません。また、特に消費者への人的危害が発生・拡大する可能性があることに気付きながら適切な対応をせず、そのために重大な被害を起こしてしまった場合には、行政処分の対象となるだけではなく、損害賠償責任や刑事責任に発展する場合もあります。このことは、製造事業者や輸入事業者についてはもちろん、販売事業者、流通事業者、修理事業者、設置事業者等にも当てはまります。

消安法では、消費生活用製品について製品事故が生じた場合には、製造または輸入の事業を行う者は、その当該製品事故が発生した原因に関する調査を行い、危害の発生および拡大を防止するため必要があると認めるときは、当該製品の回収その他の危害の発生および拡大を防止するために以下の措置をとるよう努めなければならないとしています。これらの対応をとることをリコールといいます。

①製造、流通および販売の停止／流通および販売段階からの回収

②消費者に対するリスクについての適切な情報提供

③類似の製品事故等未然防止のために必要な使用上の注意等の情報提供を含む消費者への注意喚起

④消費者の保有する製品の交換、改修（点検、修理、部品の交換など）または引取り

製造または輸入事業者は、自主的にリコールを実施することが求められており、販売事業者、流通事業者、修理事業者、設置事業者等は、リコールの実施事業者から要請があったときは、当該リコール対応に協力するよう努めなくてはなりません。

迅速かつ的確にリコールを実施することは、事業者にとって、ますます重要になっており、これを行うことで、事業者が、消費者をはじめ、社会全体から信頼を取り戻すことができるのです。

また日本版「製品安全誓約」は、OECD（経済協力開発機構）が公表した「製品安全誓約の声明」を踏まえて、リコール製品や安全ではない製品がもたらす、生命・身体に及ぼすリスクから消費者をこれまで以上に保護することを目的として、消費者庁、総務省消防庁、経済産業省及び国土交通省といった消費者向け製品の関係省庁とオンラインマーケットプレイスの運営事業者との協働により策定がされました。（日本版「製品安全誓約」は、令和5年6月29日時点で、主要なオンラインマーケットプレイス運営事業者7社が署名）

署名したオンラインマーケットプレイスを運営する事業者では、①リコール製品や安全基準等を定める法令に違反した製品の出品を削除する取組、②消費者からリコール製品や安全基準等を定める法令に違反した製品の出品が通知された場合の取組、③取組を実施するための内部管理体制が構築・維持されることとなり、その事業者が運営するオンラインマーケットプレイスにおいて購入する製品の安全性の更なる向上が図られることとなります。

10.4　製造物責任法（PL法）

製造物責任法（PL法）とは、製品の欠陥によって生命、身体または財産に損害を被ったことを証明した場合に、被害者は製造業者などに対して損害賠償を求めることができる法律です。PL法の施行以前は、製品の欠陥によって拡大損害（製品自体の損害以外に発生した人的損害や物的損害を指す）を被った被害者が製造業者を直接訴えるには、民法の不法行為責任（故意または過失により他人に損害を与えた者が負う責任）によって損害賠償を請求する方法しかなく、この場合被害者側に製造業者側の過失などを立証する義務がありました。しかし、PL法では民法の特例法として、被害者側の立証が困難な「製造業者に過失があったことの立証」に代えて、

①損害が発生したことの立証

②欠陥があったことの立証

③欠陥により損害が発生したことの立証（因果関係）

をすればよいことになっており、被害者側が賠償請求を行いやすくなっています。なお、製品の欠陥でも製品自体の損害にとどまり拡大損害に該当しない場合は（製品自体が発火し製品は使用不可状態になったが延焼はなかったなど）、PL法は適用されず、民法あるいは商法上の契約不適合責任や、債務不履行による損害賠償を請求することになります。また、製品自体ではなく修理サービスや設置工事などの欠陥で拡大損害が生じた場合も、やはり民法、商法上の責任が問われることになり、PL法の適用対象とはなりません。PL法では、製造業者や輸入業者が責任主体となって製造物責任を問われます。ただし、販売店が自ら輸入し販売した商品に欠陥があり、拡大損害が生じた場合は、販売店であってもPL法上の責任を負うことになります。中古品や再生品を改造したりして販売した場合も同様です。なお、製造業者の免責事項として、当該製造物をその製造業者等が引き渡したときにおける科学または技術に関する知見によっては、当該製造物にその欠陥があることを認識することができなかったことを証明できた場合は、賠償の責に任じないとされています。

製造物責任（PL）とリコール

　製造物責任は、製品が通常有すべき安全性を欠き、製品の欠陥から生じた生命・身体または財産への拡大損害があり、両者に因果関係がある場合に製造事業者などが問われる責任です。一方で、リコールは、製品欠陥ではない場合や製品欠陥の有無が不明であっても、被害の拡大防止や事故の未然防止のために事業者の判断で自主的に行われることもあり、また、拡大損害が発生していなくても、当該製品自体に不具合などが生じていればリコールが行われることも少なくありません。

　このように、リコールと製造物責任は全く別の概念のものであり、製品事故等が発生した場合には、それぞれに対し、しかるべき対応を行うことが求められます。

10.5　消防法

1.　消防法および火災予防条例

　消防法は、「火災を予防し、警戒しおよび鎮圧し、国民の生命、身体及び財産を火災から保護するとともに、火災又は地震等の災害に因る被害を軽減することなどにより、安寧秩序を保持し、社会公共の福祉の増進に資すること」を目的としています。また、市町村において火災予防上必要な事項を定めることを目的として火災予防条例が定められています。火災予防条例では、電気製品やガス・石油などを使用する設備や器具等について、その構造等に応じて、建物等の部分および可燃性の物品からの離隔距離（火災予防上安全な距離）などを規定しています。

2.　住宅用火災警報器等の設置について

　消防法では、戸建て住宅や共同住宅（自動火災報知設備等が設置されているものを除く）に、住宅用火災警報器等の設置を義務づけています。一般住宅の火災による死者数は、建物火災全体の約9割を占めます。多くの人が集まる店舗やホテルなどよりも、普通の住宅火事によって人が亡くなる被害が圧倒的に多くなっています。

（1）設置対象

　戸建住宅、店舗併用住宅、共同住宅、寄宿舎などすべての住宅が対象です。ただし、すでに自動火災報知設備やスプリンクラー設備が設置されている場合は、免除される場合があります。

（2）住宅用火災警報器等とは

　住宅用火災警報器といっても、その機能や働き方はさまざまです。

　① 煙式

　　火災のときに生じた煙をキャッチして、火災発生を知らせてくれる警報器です。

　② 熱式

　　一定の温度以上になると感知します。調理などで煙が出やすい台所や、車の排気ガスが発生する車庫などへの設置が可能です。

　③ 電池式

　　配線なしで手軽に設置できるというメリットがあり、既存の住宅でもすぐに設置できます。

　　電池を交換する手間がかかるのがやや短所ですが、電池寿命が約10年とするものが主流となっています。

　④ コンセント（AC100V）式

　　家庭コンセントから電源を供給して動作しますので、電池交換の手間や電池切れの心配がありません。取り付けの際に電気の配線を行う必要があります。

　⑤ 連動型

　　他の警報器や外部機器を配線などでつなげることで、1つのセンサーが感知すると、他のセンサーも連動して警報を鳴らすことができます。

図10-3　煙式警報器　天井設置タイプ

図10-4　煙式警報器　壁取付けタイプ

　一般的には、「煙感知タイプ」が設置されますが、日常的に煙や蒸気の多い台所などには、「熱感知タイプ」が向いています。なお、住宅用火災警報器等は国の検定制度の対象であり、検定に適合したものには、㉓マーク（図10-5参照）が付いています。㉓マークが表示されていないものは販売が認められて

図10-5　㉓マーク

いません。

(3) 設置場所

　住宅用火災警報器等は、基本的に寝室と寝室がある階の階段上部（1階の階段は除く）に設置することが必要です。図10-6に示す場所が指定されています。また、住宅の階数等によっては、その他の箇所（階段）にも必要になる場合があります。

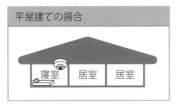

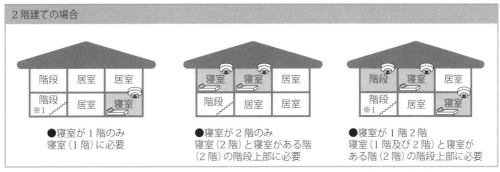

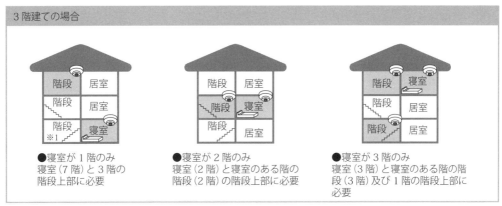

※1　この場合、1階の階段には設置不要。
※2　屋外に設置された階段を除く。

図10-6　住宅用火災警報器の設置場所

　図10-6のほかにも市町村の火災予防条例などにより、台所やその他の部屋にも設置が必要な地域がありますので、詳しくは管轄の消防署などに確認する必要があります。

(4) 維持管理

　住宅用火災警報器は、一般的には電池で動いています。火災を感知するために常に作動しており、その電池の寿命の目安は約10年とされています。

　住宅用火災警報器が適切に機能するためには維持管理が重要です。いざというときに住宅用火災警報器が適切に作動するよう、定期的に作動確認を行い、適切に交換を行う必要があります。

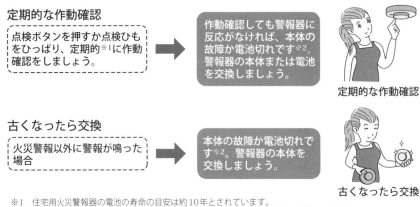

図 10-7　住宅用火災警報器の維持管理について

10.6　電気工事士法

　電気工事士法は、電気工事に従事する者の資格や義務、電気工事の欠陥による災害の発生の防止に寄与することを目的としています。住宅、工場、ビル等の電気設備について、工事段階で不完全な施工をすると感電、火災等の思わぬ事故の発生する危険性があります。こうした電気工事の欠陥による災害の発生を防止することを目的として、電気工事士の資格を定め、電気工事士試験を実施しています。電気工事士は国家資格で第一種電気工事士と第二種電気工事士とがあります。資格要件を満たしたうえで申請によって住民票のある都道府県知事（認定の場合は認定した都道府県知事）により免状が交付されます。一般用電気工作物および 500kW 未満の自家用電気工作物を設置または変更する工事には、それぞれの電気工事士の資格があるものでなければ従事してはならず、違反した場合は、懲役または罰金の規定があります。なお、500kW 以上の自家用電気工作物については、電気事業法に基づく自主保安体制の下、電気工作物を設置する者に選任された電気主任技術者が、施設計画や工事管理・自主検査等を行うよう義務付けられており、電気工事士法の管轄ではありません。

1.　電気工事士等の種類と作業範囲

　電気工事士等の種類と電気工事士が従事できる作業範囲は、**表 10-4** のとおりです。

表 10-4　電気工事士等の種類と従事できる作業範囲

電気工事士資格	第一種電気工事士（特殊電気工事は除く）	
	第二種電気工事士	
従事することのできる電気工事	一般用電気工作物	自家用電気工作物（500kW 未満）
対象	一般家屋・小規模商店・コンビニ・小規模事業所など	ビル・中小工場・高圧受電商店・建設現場などの電気設備 ネオン工事及び非常用予備発電装置工事を除く

表 10-4　電気工事士等の種類と従事できる作業範囲（つづき）

電源電圧	600V 以下で受電する電気設備等 通常 100V・200V で受電 小出力発電設備を含む	600V 以上で受電する電気設備等 100V・200V でも小出力以外の発電設備があれば自家用電気工作物となる
自家用発電設備	50kW 未満の太陽光など 小出力発電設備	50kW 以上の太陽光など 小出力以外の発電設備
保安規定制定と届け出	不要	必要
電気主任技術者選任と届け出	不要	必要

2.　電気工事士の資格が不要の電気工事（軽微な工事）

　電気工事士でなくてもできる「軽微な工事」については、電気工事士法施行令で定められており、その主な内容は**表 10-5** のとおりです。

表 10-5　電気工事士でなくてもできる軽微な工事

1	電圧 600V 以下で使用する差込み接続器、ねじ込み接続器、ソケット、ローゼット、その他の接続器または電圧 600V 以下で使用するナイフスイッチ、カットアウトスイッチ、スナップスイッチその他の開閉器にコードまたはキャブタイヤケーブルを接続する工事 ・「差込み接続器」とは、差込プラグ（オス側）とプラグ受け（メス側）のことです。（**写真 1**） ・「ソケット」とは、照明等電気器具を電気回路に接続するメス型接続器のことです。（**写真 2**） ・「ローゼット」とは、コード吊り灯等に使用され、電線とコードを接続する器具です。ランプ側のキャップ（**写真 3**）を示し、天井側に取り付けるボディ（**写真 4**）は除きます。 ・「ナイフスイッチ」とは、銅合金などで作られた板（ナイフ）状の電極を、同じく銅合金などで作られた電極に差し込む開閉器のことです。一般用には殆ど使われません。（**写真 5**） ・「スナップスイッチ」とは、つまみ状の操作レバーを上下あるいは左右の一方向に倒すことで、電気回路を切り替える構造を持ったスイッチです。トグルスイッチとも呼ばれる。（**写真 6**） ・「コード」「キャブタイヤケーブル」は、取り回しが良く柔軟に曲げることができる構造を持つ電線をいいます。 電気工事士資格が不要となる作業は、上記の接続器や開閉器とコードまたはキャブタイヤケーブルを接続する工事に限られます。コードまたはキャブタイヤケーブル以外に接続する場合は、電気工事士等資格が必要となります。  写真 1　写真 2　写真 3 キャップ　写真 4 ボディ（資格必要）　写真 5　写真 6
2	電圧 600V 以下で使用する電気機器（配線器具を除く。以下同じ）または電圧 600V 以下で使用する蓄電池の端子に電線（コード、キャブタイヤケーブル及びケーブルを含む。以下同じ）をねじ止めする工事 ・「電気機器」とは、交流用電気機械器具をいい、それら機器の端子に電線（コード、キャブタイヤケーブル及びケーブルを含む。）をねじ止めする工事をいいます。 ・主な例として、汎用モーターや農業用ポンプ等の端子箱内のねじ止め作業などがあります。 蓄電池　汎用モーター
3	電圧 600V 以下で使用する電力量計、電流制限器またはヒューズを取り付け、または取りはずす工事 ・「電力量計」及び「電流制限器（アンペアブレーカー）」は、電力会社が契約電力に基づき需要家宅等に設置する機器であるため、電気工事士法の対象外とされています。 電力量計　アンペアブレーカー

表10-5　電気工事士でなくてもできる軽微な工事（つづき）

4	電鈴、インターホーン、火災感知器、豆電球その他これらに類する施設に使用する小型変圧器（2次電圧が36ボルト以下のものに限る）の二次側の配線工事 ・インターホーンや火災検知器などを設置する際、小型変圧器で降圧された電圧36V以下の配線工事は、電気工事士資格が不要となります。	 電鈴
5	電線を支持する柱、腕木その他これらに類する工作物を設置し、または変更する工事	
6	地中電線用の暗渠または管を設置し、または変更する工事 ・電線を支持、維持、保持する柱や暗渠等の設置・変更工事は資格不要です。	

3.　エアコンの室外機と室内機を接続する工事は、電気工事士の資格が必要か

　600V以下で使用する標準的なエアコン設置工事を行うためには、例外※を除き電気工事士の資格は必要ありません。

　標準的なエアコン設置工事とは、コンセントを新設・移設・取り替えを行わないものであって、室内機と室外機をつなぐ内外接続電線を室内機や室外機に差し込む作業や、室内機や室外機に冷媒配管・ドレインホースを接続する作業、アースターミナルへの接地線の接続及び室内機の壁への固定を想定しています。

　※例外として電線を相互に接続する場合、当該接続線の切断・接続を伴う際は保安上支障がある作業のため、電気工事士が工事する必要があります。（電気工事士法施行規則第2条）

4.　電気工事士の義務

　1．第一種電気工事士に対し、免状の交付を受けた日から5年以内ごとに自家用電気工作物の保安に関する講習の受講義務。

　2．電気設備技術基準に適合するように電気工事の作業を行う義務。

　3．電気工事の作業に従事するときは、電気工事士免状を携帯する義務。

　4．都道府県知事より要求された場合に、電気工事の業務に関して報告する義務。なお、報告義務に関しては虚偽の報告を含め罰則規定が定められている。

　5．電気工事において、電気用品安全法に定める表示が付されている電気用品を使用する義務。

5.　免状の自主返納

　第一種電気工事士は、免状の交付を受けている間は、現に電気工事作業に就いているかを問わず5年ごとの講習受講義務があります。このため、退職や高齢等により免状が不要となった場合は自主返納をして講習受講義務を免れることが可能です。なお、講習受講期限は免状の有効期限ではないので、講習受講期限を経過しても免状は失効せず、講習受講義務違反の状態となります。自主返納であっても、再度交付を受けるには改めて試験の受験から必要です。

　第二種電気工事士は、講習の受講義務はなく、実務上免状を返納することによる利益がないことから、自主返納の制度はありません。

10.7 高圧ガス保安法

　高圧ガスによる災害を防止するため、高圧ガスの製造、貯蔵、販売、輸入、移動、消費、廃棄等を規制するために高圧ガス保安法が定められています。据え付けやサービスなどでエアコンなどの冷媒ガスを取り扱う際に高圧ガス保安法の定めに従う必要があります。

1. 高圧ガス販売事業届出

　据え付けや修理のため冷媒ガスを取り扱うには、高圧ガス販売事業届を提出する必要があります。高圧ガス販売事業届出をする場合、販売設備として、高圧ガス（冷媒ガス）の収納庫設置が問題となります。冷媒ガスのみ扱う場合の収納庫については、都道府県により相違があるので、申請時には各都道府県担当部署に問い合わせのうえ指導を受ける必要があります。
（高圧ガス販売事業届の適用対象範囲）
　高圧ガス販売事業届の対象は高圧ガス販売業者であって、その適用範囲は以下のとおりとなります。高圧ガス販売事業者とは、主にフロンガス販売業者、冷凍機サービス業者、冷凍配管工事を伴う機器販売業者を指します。
（1）容器に充てんされた冷媒としてフロンガスを販売する者。
（2）設置工事に伴って充てん量の多少にかかわらず冷媒ガスを充てんすることによる販売。
（3）修理・サービスに伴って充てん量の多少にかかわらず冷媒ガスを充てんすることによる販売。
（4）フロンにおいて1日の冷凍能力が5t以上の冷凍設備で、空調機の冷凍装置内に封入された冷媒の追加封入販売をする者。

2. 高圧ガス製造届

　冷媒の追加充てんや補てんをする場合、大型圧力容器（ボンベ）から小形の圧力容器（ボンベ）に冷媒を詰め替えて現場に持参することがあります。この際の冷媒の詰め替え作業は、高圧ガス保安法では高圧ガスの製造に該当するため、高圧ガス製造届を提出する必要があります。

3. 高圧ガス取り扱い上の注意

　高圧ガスを取り扱う場合には一定の基準のもとに行うよう規制されています。ここでは主なものを列記します。
（1）運搬時の注意
　・ボンベなどを車輌に積載して移動するときは、車輌の見やすいところに警戒標を掲げる。
　・ボンベなどを積載した車輌を駐車するときは、当該ボンベなどの積み下しを行うときを除き、学校、病院、デパート、ホテルなどの近辺、住宅の密集地を避け、かつ、交通量が少ない安全な場所を選ぶこと。また、監視者または運転者は食事などやむを得ない場合を除いて車輌を離れない。
　・内容積5Lを超えるボンベなどは転落、転倒などによる衝撃およびバルブの損傷を防止する措置を講じ、かつ粗暴な取り扱いをしない。
　・ボンベなどはその温度を常に40℃以下に保つ。

（2）保管、貯蔵時の注意

- 充てん容器などと残ガス容器はそれぞれ区分して、容器置場に置く。
- 直射日光を受けないようにし、40℃以下に保つ。
- 可燃性ガス容器と、酸素や塩素ガス容器とは1か所に置かない。
- 可燃性ガス容器は立てて貯蔵する。
- 可燃性ガス容器の貯蔵場所では、火気、その他点火源となるおそれのある器具を用いない。
- 転倒や、転落したりしないよう、輪がけや歯止めなどをしておく。

10.8　電波法

　電波法は、「電波の公平且つ能率的な利用を確保することによって、公共の福祉を増進すること」を目的とした法律です。電波法には、各種の制度がありますが、家電製品に関する主なものとして、特定無線設備と高周波利用設備の2つがあります。

1.　特定無線設備

　無線局の開設は原則として免許制とされており、使用する無線設備が技術基準に適合していることを免許申請の手続きの際に総務省が検査を行うことになっています。ただし、特定無線設備の中で携帯電話、コードレス電話、無線LANについては、製造事業者等が、事前に電波法に基づく認証（技術基準適合証明、工事設計認証、技術基準適合自己確認の三制度がある）を受け、技適マークが付されている場合には、一般利用者は免許手続などを省略し使用することができます。

（1）技適マーク

　「電波法上の特定無線設備に対する技術基準適合証明」と「電気通信事業法上の端末機器に対する技術基準適合認定※」の一方、もしくは両方の認証がなされていることを示すマークです。例えばスマートフォンは特定無線設備（電波法）と端末機器（電気通信事業法）とに該当する製品のため両方の認証が必要です。技適マークは、それぞれの法令に基づく認証番号とともに表示することになっています（図10-8参照）。多くの場合、製品の本体や銘板に表示されていますが、製品のディスプレイ上に表示することも認められています。また電波法の技適マークを取得したモジュールが製品に組み込まれている場合でも、その製品にモジュールの技適マークを表示することもできます。

　上記認証を受けていない対象機器を使用することは原則として法令違反となることから、特に海外から並行輸入された電波を発するものは技適マークの有無に注意が必要です。

　※電気通信事業法では、電気事業者のネットワークに端末機器を接続して使用する場合、登録認定機関から技術基準適合認定を受けて技適マークを付した端末機器であれば、利用者は電気通信事業者による接続の検査を受けることなく使用することができます。

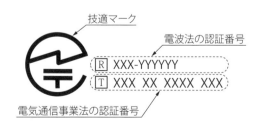

図10-8　技適マーク表示例

2. 高周波利用設備

電波法では、10kHz 以上の高周波電流を通ずる通信設備、10kHz 以上の高周波電流を利用する工業用加熱設備、医療用設備等については、設備から電波が発射されることとなり、放送や無線通信に妨害を与えることが予想されるため、原則として個別に設置許可を受けるよう定めています。ただし、利用者の利便性の観点から、無線通信等への影響が少ないと判断される設備については、個別の設置許可を不要としています。家電製品では、「型式確認」として、製造事業者等が、機器の型式について技術的条件に適合していることを自ら確認し、総務大臣へ届け出た以下の製品が、その対象となっています。

① 型式確認の対象となる製品
  • 電子レンジ
  • 電磁誘導加熱式（IH）調理器
② 製造事業者等の義務
  • 機器の型式について、技術的条件に適合していることを自ら確認し、総務大臣に試験成績書とともに届け出る。
  • 機器に図 10-9 の表示をする。

※印1は、確認番号とすること。
※印2は、製造業者等の氏名または名称とすること。

図 10-9　型式確認の表示

3. 電波法の改正

政府は訪日外国人旅行者等に豊かなおもてなしサービスを提供するとともに、ニーズに応じた多様な通信手段の確保のため、国内発行 SIM カードの利用開始手続きの改善や国際ローミング料金の低廉化、その他訪日外国人旅行者が国内に一時的に持ち込む端末の利用の円滑化などについて検討を行い電波法の改正を進めています。

（1）2016年改正のポイント

電波法では電波の利用における混信等を防止するため、無線設備の利用者を律し、またその無線設備は技術基準に適合する必要があること定めています。この制度下で、①海外から訪日観光客等が持ち込む携帯電話端末等の利用を円滑化するとともに、②良好な電波利用環境を確保するために無線設備の販売等を行う者への勧告の実効性を高めるための改正が行われました。

① 海外から持ち込まれる無線設備の利用に関する規定の整備

訪日観光客等が国内に持ち込む携帯電話端末および Wi-Fi 端末などについて、電波法に定める技術基準に相当する技術基準[1] に適合するなどの条件を満たす場合に国内での利用を可能[2] としました。

※1　電波法に定める技術基準に相当する技術基準：国際電気通信連合（ITU）が勧告した国際標準等。当該技術基準に準拠した外国の法令に適合していることが確認されていること（米国の FCC 認証や欧州の CE マーク）を想定。

※2　携帯電話端末については海外から持ち込まれた外国の無線局の無線設備について、総務大臣の許可を受けた国内事業者の基地局の制御の下で利用可能とします。Wi-Fi 端末等については海外来訪者が我が国に入国してから滞在する一定期間（90日以内）の間の利用を可能とします。

② 技術基準に適合しない無線設備への対応

無線通信への妨害事例に適切に対応するため、無線設備の製造業者・輸入業者・販売業者

に技術基準に適合しない無線設備を販売しないように努力義務を新たに規定しました。また、混信等を与える無線設備と「類似の設計」の無線設備の製造業者・輸入業者・販売業者への勧告・公表・命令も規定されました。

（2）2020年改正のポイント

日本未発売の機器を試験利用してイノベーションを促進することを目的に、技適マーク未取得機器を用いた実験等の特例制度を含む改正電波法が2020年4月から施行されました。これにより電波法に定める技術基準（国際的な標準規格）を満たすなどの一定条件の下、技術基準適合証明等（技適）を取得しなくても、届け出により、最長180日間Wi-Fiなどを用いて新サービスの実験等を行うことができるようになります。ただし、用途は新サービスの実験等に限定されており一般利用や商用利用は認められないので注意が必要です。

10.9　航空法（無人航空機の飛行ルール）

近年、ドローンやラジコンなどに代表される無線飛行機も電気店で取り扱われるようになりました。手軽に遊べるようになったとともに、さまざまな事故や問題も起きていることから、航空法では、ドローンやラジコンなどの無人航空機の飛行ルールを定めています。

対象となる無人航空機は、「飛行機、回転翼航空機、滑空機、飛行船であって構造上人が乗ることができないもののうち、遠隔操作または自動操縦により飛行させることができるもの（100g未満の総重量のものを除く※）」です。いわゆるドローン（マルチコプター）、ラジコン機、農薬散布用ヘリコプターなどが該当します。

> ※総重量（機体本体の重量とバッテリーの重量の合計）100g未満のものは、無人航空機ではなく「模型航空機」に分類されます。ただし、総重量100g未満のものは、手のひらサイズの室内用にほぼ限定されるため、屋外用は基本的に規制対象と考えましょう。また総重量100g未満でこの規制外であっても、航空法の規制（空港等周辺や一定の高度以上の飛行については法令上の許可等が必要）は適用されます。

無線航空機が、安価で高度な制御技術の発達により気軽に遊べるようになり、安易な行動により重大な事故や犯罪が発生しています。販売者として、下記のルールを購入者に十分伝えることが求められています。

（1）航空法の改正

2020年の航空法改正に基づき、登録していな無人航空機の飛行は禁止されることになりました。これにより、2022年6月以降、無人航空機を識別するための登録記号を定められた方法により正しく表示し、識別情報を電波で遠隔発信するリモートID機能を備えなければならなくなりました。

なお、製造者が機体の安全性に懸念があるとして回収（リコール）しているような機体や、事故が多発していることが明らかである機体など、あらかじめ国土交通大臣が登録できないものと指定する場合があるので留意が必要です。

無人航空機の登録にあたっては、国土交通省が「無人航空機登録ポータルサイト」を開設しており、登録制度の背景、登録手順など最新の情報が掲載されているので参照願います。

https://www.mlit.go.jp/koku/drone/

（2）飛行の禁止空域

　有人の航空機に衝突するおそれや、落下した場合に地上の人などに危害を及ぼすおそれが高い空域として、以下の空域で無人航空機を飛行させることは、原則として禁止されています。

　これらの空域で無人航空機を飛行させようとする場合には、安全面の措置をした上で、許可を受ける必要があります（屋内で飛行させる場合は不要）。なお、自身の私有地であっても、以下の（A）～（D）の空域に該当する場合には、許可を受ける必要があります。

（A）地表又は水面から150m以上の高さの空域（下記（B）及び（C）の空域以外の空域並びに地上又は水上の物件から30m以内の空域を除く）

（B）空港周辺の空域

　①新千歳空港、成田国際空港、東京国際空港、中部国際空港、大阪国際空港、関西国際空港、福岡空港、那覇空港

　　空港の周辺に設定されている進入表面、転移表面若しくは水平表面若しくは延長進入表面、円錐表面若しくは外側水平表面の上空の空域、進入表面若しくは転移表面の下の空域又は空港の敷地の上空の空域

　②その他空港やヘリポート等

　　その他空港やヘリポート等の周辺に設定されている進入表面、転移表面若しくは水平表面又は延長進入表面、円錐表面若しくは外側水平表面の上空の空域

（C）緊急用務空域　国土交通省、防衛省、警察庁、都道府県警察又は地方公共団体の消防機関その他の関係機関の使用する航空機のうち捜索、救助その他の緊急用務を行う航空機の飛行の安全を確保する必要があるものとして国土交通大臣が指定する空域（以下「緊急用務空域」という。）

　＊山火事等により緊急用務空域が指定された場合には、インターネットや航空局無人航空機Twitterで確認できます。（https://www.mlit.go.jp/koku/koku_tk10_000003.html）（https://twitter.com/mlit_mujinki）

（D）人口集中地区の上空　令和2年の国勢調査の結果による人口集中地区の上空

　＊飛行させたい場所が人口集中地区に該当するか否かは、以下の航空局ホームページを通じて確認できます。（https://www.mlit.go.jp/koku/koku_fr10_000041.html#kuuiki）

出典：国土交通省　無人航空機（ドローン、ラジコン機等）の安全な飛行のためのガイドライン　　　　（空域の形状はイメージ）

図10-10　無人航空機の飛行ルール

　なお、これらの空域で無人航空機を飛行させようとする場合には、安全面の措置をしたうえで、国土交通大臣の許可を受ける必要があります（屋内で飛行させる場合は不要）。また、自身の私有地であっても、これらの禁止空域に該当する場合には、同様に許可を受ける必要があります。

　また、都道府県・市区町村などの地方公共団体が定める条例や小型無人機等飛行禁止法などにより、無人航空機の飛行が禁止されている場所や地域がありますので、飛行を希望する地域で無人航空機の飛行が可能であるかを必ず確認し、必要な手続きを済ませる必要があります。

（3）飛行の方法

　飛行させる場所に関わらず、無人航空機を飛行させる場合には、以下のルールを守ることが必要です。

①アルコール等を摂取した状態では飛行させないこと

②飛行に必要な準備が整っていることを確認した後に飛行させること

③航空機や他の無人航空機と衝突しそうな場合には、地上に降下等させること

④不必要に騒音を発するなど他人に迷惑を及ぼすような方法で飛行させないこと

⑤日中（日出から日没まで）に飛行させること

⑥目視（直接肉眼による）範囲内で無人航空機とその周囲を常時監視して飛行させること（目視外飛行の例：FPV（First Person's View）、モニター監視）

⑦第三者又は第三者の建物、第三者の車両などの物件との間に距離（30m）を保って飛行させること

⑧祭礼、縁日など多数の人が集まる催し場所の上空で飛行させないこと

⑨爆発物など危険物を輸送しないこと

⑩無人航空機から物を投下しないこと

　①〜⑩のルールによらずに無人航空機を飛行させようとする場合には、安全面の措置をした上で、承認を受ける必要があります。

（4）注意事項

　無人航空機を安全に飛行させるためには、航空法を遵守することはもちろんですが、周囲の状況などに応じて、さらに安全への配慮が求められます。具体的には、以下の事項にも注意して飛行させましょう。

①高速道路や新幹線等に、万が一無人航空機が落下したりすると、交通に重大な影響が及び、非常に危険な事態に陥ることも想定されます。それらの上空及びその周辺では無人航空機を飛行させないでください。

②鉄道車両や自動車等は、トンネル等目視の範囲外から突然高速で現れることがあります。そのため、それらの速度と方向も予期して、常に必要な距離（30m）を保てるよう飛行させてください。

③高圧線、変電所、電波塔及び無線施設等の施設の付近ならびに多数の人がWi-Fiなどの電波を発する電子機器を同時に利用する場所では、電波障害等により操縦不能になることが懸念されるため、十分な距離を保って無人航空機を飛行させてください。

④飛行させる際にはアルコール等を摂取した状態では、正常な操縦ができなくなるおそれがありますので、無人航空機を飛行させないでください。

⑤無人航空機は風の影響等を受けやすいことから、飛行前には、

・安全に飛行できる気象状態であるか
・機体に損傷や故障はないか
・バッテリーの充電や燃料は十分か

など、安全な飛行ができる状態であるか確認するようにしましょう。

航空法の改正

　2021年3月の改正では、「有人地帯上空での補助者なし目視外飛行」、いわゆる「レベル4飛行」を実現するため、都市部上空での荷物輸送など無人航空機の更なる利活用を目的に下記の改正が行われました。

（1）無人航空機の飛行の安全を厳格に担保するため、国土交通大臣が機体の安全性を認証する制度（機体認証制度）及び操縦者の技能を証明する制度（技能証明制度）を創設。

（2）技能証明を有する者が機体認証を受けた無人航空機を飛行させる場合、国の許可・承認を受けた上でレベル4飛行を可能とするとともに、これまで国の許可・承認を必要としていた飛行について手続きを合理化。

10.10　お知らせアイコン

　「お知らせアイコン」は、家電メーカーのホームページによる重要なお知らせの窓口をイメージ化したロゴです。製品に起因する事故などが発生した場合に、製品の事故情報（点検・修理・回収などのお知らせ）や製品に関する重要な情報（社告など）を、いち早く、しかも分かりやすく消費者にお知らせするために、統一したロゴマーク（図10-11参照）を採用し、新聞紙上での告知およびホームページでお知らせしていた各社各様の表現を、ある一定のガイドラインに沿って運用することを目的にしたものです。詳しくは、一般財団法人 家電製品協会のホームページを参照ください。　https://www.aeha.or.jp/safety/oshirase/

図10-11　お知らせアイコン

10.11　表示および図記号

　家電製品の安全確保に関しては、製造者による安全な製品の供給と、使用者の正しい取り扱いが必要です。しかしながら、家電製品の使用者は専門的な知識を特に持っていないのが一般的であり、そのような使用者に安全な取り扱いを理解してもらうためには、表示の分かりやすさが重要です。一般財団法人 家電製品協会では、分かりやすい表示のあり方を検討し、ガイドラインを作成しています。以下の表示および図記号の「名称および意味」等は家電製品協会

作成の「家電製品の安全確保のための表示に関するガイドライン第5版」に基づきます。

1.　危害・損害の程度の表示

　危害・危険の程度は、「危険」、「警告」および「注意」の3つのレベルに分類し、その表示方法は、一般注意図記号と危険、警告および注意の用語を組み合わせて使用しています。

「危険」 (Danger)	⚠ 危険	取扱いを誤った場合、使用者が死亡または重傷[注①]を負うことがあり、かつその切迫の度合いが高い危害の程度
「警告」 (Warning)	⚠ 警告	取扱いを誤った場合、使用者が死亡または重傷[注①]を負うことが想定される危害の程度
「注意」 (Caution)	⚠ 注意	取扱いを誤った場合、使用者が軽傷[注②]を負うことが想定されるかまたは物的損害[注③]の発生が想定される危害・損害の程度

注①：重傷とは、失明、けが、やけど（高温・低温・化学）、感電、骨折、中毒などで後遺症が残るものおよび治療に入院・長期の通院を要するものをいう
注②：軽傷とは、治療に入院や長期の通院を要さないけが、やけど、感電などをいう
注③：物的損害とは、家屋・家財および家畜・ペットなどにかかわる拡大損害を指す

2.　警告図記号
（1）禁止図記号

　製品の取り扱いにおいて、その行為を禁止するために用います。　🚫　の形状の中に具体的な禁止事項を意味する図記号を黒色で図示します。

図記号	名称および意味		関連規格
🚫	名称：一般禁止 意味：製品の取扱いにおいてその行為を禁止するために用いる。		JIS S 0101の 5.1
🚫	名称：火気禁止 意味：外部の火気によって製品が発火する可能性を示す。		JIS S 0101の 6.1.1
🚫	名称：接触禁止 意味：製品の特定場所に触れることによって傷害が起こる可能性を示す。		JIS S 0101の 6.1.2
🚫	名称：風呂、シャワー室での使用禁止 意味：防水処理のない製品を風呂、シャワー室で使用すると漏電によって感電や発火の可能性を示す。		JIS S 0101の 6.1.3
🚫	名称：分解禁止 意味：製品を分解することで感電などの傷害が起こる可能性を示す。		JIS S 0101の 6.1.4
🚫	名称：水ぬれ禁止 意味：防水処理のない製品を水がかかる場所で使用したり、水にぬらすなどして使用したりすると漏電によって感電や発火の可能性を示す。		JIS S 0101の 6.1.5
🚫	名称：ぬれ手禁止 意味：製品をぬれた手で扱うと感電する可能性を示す。		JIS S 0101の 6.1.6

（2）注意図記号

　製品の取り扱いにおいて、発火、感電、高温などに対する注意を喚起するために用います。△の形状の中に具体的な注意事項を意味する図記号を黒色で図示します。

図記号	名称および意味	関連規格
⚠	名称：一般注意 意味：特定しない一般的な注意を示す。	JIS S 0101の 6.2.1
⚠	名称：発火注意 意味：特定の条件において、発火の可能性を示す。	JIS S 0101の 6.2.2
⚠	名称：破裂注意 意味：特定の条件において、破裂の可能性を示す。	JIS S 0101の 6.2.3
⚠	名称：感電注意 意味：特定の条件において、感電の可能性を示す。	JIS S 0101の 6.2.4
⚠	名称：高温注意 意味：特定の条件において、高温による傷害の可能性を示す。	JIS S 0101の 6.2.5
⚠	名称：回転物注意 意味：モーター、ファンなど回転物のガードを取り外すことによって起こる 　　　傷害の可能性を示す。	JIS S 0101の 6.2.6
⚠	名称：手や腕を挟まれないように注意 意味：ドア、挿入口などで手や腕が挟まれることによって起こる傷害の可能性を示す。	関連規格なし
⚠	名称：指のケガに注意 意味：特定の条件において、指がケガをする可能性を示す。	関連規格なし
⚠	名称：手を挟まれないよう注意 意味：ドア、挿入口などで手が挟まれることによって起こる傷害の可能性を示す。	関連規格なし

（3）指示図記号

　製品の取り扱いにおいて、指示に基づく行為を強制するために用います。●の形状の中に具体的な指示事項を意味する図記号を白系統色で図示します。

図記号	名称および意味	関連規格
❗	名称：一般指示 意味：使用者に対し指示に基づく行為を強制する。	JIS S 0101の 6.3.1
🔌	名称：電源プラグをコンセントから抜け 意味：使用者に電源プラグをコンセントから抜くように指示する。	JIS S 0101の 6.3.2
⏚	名称：アース線を必ず接続せよ 意味：安全アース端子付きの機器の場合、使用者にアース線を必ず接続するように指示する。	ISO 7010 Amd.2 のM005

3.　安全点検のための表示

図記号	名称および意味	関連規格
愛情点検 ♡	名称：安全点検マーク 意味：使用者に対して安全点検の啓発を行う。 　　　「愛情点検」の文字や「家電製品 愛情点検 明るいくらし」などの 　　　キャッチフレーズと併用する。	関連規格なし

■この章でのポイント*!!*

家電製品を安全に使用するために、メーカーは品質の向上に努め、また業界全体で安全な使用方法や経年劣化に対する注意や点検を呼びかけています。家電製品に関する安全基準には、電気用品安全法と消費生活用製品安全法があり、法令に従いマークの表示の規定を遵守する必要があります。消防法、電波法、航空法などの留意点についても注意が必要です。また使用者に家電製品の安全で正しい取り扱い方法を理解してもらうために、表示や図記号が定められています。

キーポイントは
- 安全に使用するための注意事項
- 経年劣化とリコール
- 電気用品安全法と消費生活用製品安全法
- 住宅用火災報知機の設置義務
- 電気工事士の種類と作業範囲
- 無人航空機の飛行ルール

キーワードは
- 重大製品事故と報告義務
- PSE マークと PSC マークの表示
- 長期使用製品安全表示制度
- ポータブルリチウムイオン蓄電池（モバイルバッテリー）
- 製造物責任（PL）
- 技適マーク
- 危害・損害の程度の表示（危険、警告、注意）および3種類の警告図記号
  （禁止、注意、指示）
- 安全点検マーク（愛情点検、節目点検）

索　引

配列は、五十音順

一般財団法人 家電製品協会認定の「家電製品アドバイザー試験」について

　一般財団法人 家電製品協会が資格を認定する「家電製品アドバイザー試験」は次により実施しています。

1．一般試験

1）受験資格

　特に制約はありません。

2）資格の種類と資格取得の要件

　① 家電製品アドバイザー（AV 情報家電）

　　「AV 情報家電 商品知識・取扱」および「CS・法規」の2科目ともに所定の合格点に達すること。

　② 家電製品アドバイザー（生活家電）

　　「生活家電 商品知識・取扱」および「CS・法規」の2科目ともに所定の合格点に達すること。

　③ 家電製品総合アドバイザー

　　「AV 情報家電 商品知識・取扱」、「生活家電 商品知識・取扱」および「CS・法規」の3科目ともに所定の合格点に達すること。

> 〈エグゼクティブ等級（特別称号制度）〉
> 　上記①～③の資格取得のための一般試験において、極めて優秀な成績で合格された場合、①と②の資格に対しては「ゴールドグレード」、③に対しては「プラチナグレード」という特別称号が付与されます（資格保有を表す「認定証」も特別仕様となります）。

3）資格の有効期限

　資格の有効期間は、資格認定日から「5年間」です。

　ただし、資格の「更新」が可能です。所定の学習教材を履修の上、「資格更新試験」に合格されますと新たに5年間の資格を取得できます。

4）試験の実施概要

　①試験方式

　　CBT 方式試験で実施しています。

　　※CBT（Computer Based Testing）方式試験は、CBT 専用試験会場でパソコンを使用して受験するテスト方式です。

　②実施時期と受験期間

　　毎年、「3月」と「9月」の2回、試験を実施しています。それぞれ、約2週間の受験期間を設けています。

　③会　　場

　　全国の CBT 専用試験会場にて実施しています。

④受験申請

3月試験は1月下旬ごろより、9月試験は7月下旬ごろより、家電製品協会認定センターのホームページ（https://www.aeha.or.jp/nintei-center/）から受験申請の手続きができます。

注）上記の②、③、④については、感染症の状況などにより変更する場合があります。最新の情報については、認定センターのホームページをご参照ください。

5）試験科目免除制度（科目受験）

受験の結果、（資格の取得にはいたらなかったものの）いずれかの科目に合格された場合、その合格実績は1年間（2回の試験）留保されます（再受験の際、その科目の試験は免除されます）。したがって、資格取得に必要な残りの科目に合格すれば、資格を取得できることになります。

2．エグゼクティブ・チャレンジ

既に資格を保有されている方が、前述の「エグゼクティブ等級」の取得に挑戦していただけるように、一般試験の半額程度の受験料で受験していただける「エグゼクティブ・チャレンジ」という試験制度を設けています。ぜひ、有効にご活用され、さらなる高みを目指してください。なお、試験の内容や受験要領は一般試験と同じです。

以上の記述内容につきましては、下欄「家電製品協会 認定センター」のホームページにて詳しく紹介していますので併せてご参照ください。

資格取得後も続く学習支援

〈資格保有者のための「マイスタディ講座」〉

家電製品協会 認定センターのホームページの「マイスタディ講座」では、資格を保有されている皆さまが継続的に学習していただけるように、毎月、教材や情報の配信による学習支援をしています。

一般財団法人 家電製品協会　認定センター

〒100-8939　東京都千代田区霞が関三丁目7番1号 霞が関東急ビル5階

電話：03（6741）5609　　FAX：03（3595）0761

ホームページURL　https://www.aeha.or.jp/nintei-center/

●装幀／本文デザイン：
　　稲葉克彦
●ＤＴＰ／図版・表組作成：
　　(有)新生社
●編集協力：
　　秦 寛二

家電製品協会 認定資格シリーズ
家電製品アドバイザー資格
CSと関連法規 2024年版

2023 年 12 月 10 日　　第 1 刷発行

編　者　一般財団法人 家電製品協会
　　　　©2023　Kaden Seihin Kyokai
発行者　松本浩司
発行所　NHK出版
　　　　〒150-0042　東京都渋谷区宇田川町 10 － 3
　　　　TEL 0570-009-321（問い合わせ）
　　　　TEL 0570-000-321（注文）
　　　　ホームページ　　https://www.nhk-book.co.jp
印　刷　啓文堂／大熊整美堂
製　本　藤田製本